밤의 도서관

밤의 도서관

책과 영혼이 만나는
마법 같은 공간

알베르토 망구엘 지음
강주헌 옮김

세종

밤의 도서관

초판 1쇄 발행 2011년 5월 30일
개정판 1쇄 발행 2019년 8월 8일
개정판 6쇄 발행 2023년 4월 24일

지은이 알베르토 망구엘 | 옮긴이 강주헌
펴낸이 오세인 | 펴낸곳 세종서적(주)

주간 정소연 | 편집 이민애 | 디자인 김은희
마케팅 임종호 | 경영지원 홍성우
인쇄 천광인쇄

출판등록 1992년 3월 4일 제4-172호
주소 서울시 광진구 천호대로132길 15, 세종 SMS 빌딩 3층
전화 경영지원 (02)778-4179, 마케팅 (02)775-7011 | 팩스 (02)776-4013
홈페이지 www.sejongbooks.co.kr | 네이버 포스트 post.naver.com/sejongbooks
페이스북 www.facebook.com/sejongbooks | 원고모집 sejong.edit@gmail.com

ISBN 978-89-8407-768-3 (03300)

'라티피'란 이름으로 널리 알려진 16세기 오스만 제국의 시인,
아드븰라티프 첼레비는 자신의 서고에 있는 책들을
'모든 걱정을 떨쳐주는 사랑스런 진정한 친구'라고 불렀다.

이 책을 크레이그에게 바친다.

차례

아비 바르부르크 도서관, 함부르크, 독일.

▲ 아테네 도서관이 존재했다는 유일한 흔적인 비문에는 '1시부터 6시까지 문을 열고,' '도서관에서 작품을 반출할 수 없다'라고 쓰여 있다.

머리말

내 마음을 종잡을 수 없었다. 새가 눈에 띄면, 열심히 쫓아가던 사냥감을 버리고 어김없이 새를 향해 짖어대는 사냥개 스패니얼과 다를 바가 없었다. 내가 정당하게 불만을 터뜨릴 수 있고 당연히 불만을 터뜨려야 하는 경우를 제외하고는 (어디에나 있지만 아무 데도 없는 사람처럼) 나는 모든 것을 좋았다……나는 별다른 수가 없어 큰 욕심 없이 많은 책을 읽었다. 이 도서관 저 도서관을 다니며 다양한 저자의 책들을 두서없이 닥치는 대로 읽었다. 책을 읽는 기술이나 질서도 없고, 기억력과 판단력도 부족해 작은 이익밖에 얻지 못했다.

로버트 버턴, 『우울의 해부(The Anatomy of Melancholy)』

하나의 의문에서 이 책은 시작되었다.

신학과 환상문학fantastic literature을 제외하면, 우리가 사는 세상에 특별한 의미도 없고 뚜렷한 목표도 없다는 걸 의심하는 사람은 거의 없는 듯하다. 그런데도 우리는 당혹스러울 정도로 낙관적인 생각에 사로잡혀 이 세상을 의미와 질서로 포장하려는 처절한 목적을 가지고 두루마리와 책과 컴퓨터에서, 또 도서관의 선반에서 이런저런 정보 조각들을 끊임없이 모아댄다. 하지만 안타깝게도 이런 노력이 실패할 수밖에 없다는 사실을 우리는 완벽하게 알고 있다. 반대로 생각하고 싶은 마음은 굴뚝 같지만!

그런데 왜 우리는 그렇게 하는 걸까? 이 의문의 답을 구할 가능성이 없다는 걸 나는 처음부터 알았지만, 답을 구하는 과정은 그런대로 가치가 있을 것 같았다. 이 책은 그 과정에 대한 이야기이다.

나는 자료를 수집하는 끈기에 비해 날짜와 이름을 치밀하게 정리하는 데에는 재주가 없는 까닭에, 도서관의 역사를 새로운 관점에서 다시 편찬하거나 엄청나게 방대한 도서공학bibliotechnology(도서관을 효과적으로 활용하는 방법을 다루는 학문_옮긴이)과 관련된 방대한 목록에 또 한 권의 책을 더할 목적에서 이 책을 시작하지는 않았다. 한 세기 전에 로버트 루이스 스티븐슨이 "성공을 전혀 기대할 수 없는 분야에서도 우리 인간이 끊임없이 노력했다는 사실이 우리에게 감동을 주고 용기를 북돋워주지 않는가!"라고 말했듯이,[1] 순전히 내 궁금증을 풀고 싶어 이 일을 시작했을 뿐이다.

나 혼자만의 도서관이든 많은 독서가와 공유하는 도서관이든 간에, 내 눈에 도서관은 언제나 기분 좋게 몰두할 수 있는 곳으로 보였다. 도서관의 미로가 갖는 복잡한 논리적 원칙에서 헤어나기 어려웠기 때문이다. 달리 말하면, 도서관은 기술이 아니라 이성이 무질서하게 정리된 책들을 지배하는 곳이란 뜻이다. 지금도 서가가 빼곡히 들어찬 공간에서 길을 잃으면 재밌는 모험에 나선 기분이 들고, 일정한 원칙에 따라 배열된 문자와 숫자가 언젠가는 나를 약속된 목적지로 인도해줄 거라는 근거 없는 확신에 넘친다. 책은 먼 옛날부터 예언의 도구였다. 그래서 노스럽 프라이는 "큰 도서관은 많은 언어를 구사하고, 텔레파시로 교감하는 엄청난 능력을 지닌 듯하다"라고 말했던 것이 아닐까 싶다.[2]

이렇게 기분 좋은 착각에 젖어, 나는 책을 수집하면서 반세기를 보냈다. 너그럽게도 책들은 내게 아무런 요구도 하지 않고, 내게 온갖 깨달음을 줄 뿐이다. 이탈리아의 시인 프란체스코 페트라르카는 한 친구에게 "내 서고는 무지한 사람의 재산이지만, 무지한 것들을 모아놓은 곳은 아니다"라고 말했다.[3] 페트라르카의 책들처럼, 내 책들도 나보다 훨씬 많은 것을 안다. 그 책들이 나와 함께 지내는 걸 너그럽게 참아주는 게 고마울 따름이다. 때로는 내가 특권을 남용한다는 기분마저 든다.

대부분의 사랑이 그렇듯이, 도서관을 사랑하는 방법도 배워야 한다. 책으로 빼곡히 채워진 방에 처음 들어설 때 어떻게 행동하고, 무엇을 기대해야 하는지, 또 어떤 무언의 약속이 맺어지고 무엇이 허락되는지를 본능적으로 아는 사람은 없다. 뒤죽박죽 쌓인 책들, 널찍하고 적막한 공간, 알지 못하는 건 무엇이나 조롱하는 듯한 분위기, 번뜩이는 감시의 눈에 압도되어 두려움을 느끼는 사람도 있을 것이다. 도서관에서 지켜야 할 예절과 관례를 배우고, 도서관의 구조를 머릿속에 암기한 후에도, 심지어 도서관 직원들이 친절하다는 걸 알게 된 후에도 그런 위압적인 느낌은 좀처럼 사라지지 않을 수 있다.

무서운 게 없던 젊은 시절, 또래의 친구들이 공학계와 법조계에서, 금융계와 정치계에서 영웅이 되겠다고 꿈꾸던 때에, 나는 도서관 사서가 되고 싶었다. 하지만 천성이 게으른 데다 여행을 지독히 좋아해서 다른 직업을 택할 수밖에 없었다. 그러나 도스토옙스키의 『백치The Idiot』에 따르면, '진정한 삶이 시작된다고 말할 수 있는 연령'인 56세에 이르러서 나는 젊은 시절의 꿈으로 다시 돌아갈 수 있었다. 물론 명확히 말하면 나는 사서를 자처할 수 없다. 그러나 나날이 늘어나 네 벽을 완전히 둘러 집의 경계를 이룬 책꽂이들의 틈새에서 살고 있다. 이에 따르면 이 책의 제목을 '내 방에서의 여행'으로 정해야 마땅하지만, 안타깝게도 2세기 전에 프랑스의 저명한 작가 그자비에 드 메스트르가 똑같은 제목으로 책을 썼으니 어찌하랴.

2005년 1월 30일
알베르토 망구엘

1장

신화

이교도 신학이 혼돈의 딸을 잉태했던 밤은 질서를 설명하는 데 어떤 도움도 주지 않는다.
토머스 브라운 경, 『키루스의 정원(The Garden of Cyrus)』

 내가 내 책을 모아두기 위해 오랜 고생 끝에 마련한 도서관은 15세기 언젠가에 헛간이었던 곳으로, 프랑스 루아르 강 남쪽의 나지막한 언덕 위에 자리 잡고 있다. 서력기원이 시작되기 수년 전, 로마인들은 포도를 재배하는 이 지역의 신을 경배하기 위해 이곳에 디오니소스 신전을 세웠다. 그로부터 1,200년이 흐른 후에는 기독교인들이 술에 취한 신을 몰아내고, 자신의 피를 포도주로 바꾼 신을 위한 교회를 세웠다(나는 그리스도의 오른쪽 옆구리 상처에서 뻗어 나온 디오니소스 포도 덩굴이 묘사된 스테인드글라스 하나를 소장하고 있다). 그 후에 마을 사람들은 성직자들을 위한 사제관으로 교회 부속 건물을 증축했고, 나중에는 이 사제관에 한 쌍의 비둘기 탑을 덧붙였다. 그때, 조그만 과수원을 조성히며 헛간 하나도 세웠다. 2000년 가을, 지금은 내 보금자리가 된 이 건물들을 처음 보았을 때, 헛간에서 남은 것이라곤 돌담 하나가 전부였다. 그 돌담은 내 땅과 닭장과 이웃집 밭의 경계이기도 했다. 마을에 전해지는 이야기에 따르면, 그 돌담은 헛간의 일부가 되기

전에, 루이 11세의 대신이었고 잔혹하기로 유명했던 트리스탕 레르미트가 1433년 아들을 위해 세운 두 성 중 하나의 담이었다. 처음에 세운 성은 지금도 버젓이 서 있지만, 18세기에 대폭 개축되었다고 전해진다. 두 번째 성은 300~400년 전에 불타 허물어지고, 한쪽 벽만 남아 사제관의 정원과 경계를 이루며 교회의 재산이 되었다. 1693년, 점점 늘어나는 망인(亡人)들을 묻기 위해 새로운 공동묘지가 개장되자, 당시 성직자는 (부동산 양도 증서에 기록된 표현을 빌리면, '교회 문밖에 살던') 마을 주민들의 허락을 얻어 옛 공동묘지를 교회 땅으로 편입시켰고, 이장된 묘에는 과일나무를 심었다. 그와 동시에, 외롭게 남은 성벽은 새로 지은 헛간을 에워싸는 담으로 이용되었다. 그 후로 프랑스 대혁명과 전쟁을 겪고, 비바람에 시달리며 헛간은 지붕이 내려앉고 허물어졌다. 1837년 교회에서 예배가 다시 시작되고 신임 신부가 사제관에서 거주하기 시작한 후에도 헛간은 개축되지 않았다. 돌담은 한쪽으로는 농부의 밭을 바라보고, 반대쪽으로는 사제관의 목련과 수국에 그늘을 드리우며 재산의 경계선 역할을 했다.[1]

그 돌담과 주변에 흩어진 돌덩어리들을 보자마자, 나는 내 책을 보관할 도서관을 지어야 할 곳이 바로 이곳이라는 걸 직감적으로 알았다. 내 머릿속에는 어떤 도서관이어야 한다는 분명한 그림이 있었다. 그곳을 가기 얼마 전에 방문한 영국 켄트 시싱허스트에 있는 빅토리아 색빌웨스트의 집에서 보았던 긴 복도식 도서관과, 내 모교인 부에노스아이레스 공립 고등학교의

▲ 부에노스아이레스 공립 고등학교 도서관.
▼ 르프레스비테르(사제관) 도서관.

생명을 주는 포도나무로 그리스도를 묘사한
시농 성당의 스테인드글라스.

도서관을 적절하게 뒤섞은 모습이었다. 나는 어두운 색의 목재가 벽에 붙어
있고, 은은한 햇살이 스며드는 도서관을 갖고 싶었다. 안락의자들을 곳곳
에 놓아두고, 바로 옆에는 조그만 공간을 두어 책상을 놓고 참고용 도서들
을 정리해두고 싶었다. 서가는 내 허리춤에서 시작해서, 팔을 쭉 뻗어 손가
락 끝이 닿는 데까지만 높일 생각이었다. 내 경험상, 사다리가 필요할 정도
로 높이 올려진 책이나, 바닥에 배를 바싹 대야 할 정도로 아래에 꽂힌 책
들은 주제나 가치에 상관없이 중간쯤에 정리된 책보다 눈길이 덜 가기 마

18

련이었다. 하지만 내 생각처럼 책들을 이상적으로 정리하려면, 흔적도 없이 무너진 헛간보다 서너 배는 더 큰 공간이 필요했다. 로버트 루이스 스티븐슨이 "이것이 예술의 아픔이다. 눈에는 그럴듯하게 보이지만, 감각의 어리석음이 끊임없이 끼어든다"라고 한탄했던 푸념에 공감하지 않을 수 없었다.[2] 결국 내 도서관의 서가들도 굽도리 바로 위에서 시작해, 천장을 가로지르는 들보에서 20센티미터쯤 아래까지 올라가는 수밖에 없었다.

도서관을 짓는 와중에, 벽돌공들이 돌담에서 아주 오래전에 벽돌로 막은 창문 둘을 찾아냈다. 하나는 성벽의 좁은 총안으로, 화난 농부들이 폭동을 일으켰을 때 그곳에서 궁수들이 트리스탕 레르미트의 아들을 지켜주지 않았을까 싶었다. 다른 하나는 나지막한 장방형 창문으로, 거칠게 깎은 중세 시대의 쇠막대들이 걸쳐져 있었다. 낮이면 나는 이 두 창문을 통해, 이웃집 닭들이 곳곳에 흩어진 먹이를 찾아 닭장을 소란스레 오가며 이곳저곳 쪼아대는 모습을 지켜보곤 한다. 도서관에서 자료를 찾아 헤매고 다니는 학자들과 다를 바 없는 모습이다. 새로 세운 담에 마련한 반대편의 창문으로는 사제관과 정원의 회화나무 두 그루가 훤히 보인다. 그러나 어둠이 내리고 도서관에 불을 밝히면, 바깥세상은 사라지고 책들만 잔뜩 쌓인 이 공간 이외에는 어떤 것도 존재하지 않는 듯하다. 바깥의 정원에 서 있는 사람에게, 밤의 도서관은 거대한 배처럼 보인다. 예컨대 1888년 변덕스런 서태후의 명령에 배 모양으로 지어 여름 궁전의 연못에 띄워놓은 이상한 중국 별장처럼 말이다. 어둠 속에서도 조명이 밝혀진 창문과 반짝이는 책들로 에워싸인 도서관은 닫힌 공간이다. 일정한 형태가 없이 저 너머에 존재하는 우주의 자족적 규칙을 대신하는 곳, 혹은 이를 다르게 바꿔놓은 것이라 주장하는 규칙들로 채워진 세계이기도 하다.

시싱허스트의 롱홀 도서관.

낮 동안에 도서관은 질서의 세계이다. 나는 분명한 목적하에 문자로 쓰인 글들을 읽어가며 이름이나 목소리를 찾고, 주제에 따라 내 관심에 맞는 책을 찾아낸다. 도서관의 구조는 난해하지 않다. 직선들로 이루어진 미로이지만, 방향을 잃게 하기 위한 미로가 아니라 원하는 걸 쉽게 찾기 위한 미로이다. 누가 봐도 논리적인 분류법을 따라 분할된 공간이며, 알파벳과 숫자를 이용해 기억하기 쉽게 맞추어진 분류 체계와 미리 결정된 목록에 따라 배치된 공간이다.

그러나 밤이 되면 분위기가 바뀐다. 소리는 줄어들고, 생각의 아우성은 더 높아간다. 발터 베냐민이 헤겔을 인용해서 말했듯이 "어둑한 밤이 되어야 미네르바의 올빼미는 날개를 편다"지 않은가.[3] 시간이 깨어 있는 상태와

배 모양으로 지은 서태후의 대리석 궁전.

잠든 상태의 중간쯤에 가까워지면, 나는 편안하게 세상을 다시 상상할 수 있다. 나는 나도 모르게 도둑처럼 움직이게 되고, 내 움직임은 비밀스럽게 느껴진다. 어느덧 나는 유령 같은 존재로 변한다. 책들이 바야흐로 진정한 존재를 드러내고, 독자인 나는 희미하게 보이는 문자들의 신비로운 의식을 통해 어떤 책이나 어떤 페이지에 유혹을 받아 끌려들어간다. 도서 목록으로 정리된 질서는 밤이면 관례에 불과하다. 그런 질서는 그림자 안에서 어떤 권위도 누리지 못한다. 이 도서관은 나만의 것이라 절대적인 도서 목록이 없지만, 저자 이름의 알파벳순에 따른 정리나 언어별 분류 등과 같은 최소한의 질서마저도 그 힘을 잃는다. 늦은 시간에는 일상의 제약이 무시되는 법! 따라서 밤이면 내 눈과 손은 일상적인 제약에서 벗어나, 깔끔한 선반에서 두서없이 움직이며 무질서를 회복한다. 어떤 책을 보다가 갑자기 다른 책을 떠올리며, 다른 문화와 다른 세계를 잇는 관련성을 찾아낸다. 낮에는 명확하지 않은 이유로 절반만 기억나던 구절이, 역시 절반만 기억나는 다른 구절에 의해 되살아난다. 아침의 도서관이 세상의 질서를 엄격하게 지키고 이를 또한 당연히 바라는 공간이라면, 밤의 도서관은 세상의 본질로 흥미진진한 혼란을 즐기는 듯하다.

1세기에, 시인 루카누스는 300년 전에 있었던 로마의 내란에 대해 쓴 서사시에서 율리우스 카이사르가 트로이의 폐허를 둘러보는 장면을 묘사하며, 모든 동굴과 황량하게 변한 숲이 카이사르에게 호메로스 이야기의 주인공을 떠올리게 했다고 썼다. "돌 하나하나에 전설이 있다"라는 루카누스의 설명은 모험으로 가득했던 카이사르의 여행만이 아니라, 먼 훗날 내가 지금 앉아 있는 도서관까지 요약해주는 듯하다.[4] 내 책들은 앞뒤 표지 사이에, 내가 이미 읽고 아직까지 기억하는 이야기, 지금은 잊어버린 이야기, 혹은 언젠가 내가 읽을 이야기들을 담고 있다. 내 책들은 오래된 목소리와 새로운 목소리로 내 주변의 공간을 가득 채운다. 책에 담긴 이야기들은 낮에는 모든 페이지에 골고루 존재한다. 그러나 밤에는 온갖 상상과 감추던 꿈이 드러나기 때문에, 해가 서쪽으로 가라앉은 후에는 그 모든 이야기가 훨씬 생동감 있게 다가온다. 나는 책꽂이 사이의 통로를 거닐며 볼테르의 책들에 힐끗 눈길을 던지며 자디그(볼테르의 첫 소설인 동명 소설 『자디그Zadig』의 주인공인 바빌로니아의 철학자_옮긴이)가 들려주는 동양 우화를 듣는다. 좀 떨어진 곳에서 윌리엄 벡퍼드의 『바테크Vathek』가 자디그의 이야기를 이어받고는, 살만 루슈디가 쓴 『악마의 시The Satanic Verses』의 푸른 표지 뒤에 숨은 어릿광대에게 이야기의 끈을 넘겨준다. 사마르칸트의 알자히리가 노래한 12세기의 마법 같은 마을에서는 또 다른 동양 이야기가 펼쳐지고, 이야기의 끈은 다시 나기브 마푸즈의 슬픈 생존자들에게 넘겨져 현대 이집트로 이어진다. 루카누스의 카이사르는 유령들을 밟지 않으려고 트로이 땅을 조심스레 걸었다고 전해진다. 밤이면, 이곳 도서관에서 유령들이 살아난다.

하지만 밤의 도서관이 모든 애서가에게 사랑받았던 건 아니다. 예컨대 미셸 드 몽테뉴는 나와는 달리 어둠을 별로 좋아하지 않았다. 그의 도서관(프랑스에서는 'librairie(서고 혹은 서점)'와 'bibliothèque(도서관)'이란 두 단어를 16세기부터 구분해 사용하기 시작했기 때문에, 볼테르는 자신의 도서관을 'librairie'로 표현했다)은 탑 건물의 3층에 있었다. 과거에 창고로 사용하던 곳이었다. 그는 "나는 내 삶의 대부분, 낮 시간의 대부분을 그곳에서 보냈다. 하지만 밤에는 그곳에 얼씬도 하지 않았다"라고 말했다.[5] 밤이면 몽테뉴는 잠을 잤다. 낮 동안에 책을 읽기 위해 머리를 혹사시켰다고 생각했기 때문이었다. "책을 선택할 줄 아는 사람에게 책은 많은 즐거움을 주지만, 노력 없이는 얻는 것도 없다. 순수한 즐거움을 확실하게 얻는 것도 아니다. 다른 것들에 비해 즐거움이 더 큰 것도 아니다. 불편한 점도 있어, 책은 성가시다. 예컨대 영혼은 즐겁지만, 내가 전에는 잊지 않고 챙기던 몸이 활동하지 않아 지치고 힘들어 한다."[6]

나는 그렇지 않다. 책을 읽을 때 얻는 다양한 양분이 근육 하나하나에 스며드는 기분이다. 따라서 도서관의 불을 꺼도 내가 방금 덮은 책의 목소리와 흐름은 잠자리까지 따라온다. 나는 오랜 경험을 통해 다음 날 아침 어떤 주제에 대해 글을 쓰기 위해 전날 밤 그 주제에 대해 책을 읽으면, 그 내용에 대한 이런저런 생각뿐만 아니라 책에 언급된 실제 사건들까지 꿈으로 이어진다는 걸 알게 되었다. 나는 램지 부인(버지니아 울프의 『등대로To the

◀ 몽테뉴의 탑 건물.

Lighthouse』의 주인공_옮긴이)의 쇠고기 스튜에 대한 설명을 읽다보면 배가 고프고, 페트라르카의 『방투 산을 오르며The Ascent of Mount Ventoux』를 읽으면 숨이 가빠진다. 또 존 키츠가 수영하던 장면을 묘사한 글을 보면 나도 모르게 기운이 솟고, 러디어드 키플링의 소설 『킴Kim』의 마지막 부분을 보면 다정한 우정으로 내 가슴이 채워진다. 코넌 도일의 『바스커빌가의 개The Hound of The Baskervilles』에서 사냥개에 대한 묘사를 읽다보면 괜스레 불안감에 싸여 어깨 너머를 자꾸만 훔쳐보게 된다. 새뮤얼 콜리지는 책에서 읽은 기억들이 가장 고상한 기분을 자아낸다고 말했다. 그의 표현을 빌리면, 그런 숭고한 기분은 "외적인 사물을 볼 때가 아니라, 그 사물을 보고 사색할 때 샘솟는 감정이다. 또 감각적인 인상에서 얻는 감정이 아니라 상상이 더해진 사색에서 비롯되는 감정이다."[7] 하지만 콜리지는 '감각적인 인상'을 너무 쉽게 무시한 듯하다. 밤의 상상을 한껏 북돋우기 위해 나는 모든 감각을 총동원한다. 종이를 보고 만지며, 종이를 넘길 때 나는 사각대고 바스락대는 소리에 귀를 바짝 세우고, 책등을 꺾을 때 나는 섬뜩한 소리에도 귀를 기울인다. 또 책꽂이의 나무 냄새, 가죽 장정의 은근한 곰팡내, 색을 잃어가는 문고본의 아릿한 냄새까지 맡고 나서야 나는 편히 잠들 수 있다.

낮에는 글을 쓰고 마음 내키는 대로 책을 읽으며 재정리한다. 새로 구한 책들을 따로 챙겨두고, 그들을 위한 공간을 마련한다. 새로 구한 책들은 꼼꼼한 검열의 시간을 거친다. 중고책인 경우에는 모든 표식을 건드리지 않고 그대로 남겨둔다. 그런 표식은 예전 독자의 발자취이다. 달리 말하면, 책과의 여행을 함께하는 동반자가 자신이 다녀갔다고 남겨놓은 흔적이다. 면지에 적어놓은 이름, 읽은 쪽을 표시하려고 꽂아둔 버스표도 건드리지 않는다. 새 책이든 헌 책이든, 내가 책에서 항상 지워버리려고 애쓰는 유일한 표식이 있다면, 심술궂은 책 장수가 책의 뒷면에 단단히 붙여놓은 책값 스티커이지만, 성공하는 경우는 거의 없다. 그 고약한 하얀 스티커는 잘 벗겨지지 않기 때문이다. 꼭 문둥병처럼 끈적이는 흔적을 남겨 먼지와 보푸라기가 달라붙게 된다. 그런 스티커를 발명한 사람이 끈적거리는 지옥에 떨어지기를 두 손 모아 기도하고 싶은 심정이다.

밤이 되면 나는 차분히 앉아 책을 읽는다. 때로는 가지런히 정돈된 책들을 바라보며 비슷한 것들끼리 짝을 짓고, 그 책들에서 공통된 역사를 빚어내며, 문득 떠오른 글 한 토막에서 다른 글 한 토막을 떠올린다. 언젠가 버지니아 울프는 배우기를 좋아하는 사람과 책 읽기를 좋아하는 사람을 구분하며, "둘 사이에는 어떤 상관관계도 없다"라는 결론을 내렸다. 울프는 다음과 같이 말한다.

> 학자는 앉아서 집중하는 고독한 사람으로, 자신이 열망하는 특별한 진리의 씨앗을 찾아 책을 열성적으로 뒤적거린다. 책을 읽는 재미에 빠지면 그가 얻으려는 소득이 줄어들고, 힘들게 얻은 것마저 부지불식간에 빠져나간다. 반면에 독서가는 처음부터 뭔가를 배우려는 욕심을 억눌러야 한다. 책을 읽다 보면 지식이 어쩔 수 없이 더해지게 마련이다. 그러나 지식을 계속 추구하고 체계적으로 독서하며 전문가나 권위자가 되려 한다면, 순수하고 사심 없는 독서를 향한 한층 인간적인 열정을 유지하는 데 필요한 마음가짐은 사라지기 십상이다.[8]

낮에는 집중적이고 체계적으로 독서하려는 마음이 나를 지배하지만, 밤에는 근심을 덜어내고 가벼운 마음으로 책을 읽을 수 있다.

하지만 낮이나 밤이나, 나의 도서관은 사적인 세계이다. 크고 작은 공공도서관과는 사뭇 다르다. 유령 같은 전자 도서관과도 무척 다르다(나는 전자도서관이 보편화될 것이라는 예측에는 여전히 약간 회의적이다). 세 도서관의 구조와 관습은 완전히 다르지만, 우리의 지식과 상상력을 조화 있게 발전시키는 데 도움을 주고, 정보를 분류해서 분배하겠다는 명백한 의지만은 세 도서관 모두 공통적으로 갖는다. 동시에 세계를 간접적으로 경험할 수 있는 자료들을 한곳에 모아두고, 인색함과 무지 및 무능과 두려움으로 인해 다른 독서가들의 경험을 배제하려는 명백한 의지도 세 도서관은 공통적으로 가지고 있다. 이처럼 겉으로는 모순되어 보이는 상생과 배척이 한결같이 계속되어왔고 만연해 있기 때문에서, 적어도 서구 세계에서 도서관은 우리의 모든 것을 대신하는 두 기념물을 확실한 상징물로 갖게 된다. 첫 번째는 결코 도달할 수 없는 하늘까지 닿으려고 세워진 기념물로, 공간을 정복하려는 인간의 욕망에서 시작된 것이기도 하다. 그 욕망에 내려진 벌 때문에 언어가 갈라지면서, 오늘날에도 우리는 서로 의사소통을 하는 데 애를 먹는다. 두 번째는 세계 방방곡곡에서 각 언어가 땀 흘려 기록한 자료들을 모아놓기 위해 세운 기념물이다. 이 기념물은 시간을 정복하려는 소망에서 시작해서, 현재라는 시간까지 완전히 삼켜버린 전설의 불로 끝났다. 공간을 정복하려던 바벨탑과 시간을 정복하려던 알렉산드리아 도서관은 인간의 야망을 상징하는 대표적인 쌍둥이 상징물이다. 두 상징물의 영향을 받아, 내 작은 도서관은 두 불가능한 열망—모든 언어를 끌어안으려는 바벨탑의 욕망과 모든 책을 보관하겠다는 알렉산드리아 도서관의 바람—을 떠올려준다.

바벨탑 이야기는 창세기 11장에 나온다. 대홍수가 있은 후, 지상의 인간들은 동쪽에 있는 시날 평원으로 이주했고, 그곳에 도시를 건설하고 하늘에 닿는 탑을 세우기로 결정했다. "여호와께서 사람들이 건설하는 그 성읍과 탑을 보려고 내려오셨더라. 여호와께서 이르시되 이 무리가 한 족속이요 언어도 하나이므로 이같이 시작하였으니 이후로는 그 하고자 하는 일을 막을 수 없으리로다. 자, 우리가 내려가서 거기서 그들의 언어를 혼잡하게 하여 그들이 서로 알아듣지 못하게 하자 하시고."[9] 칭세기에서 말하듯이, 하느님은 우리가 함께 일하지 못하도록 막으려고 다양한 언어를 만들어냈다. 따라서 우리는 우리 힘을 완전히 발휘할 수 없게 되었다. 산헤드린Sanhedrin(1세기경 예루살렘에 있었던 유대 장로들의 최고 의결기관)에 따르면, 탑이 세워졌던 곳은 본래의 고유한 속성을 잃어버리지 않아서, 오늘날에도 그곳을 지나는 사람은 알고 있던 모든 것을 잊어버린다고 한다.[10] 수년 전, 나는 바빌론 성벽 밖에서 나지막한 돌무더기를 보았고, 그곳이 옛날에 바벨탑이 세워졌던 곳이란 이야기를 들었다.

알렉산드리아 도서관은 기원전 3세기 말, 프톨레마이오스 왕조의 왕들이 아리스토텔레스의 가르침을 충실하게 따르기 위해 세운 학문의 중심지였다. 그리스 지리학자 스트라본이 기원전 1세기에 쓴 책에 따르면, 알렉산드리아 도서관에는 아리스토텔레스의 저작들이 보관되어 있었다.[11] 스승의 저작들을 물려받은 제자 테오파라투스는 그 책들을 스켑시스의 넬레우스에게 물려주었고, 넬레우스는 알렉산드리아 도서관의 건립에 참여하면서 이것을 도서관에 기증했다는 것이다. 알렉산드리아 도서관이 건립되기 전까지, 고대 세계의 도서관들은 한 사람의 개인적인 서고이거나 정부가 법적인 자료와 문학적인 작품을 공식적인 참고 문헌으로 보관하던 창고였다. 이런 초기의 도서관들은 호기심을 채우려는 욕망보다는 안전하게 보관하려는 소박한 욕심에서 세워졌고, 또 만물박사가 되려는 욕망보다는 특정 분야에 대한 참조를 위해 세워졌다. 알렉산드리아 도서관은 목표와 규모에서 기존의 모든 도서관을 능가하는 새로운 모습을 보여주었다. 소아시아 북서쪽에 있던 페르가몬에서 아탈리드 왕조의 왕들이 알렉산드리아 도서관에 도전장을 던지고 페르가몬 도서관을 짓기 시작했지만, 알렉산드리아 도서관의 규모에는 미치지 못했다. 게다가 프톨레마이오스 왕들은 그들의 경쟁자들이

▶ 영어로 쓰인 창세기 필사본에 그려진 바벨탑의 건축 과정, 1390년경.

La tour de Babilon

Nembroth

도서관을 채울 필사본을 제작하는 걸 막으려고 파피루스의 수출을 금지하기도 했다. 이런 방해에 반발해 페르가몬 도서관의 운영자들은 새로운 문서 매체를 발명해냈고, 그것에 도시의 이름을 붙여 '페르가몬'이라 불렀다. 이것이 바로 양피지parchment이다.[12]

　기원전 2세기경의 흥미로운 문서로, 위작으로 짐작되는 『아리스테아스의 서한Letter of Aristeas』에는 알렉산드리아 도서관의 기원에 얽힌 이야기가 기록되어 있다. 이 도서관의 원대한 꿈을 요약한 듯한 그 기록에 따르면, 프톨레마이오스 1세는 전 세계의 책을 한곳에 모아두기 위해서 '지상의 모든 군주와 지배자'에게 '시인과 산문작가, 수사학자와 궤변학자, 의사와 예언자, 역사학자' 등 온갖 유형의 작가가 쓴 모든 종류의 책을 보내달라고 부탁하는 편지를 보냈다. 또 왕의 학자들은 '세계의 모든 종족이 쓴 모든 책'을 알렉산드리아에 모아놓으려면 50만 두루마리가 필요할 거라고 계산했다[13] (시간이 흐르면서 인간의 꿈도 커졌던지, 미국의 의회 도서관은 1988년 한 해에만 50만 권을 받아 고르고 골라 약 40만 권을 보관했다[14]). 현재의 알렉산드리아 도서관은 설계 공모전에서 당선된 노르웨이 건축회사 스뇌헤타Snøhetta의 설계에 맞추어 이집트 정부가 건축한 것이다. 높이가 32미터, 원둘레가 160미터로 2억 2,000만 달러를 들여 완공한 신(新)알렉산드리아 도서관은 800만 권이 넘은 책을 보관할 수 있는 서가를 갖추고 있을 뿐 아니라, 널찍한 열람실에 시청각 자료와 컴퓨터 관련 자료까지 보관하고 있다.[15]

　바벨탑은 '세상은 하나'라는 믿음의 증거로 우뚝 서 있었다. 성경에 따르면, 바벨탑의 그림자가 점점 길어지는 시대에 인간은 언어적 경계가 없는 세상에서 살았고, 하늘나라도 지상과 마찬가지로 인간의 권한 내에 있다고 믿었다. 반면에 알렉산드리아 도서관은 정반대의 믿음, 즉 세상은 어지러울 정

신(新)알렉산드리아 도서관. 1988년에 착공되었다.

도로 다양하지만 그런 다양성에도 심원한 질서가 있다는 믿음을 증명하기 위해 세워졌다. 이런 점에서 바벨탑에 비해 알렉산드리아 도서관의 출발이 훨씬 현실적이었다. 또 바벨탑은 지상에서부터 하늘까지 모든 존재가 연속적으로 사용하는 하나의 신성한 언어가 있을 거라는 우리의 직관을 반영한 반면에, 알렉산드리아 도서관은 어떤 책이든 책은 그 자체로 복잡한 소우주이므로 창조의 전 과정을 다루는 것이라는 믿음에서 시작되었다. 바벨탑은 구전에만 의존하던 선사시대에 무너진 반면에, 알렉산드리아 도서관은 이야기가 책의 형태를 띠면서 글과 서판과 두루마리에 빛을 더하는 데 필요한 공간을 마련할 방법을 연구하던 때에 세워졌다. 막연하면서도 장엄하며, 묵시적으로 언제나 존재하는 그 무한의 도서관은 보편적 질서를 염원하는 우리의 꿈에서 사라지지 않는다. 웹을 포함해 무수한 도서관이 알렉산드리아의 원대한 야망을 흉내내려 애썼지만, 그와 같은 도서관은 다시 탄생하지 않았다. 알렉산드리아 도서관은 과거와 미래의 모든 것을 기록하기 위해 세워진 까닭에 자신의 파괴와 부활에 관련된 기록까지 예견하고 보관했던 유일한 곳이다.

사서들이 고안한 범주에 의해 주제별로 분류된 알렉산드리아 도서관은 많은 소도서관으로 구성되었지만, 소도서관들도 한결같이 세상의 다양성을 보여주는 데는 부족함이 없었다. 알렉산드리아의 사서들이 자랑했듯이, 이 도서관은 모든 기억이 살아 있는 곳이었으며, 글로 쓰인 모든 생각이 적합한 장소에 보관된 곳이었다. 또한 모든 독자가 책을 펼치며 한 줄 한 줄 좇아갈 때 자신의 여정을 찾아낼 수 있는 곳이자, 글로 표현된 우주에 대한 사색이 담겨 있는 곳이었다. 프톨레마이오스 왕은 자신의 원대한 꿈을 확실히 성취하기 위해 알렉산드리아 항구에 들어오는 모든 책을 압류해 복사하라는 칙령을 내렸다. 물론 원본은 반드시 돌려주겠다는 준엄한 약속이 있었지만, 왕의 약속이 흔히 그렇듯 이 약속이 항상 지켜진 것은 아니었고, 복사본을 돌려주는 경우도 많았다. 이런 횡포한 조치 때문에 알렉산드리아 도서관에 소장된 책들은 '선박 장서'로도 알려졌다.[16]

알렉산드리아 도서관은 기원전 3세기 후반기에 살았던 코스 섬 혹은 밀레토스 섬 출신의 헤론다스에 의해 처음 언급된다. 헤론다스의 글에서 뮤제이온Museion, 즉 뮤즈의 집이란 건물이 언급되는데, 그 건물의 위치가 알렉산드리아 도서관의 위치와 거의 일치한다. 헤론다스는 재밌게도 중국 상자(크기에 따라 차례로 포개 넣게 만든 상자_옮긴이) 놀이를 하듯이, '이집트에 박물관이 있었고, 그 박물관에 도서관이 있었으며, 그 도서관에 모든 것이 보관되었다'는 식으로 세상의 모든 것을 담은 보편적인 도서관이 이집트 왕국에 있었다고 말한다.

> 이집트는 아프로디테의 집을 닮았다.
> 세상에 존재하는 모든 것, 세상에서 가능한 모든 것이
> 이집트에서 찾아진다.
> 돈과 놀이, 권력과 푸른 하늘,
> 명성과 온갖 구경거리, 철학자와 황금, 젊은 남녀,
> 비슷한 신들을 모신 신전, 인자한 군주,
> 박물관, 포도주 등
> 인간이 상상할 수 있는 모든 것이 이집트에 있다.[17]

이처럼 간단하게 언급되기는 하지만, 안타깝게도 우리는 알렉산드리아 도서관이 어떤 모습이었는지 전혀 알지 못한다. 9세기에 사마라에 세워진 아부 둘라프 모스크의 나선형 광탑이나 브뤼헐을 비롯한 16세기 네덜란드 화가들이 남긴 수십여 점의 그림을 통해 바벨탑의 모습은 그런대로 상상할 수 있다. 부지런한 일꾼들이 미완성의 건물을 달팽이처럼 기어올라가는 모습을 그려볼 수 있는 것이다. 그러나 알렉산드리아 도서관은 상상 속에서도 우리에게 친숙한 모습이 없다.

이탈리아 학자 루치아노 칸포라는 동원 가능한 모든 자료를 조사한 후에, 알렉산드리아 도서관이 뮤제이온 내의 무척 길고 높은 통로나 복도였을 거라는 결론을 내렸다. 통로의 벽을 따라 '비블리오테카이biblio-thekai'가 끝없이 이어졌다. '비블리오테카이'는 원래 방을 가리키는 단어가 아니라, 두

루마리를 보관하는 벽감이나 선반을 뜻했다. 선반 위에는 '영혼을 치유하는 곳'이란 명판이 걸려 있었다. '비블리오테카이'로 채워진 벽의 맞은편에는 십중팔구 학자들이 거주하거나 모임을 갖는 곳으로 사용했을 수많은 방이 있었다. 공동으로 식사하는 방도 있었다.

뮤제이온은 왕궁 경내 해안가에 있었는데, 이곳에서는 프톨레마이오스 왕궁에 초대받은 학자들에게 숙식을 제공했다. 시칠리아의 역사학자 디오도로스 시켈로스가 기원전 1세기에 남긴 기록에 따르면, 알렉산드리아는 뮤제이온에 출입할 수 없는 학자들을 위해 두 번째 도서관, 그러니까 부속 도서관을 별도로 세웠다. 그 도서관은 알렉산드리아 남서쪽 부근, 세라피스 신전 근처에 있었고, 뮤제이온 도서관에 소장된 책들의 복사본이 보관되었다.

알렉산드리아 도서관이 어떤 모습이었는지 말할 수 없어 은근히 부아가 치민다. 당시의 역사를 기록하던 학자들은 도서관의 모습까지 기록하는 걸 쓸데없는 짓이라 생각했던 듯하고, 그 정도의 오만은 충분히 이해할 만하다. 디오도로스와 같은 시대에 살았던 그리스의 지리학자 스트라본은 도시 알렉산드리아에 대해서는 상세히 묘사했지만, 이상하게도 도서관에 대해서는 언급조차 하지 않았다. "뮤제이온도 왕궁의 일부를 이룬다. 뮤제이온은 페리파토스(복도), 좌석을 갖춘 엑세드라*exedra*(한쪽이 개방되어 있는 회합을 위한 큰 방_옮긴이), 뮤제이온의 회원인 학자들이 공동으로 식사하는 식당이 있는 큰 건물로 이루어진다"라고 말한 것이 전부이다.[18] 알렉산드리아 도서관이 무너지고 한 세기 반이 지난 후에, 이집트 나우크라티스 출신인 아테나이오스조차 "도서관은 모든 이에게 영원히 기억될 텐데 내가 구태여 그 도서관에 대해 말할 필요가 있겠는가?"라고 썼을 정도였다. 세상의 모든 기억을 보관하는 곳이기를 바랐던 도서관은, 정작 자신에 대한 기억은 남기지 못했다. 우리가 그 도서관에 대해 아는 것이라고는 어마어마했던 규모와 대리석과 두루마리에서 잔존하는 것을 근거로 짐작해보는 다양한 존재 이유이다.

가장 설득력 있게 들리는 존재 이유 중 하나는 불멸성을 추구하던 이집트의 믿음이다. 프톨레마이오스 왕조의 생각대로 하나의 지붕 아래에 우주의 형상이 정리되고 보존될 수 있다면, 그 형상을 이루는 모든 부분들(모래알, 물방울, 왕 자신 등) 또한 시인과 소설가와 역사가의 글로 기록되어 그곳에서 한자리를 차지하며, 영원히, 혹은 언젠가 관련된 쪽을 펼쳐볼 독서가가 사라질 때까지는 존재할 수 있지 않은가? 시의 한 행, 우화의 한 문장, 수필의 한 단어로 우리의 존재가 입증된다. 따라서 그 줄이나 그 문장만 찾아내면 불멸성이 보장된다. 베르길리우스, 허먼 멜빌, 조지프 콘래드의 작품이나 서사 문학의 주인공들에게서 알렉산드리아 사람들의 믿음은 그대로 확인된다. 그들에게 세상은 알렉산드리아 도서관처럼 무수한 이야기들로 이루어지는 곳이며, 그 이야기들은 미로처럼 복잡한 과정을 거쳐 그들만을 위해 설정된 깨달음의 순간으로 이어진다. 그러나 카프카의 순례자가 법의 문밖에서(이상하게도 도서관 정문을 회상한다) 서성대다가 죽음의 순간에야 "그 문은 오직 당신만을 위한 것이었기 때문에 영원히 닫힐 것이다"라고 깨닫듯이, 최후의 순간에 깨달음 자체가 부인되기도 한다.[19] 서사문학의 주인공에게 그렇듯이, 독자에게도 깨달음이 보장되지는 않는다.

우리가 약탈의 꿈으로 뒤바꿔버려 서사적인 꿈을 상실하게 된 이 시대에, 불멸을 향한 환상은 테크놀로지에서 비롯된다. 웹을 이용하면 누구나 자기 목소리를 내는 사이트를 확보할 수 있다는 약속은 우리 시대의 '마레 인코그니툼mare incognitum', 즉 발견의 유혹으로 옛 여행자들을 끌어들이던 미지의 바다이다. 물처럼 형체가 없고, 인간이 완전히 이해하기엔 너무 방대한 웹의 독특한 특징 때문에, 우리는 이해할 수 없는 것과 영원한 것을 제대로 구분하지 못한다. 바다처럼, 웹은 변덕스럽다. 웹에서 교환되는 정보의 70퍼센트가 4개월의 수명을 넘기지 못한다. 웹의 장점(웹의 가상 현실)은 언제나 현재라는 점이지만, 중세 학자들은 이런 현상을 지옥이라 정의했다.[20] 알렉산드리아와 그곳의 학자들은 과거의 진정한 속성을 잘못 해석하지 않았다. 그들은 과거가 매 순간 달라지는 현재의 근원이라는 걸 알았다. 새로운 독서가는 과거의 책을 집어 들지만, 책을 읽는 과정에서 과거의 책이 새로운 책이 된다는 것도 알았다. 따라서 모든 독서가는 어떤 책에 적절한 불멸성을 안겨주는 존재이다. 이런 점에서, 독서는 재탄생을 위한 의식이라 할 수 있다.

그러나 알렉산드리아 도서관이 단순히 불멸성만을 목표로 설립된 것은 아니었다. 알렉산드리아 도서관은 과거에 기록된 것, 또한 기록될 수 있는 모든 것을 기록하고자 했다. 그 기록들은 미래의 기록에 참조되고, 끝없이 이어지는 독서와 해석은 다시 새로운 해석과 새로운 독서를 낳을 것이었다. 따라서 알렉산드리아 도서관은 책을 무한정 보관하는 공간에 그치지 않고, 책 읽는 사람들의 작업장을 지향했다. 이런 목표를 위해, 프톨레마이오스 왕들은 많은 나라에서 유클리드와 아르키메데스 같은 저명한 학자들을 알렉산드리아에 초빙해 숙식을 제공하고, 상당한 보수까지 주면서도, 그 대가로 도서관의 보물들을 마음껏 이용하라는 것 이외에 어떤 요구도 하지 않았다.[21] 따라서 이 특별한 독서가들은 많은 글을 만날 수 있었다. 그들은 읽은 글들을 요약해 미래 세대를 위해 비판적으로 정리한 글을 남겼고, 미래 세대는 자신들이 읽은 글을 다시 요약해 그들의 미래 세대를 위한 글을 남겼다. 기원전 3세기에 플리우스의 티몬은 이런 학자들을 '엉터리 문인charakitai'이라 빈정대며, "사람들로 붐비는 이집트 땅에서는 피둥피둥 살찐 엉터리 문인들이 뮤즈의 새장에서 끊임없이 재잘거리면서 파피루스에 글을 끼적인다"라고 말했다.[22]

알렉산드리아 학자들의 원문 대조와 요약 덕분에, 2세기에 들어 "시간적으로 나중에 쓰인 글은 앞서 존재한 글을 포함한다고 여겨지기 때문에 전자가 후자를 대신한다"라는 독서의 인식론적 원칙이 확립되었다.[23] 이런 해석을 충실히 따라, 19세기 프랑스 시인 스테판 말라르메는 "세상은 한 권의 아름다운 책에 집약될 수 있어야 한다"라고 말했다.[24] 달리 말하면, 어떤 책이든 한 권의 책에 세상의 정수(精髓)를 담아내고, 세상의 모든 책을 망라해야 한다는 뜻이다. 『오디세이아』가 홀든 콜필드(『호밀밭의 파수꾼』의 주인공_옮긴이)의 모험을 예견하고, 디도의 이야기가 보바리 부인의 이야기를 예고하듯이 어떤 작품의 탄생을 미리 암시함으로써, 또 윌리엄 포크너의 연작물이 아트레우스 가문의 운명에 대한 이야기를 이어가고, 잔 모리스의 편력이 이분 할둔의 여행에 경의를 표하듯이 과거의 작품을 되살려냄으로써 이 방법은 계속 유지된다.

이처럼 직관적으로 책들을 연관지어 읽는 까닭에, 알렉산드리아의 사서들은 학문의 복잡한 계보를 작성할 수 있었다. 후대의 독서가들 또한 그러한 방법을 통해 주인공의 삶에 대한 지극히 사소한 이야기(『트리스트럼 샌디Tristram Shandy』, 『제노의 의식The Confessions of Zeno』)에서, 또 이란 작가 사데크 헤다야트와 아르헨티나에서 태어났지만 프랑스에서 주로 활동한 훌리오 코르타사르가 그려낸 몽환적인 악몽에서, 보편적인 세상과 그들의 성공 및 시련을 묘사한 듯한 장면을 읽어낼 수 있다. 내 도서관에서도 어떤 책을 꺼내 어느 페이지를 펼치더라도 세상에 대한 나만의 비밀스런 경험을 완벽하게 이야기한 구절을 찾아낼 수 있다. 알렉산드리아 도서관의 사서들도 알았겠지만, 문학에서는 한 순간이 다른 모든 순간을 함축한다.

그러나 알렉산드리아 도서관은 다른 어떤 곳보다 기억의 공간이었다. 필연적으로 불완전할 수밖에 없는 기억의 공간! 조지프 브로드스키는 1985년에 발표한 글에서 다음과 같이 말했다.

> 기억과 예술의 공통점은 선택의 요령, 즉 세세한 것을 좋아한다는 점이다. 이런 결론은 예술, 특히 산문에는 칭찬의 말로 들릴 수 있겠지만, 기억에는 모욕적인 말로 여겨질 수 있다. 하지만 그런 모욕은 당연하다. 기억에는 전체적인 그림이 담기지 않고 세세한 것이 주로 담기기 때문이다. 말하자면, 하이라이트가 전체는 아니다. 우리가 모든 것을 빠짐없이 기억한다는 확신, 또 우리가 모든 생명체에 그럭저럭 살아가게 허락한다는 확신은 근거 없는 이야기이다. 무엇보다 기억은 알파벳 순서로도 정리되지 않는 도서관, 어떤 작가의 전집도 갖추지 못한 도서관이라 할 수 있다.[25]

그 이후의 모든 도서관은 알렉산드리아 도서관의 턱없는 목표를 부러워하며 원대한 야망을 품었지만, 도서관의 이러한 단편적인 기억 기능을 인정했다. 내 개인 도서관을 비롯해 도서관이란 공간이 존재하기 때문에, 독서가들은 시간의 압박과 싸우며 과거의 단편적 조각들을 현재로 끌어오는 솜씨를 실질적으로 발휘할 수 있다. 또 도서관이 있기 때문에 독서가들은 다른 사람의 정신을 남몰래, 또한 먼 곳에서 엿보고, 책에 담긴 이야기를 읽음으로써 자신의 조건을 좀 더 깊이 알게 된다. 특히, 책장을 넘기면서 인간 경험에서 선별된 순간들을 능동적으로 기억하는 힘이 곧 우리의 능력이 된다는 사실을 도서관은 우리에게 깨닫게 해주었다. 이런 깨달음은 알렉산드리아 도서관에서 시작된 위대한 관습이다. 그렇기 때문에 오랜 세기가 지난 후, 독일에서 홀로코스트의 희생자들을 추도하기 위한 기념물을 세우자는 제안이 있었을 때 많은 식자들이 도서관을 세우자고 제안했던 것이다(안타깝게도 이 제안은 선택되지 못했다).[26]

그러나 공공의 장소로서 알렉산드리아 도서관은 일종의 모순이었다. 여러 사람이 한공간에 모이기는 했지만 기본적으로 그곳은 개인적인 능력(독서 능력)을 함양하도록 마련된 곳이었기 때문이다. 도서관의 지붕 아래에서, 학자들은 원하면 어떤 책이든 읽을 수 있다고 확신하며 자유를 만끽한다고 생각했지만, 그 자유는 착각에 불과했다. 실제로 그들의 선택은 많은 이유에서 제약을 받았다. 예컨대 책이 진열된 서고의 운영 방식(개가식, 폐가식), 책이 분류되는 방식, 소수에게만 허락된 특별 열람실과 특별 장서, 책을 선택하는 데 영향을 미친 사서들의 윤리관과 취향, 프톨레마이오스 왕조 사회가 적절하고 가치 있다고 판단한 기준에 따른 공식적인 지침, 시간의 늪에서 올바른 판단력을 상실한 관료적인 지배계급, 그리고 예산 규모와 책을 보관할 공간의 여력 등의 이유로 학자들은 선택에 제약을 받을 수밖에 없었다.

프톨레마이오스 왕들과 그들의 사서들은 기억이 힘이라는 걸 분명히 알았다. 기원전 4세기에 활동한 그리스의 역사학자 압데라의 헤카타이오스는 허구가 더해진 여행기 『이집트 역사Eqyptiaca』에서, 그리스 문화는 이집트 문화에서 많은 영향을 받았고, 이집트 문화가 오래되고 도덕적으로도 훨씬 우월하다고 주장했다.[27] 하지만 이런 주장만으로는 부족했다. 따라서 알렉산드리아의 사서들은 그리스의 방대한 저작물을 부지런히 수집해서 이집트가 출처라는 걸 밝히려고 애썼다. 그리스 저작물만이 아니었다. 사서들은 과거의 다양한 저작물들을 대대적으로 수집해서, 인간 문화의 뿌리와 가지가 복잡하게 뒤얽혀 있다는 걸 독자들에게 알려주고 싶어 했다. 먼 훗날 시몬 베유가 말했듯이, 인간 문화가 '관심의 형성물'이라 정의될 수 있다는 걸 독자들에게 알려주고 싶었던 것이다.[28] 이런 목적을 위해, 알렉산드리아의 사서들은 이집트 너머의 세상에도 관심을 기울여 정보를 수집하고 해석하며, 온갖 유형의 책을 정리하고 분류하며, 다른 책들 간의 관련성을 찾고, 연상을 통해 사고방식을 바꿔가는 훈련을 받았다.

알렉산드리아의 사서들은 하나의 지붕 아래에 최대한 많은 책을 보관함으로써, 무심한 사람에게 맡겨질 때 자칫하면 파괴될지도 모를 위험으로부터 책들을 보호하려고 애썼다(오늘날 서구 세계의 많은 박물관과 도서관이 내세우는 논리와 똑같다). 따라서 알렉산드리아 도서관은 생각하고 행동하는 인간의 힘을 상징하는 건물인 동시에, 시인들이 흔히 우리에게 말하듯이 기억에 종지부를 찍는 죽음을 이기기 위해 세워진 기념물이 되었다.

그러나 당시 지배자들과 사서들의 관심에도 불구하고 알렉산드리아 도서관은 사라지고 말았다. 알렉산드리아 도서관이 세워졌을 때 어떤 모습이었는지 전혀 모르듯이, 도서관이 어떻게 사라졌는지에 대해서도 확실히 아는바가 없다. 갑자기 사라졌는지, 점진적으로 사라졌는지도 알 수 없다. 플루타르코스에 따르면, 율리우스 카이사르가 기원전 47년 알렉산드리아에 체류할 때 병기창에서 시작된 화재가 번져 대도서관을 완전히 태워버렸다고하지만, 그의 이런 설명은 잘못된 것이다. 디오니시우스 카시우스 롱기누스와 오로시우스 같은 역사학자들은 카이사르가 직접 쓴 『알렉산드리아 전쟁 De bello alexandrino』과 로마의 역사학자 리비우스를 인용해서, 당시 화재가 도서관을 태우지는 않고 로마로 옮겨가려고 병기창 옆에 보관해두었던 약 4만 권의 책을 잿더미로 만들었을 뿐이라고 주장했다. 한편, 그로부터 거의 7세기가 지난 후에는 다른 가능성이 제기되었다. 한 기독교 역사서는 이븐알카프티의 『현인들의 기록Ta'rikh al-Hukuma』을 인용해, 무슬림 군대의 장군 암르 이븐알아스가 642년 알렉산드리아에 입성하자마자 우마르 칼리프 1세로부터 도서관에 불을 지르라는 명령을 받았다며 알렉산드리아 도서관을 파괴한 주범으로 암르 이븐알아스를 점찍었다. 하지만 이 가능성도 지금은 신빙성을 인정받지 못한다. 그런데 그 기독교 역사서의 저자에 따르면, 알렉산드리아 도서관을 가득 채웠던 책들은 공중목욕탕의 물을 데우는 땔감으로 사용되었는데, 아리스토텔레스의 저작들만은 다행히 땔감의 신세를 면했다고 한다.[29]

역사적으로 냉정하게 생각해보면, 알렉산드리아 도서관의 종말은 그 실제 모습만큼이나 아리송하다. 바벨탑은 역사적으로 실제로 존재했더라도 야심차기는 하지만 성공하지 못한 부동산 사업이었다. 하지만 신화로서, 또 밤의 상상의 산물로서, 두 건축물의 원대한 꿈을 비난할 이유는 하나도 없다. 결과가 참담하더라도 불가능한 것을 시도해볼 만한 가치가 있다는 걸 입증하려고 하루가 다르게 하늘을 향해 올라갔을 바벨탑에 우리는 얼마든지 박수를 보낼 수 있다. 모두가 개미처럼 합심해서 땀 흘린 노력의 결실로 바벨탑이 조금씩 하늘을 향해 올라가던 모습을 머릿속으로 상상해볼 수도 있다. 개개인이 뿔뿔이 흩어지며 각지의 고유한 언어라는 틀에 갇히는 바벨탑의 종말을 눈앞에 그려볼 수도 있다. 우리는 또한 온갖 상상과 지식이 망라된 알렉산드리아 도서관의 빼곡한 서가들 사이를 배회하는 우리 자신의 모습을 상상해볼 수도 있다. 한편으로는 알렉산드리아 도서관의 파괴를 통해, 우리가 어렵게 모은 모든 것을 잃더라도 많은 것은 다시 되찾을 수 있다는 교훈을 얻을 수 있다. 알렉산드리아 도서관의 원대한 야망 속에서는 한 사람이 경험한 것이 언어의 연금술을 통해 모두의 경험이 되고, 모두의 경험이 다시 글로 집약되어 그 글을 읽는 개개의 독자에게 은밀한 목표로 발전될 수 있다는 걸 배울 수 있다.

여행자들의 회고록과 역사학자들의 연대기에 불분명하게 언급되며 소설과 우화로 다시 탄생한 알렉산드리아 도서관은 선반마다 '나는 누구인가?'라는 질문을 던지며, 수수께끼 같은 인간의 정체성을 상징하기에 이르렀다. 엘리아스 카네티가 1935년에 발표한 소설 『현혹(Die Blendung)』에서, 주인공인 학자 페터 킨은 외부 세계의 방해에 더 이상 견딜 수 없다는 불안에 사로잡혀 자신과 자신의 책에 불을 지른다. 이런 점에서 페터 킨은 자신이 소유한 책에 자아가 얽매인 독서가로서, 또 알렉산드리아의 한 학자처럼 도서관이 사라진 후에 밤이면 먼지가 되어야 했던 독서가로서, 알렉산드리아 도서관의 정신을 이어간 모든 후계자를 상징하는 인물이다. 17세기 초에 에스파냐의 시인 프란시스코 데 케베도가 말했듯이, 그곳은 정말로 먼지가 되었다. 그러나 케베도는 알렉산드리아 도서관이 구현한 정신의 무한한 존속을 굳게 믿으며 이렇게 말했다. "그곳은 먼지가 되겠지만, 그건 사랑의 먼지일 것이다."[30]

낮 동안에 도서관은 질서의 세계이다. 그러나 밤이 되면 분위기가 바뀐다. 소리는 줄어들고, 생각의 아우성은 더 높아간다. 시간이 깨어 있는 상태와 잠든 상태의 중간쯤에 가까워지면, 나는 편안하게 세상을 다시 상상할 수 있다. 나는 나도 모르게 도둑처럼 움직이게 되고, 내 움직임은 비밀스럽게 느껴진다. 책들이 바야흐로 진정한 존재를 드러내고, 독자인 나는 희미하게 보이는 문자들의 신비로운 의식을 통해 어떤 책이나 어떤 페이지에 유혹을 받아 끌려들어간다.

2장

정리

"하지만 서류는 어떻게 정리하세요?"

"정리함에요, 전부는 아니지만……."

"정리함으로는 도움이 안 될 거예요. 나도 정리함을 사용해봤거든요.
그런데 정리함 속에서는 모든 게 뒤섞이더라고요.
어떤 서류가 어떤 칸에 있는지 도저히 모르겠더라고요."

조지 엘리엇, 『미들마치(Middlemarch)』

밤의 도서관에 앉아 책을 넘길 때면, 나는 살갗의 죽은 층이 조금씩 끊임없이 벗겨져 그 먼지가 전등 불빛에 산란하는 걸 물끄러미 지켜본다. 또 내가 마지막 숨을 거두는 날 도서관이 나와 함께 산산이 무너져서, 죽은 후에도 내가 책과 함께 있는 모습을 곧잘 상상해보곤 한다.

사실, 내가 책에 둘러싸여 살지 않은 때가 있었는지 기억나지 않는다. 일곱 살인가 여덟 살이었을 때 나는 온갖 주제를 다룬 다양한 크기의 책 100여 권으로 내 방에 조그만 '알렉산드리아'를 꾸몄다. 변화를 주려고 책을 분류하는 방법을 계속 바꾸었다. 예컨대 크기별로 분류해, 각 선반을 똑같은 높이의 책으로 채웠다. 그로부터 한참이 지난 후에, 그처럼 책을 분류한 유명한 선배가 있다는 걸 알게 되었다. 상대적으로 작은 책을 위해 받침대를 직접 제작해 끼워 넣어 모든 책의 높이를 깔끔하게 맞추었다는 17세기 영국의 일기 작가, 새뮤얼 피프스였다.[1] 여하튼 나는 책꽂이에서 가장 아래 칸에 커다란 그림책을 놓았다. 가을철 덤불 속의 세상과 해저 세계를 세밀화

▲ 피프스의 도서가 보관되었던 책장 중 하나, 보들리안 도서관.

로 그린 『우리가 사는 세계Die Welt, in der wir leben』의 독일어판(지금까지도 나는 무지갯빛을 띤 물고기와 괴상하게 생긴 벌레를 완벽하게 기억해낼 수 있다), 고양이에 관련된 이야기를 모아놓은 책(여기에서는 "고양이들의 이름과 얼굴이 공공장소에서 간혹 들리고 보인다"라는 구절이 기억난다), 아르헨티나 아동 문학가로 호색문학의 수집가였던 콘스탄시오 C. 비힐의 책 서너 권, 마거릿 와이즈 브라운의 이야기와 시를 편집한 책(동물계, 식물계, 광물계에서 차례로 버림받는 한 소년에 대한 무시무시한 이야기가 담겨 있었다), 그리고 재단사가 커다란 가위로 한 소년의 엄지손가락을 자르는 모습을 그린 삽화에 눈을 돌리지 않으려고 애썼던 하인리히 호프만의 『더벅머리 페터Struwwelpeter』의 귀중한 옛 판본이 이 칸을 차지했다. 그 위 칸에는 이상한 모양의 책들을 모아놓았다. 민담책, 펼치면 그림이 튀어나오는 동물에 대한 팝업북들, 대륙마다 조그만 점으로 표현된 도시들 속에서 현미경으로나 보일 법한 조그마한 사람을 찾아보며 너무 자주 뒤적거려 누더기로 변해버린 지도책이 그 칸을 차지했다. 다른 칸에는 내가 '정상적인 크기'라고 칭한 책들을 모아놓았다. 메이 램버튼 베커의 레인보우 클래식 시리즈, 에밀리오 살가리의 해적 이야기, 두 권으로 된 『유명한 화가들의 어린 시절Childhood of Famous Painters』, 로이 록우드가 쓴 봄바의 모험, 그림 형제와 안데르센의 동화 전집, 위대한 브라질 작가 몬테이루 로바투의 아동 소설들, 에드몬도 데아미치스의 지독히 감상적인 아동소설로 오랫동안 고통 받으면서도 꿋꿋하게 살아가는 아이들의 이야기인 『사랑의 학교Cuore』 등이 있었다. 또 붉은색과 푸른색으로 양각 장식되고 에스파냐어로 쓰인 백과사전 『젊은이의 보물El Tesoro de la juventud』이 따로 한 칸을 차지했다. 백과사전보다 약간 작은 골든북 시리즈가 그 아래 칸에 놓였다. 끝으로 비어트릭스 포터의 책과 『아라비안나이트』를 요약한 독일어판이 작은 귀퉁이를 차지했다.

그러나 때때로 나는 이런 식의 정리에 만족하지 못했다. 그래서 주제별로 책을 재분류하곤 했다. 첫 번째 칸에는 동화책, 두 번째 칸에는 모험담, 세 번째 칸에는 과학과 여행에 관한 책, 네 번째 칸에는 시집, 다섯 번째 칸에는 전기를 정리해두었다. 때로는 순전히 변화를 주고 싶은 욕심에 언어나 색깔을 기준으로, 심지어 내가 좋아하는 순서에 따라 책을 분류하기도 했다. 1세기경 플리니우스는 자신의 집에 대한 찬사를 늘어놓으며, 햇볕이 잘 드는 방에는 "내가 읽고 또 읽는 책들을 꽂아놓은 선반들이 도서관처럼 한쪽 벽을 채우고 있다"고 자랑했다.[2] 때때로 나는 넘기고 또 넘겨서 더럽혀진 책들로만 채워진 도서관을 갖는 꿈을 꾸기도 했다.

그런데 책의 분류에는 분류 내의 분류가 가능하다. 어렸을 때도 알기는 했지만, 훨씬 나중에야 나는 그 방법을 적용할 수 있었다. 정리가 정리를 낳는다. 하나의 범주가 결정되면 그 범주는 다른 범주들의 가능성을 제시하고 부과한다. 따라서 선반에서나 종이 위에서나, 목록을 작성하는 방법은 그 자체로 결코 완결되지 않는다. 내가 아무리 많은 주제를 생각해내도 각 주제는 다시 또 다른 소주제로 분류될 수 있다. 따라서 정리를 하다보면 지치고 지루해지고 좌절감에 빠져, 어느 시점에 이르러서는 미궁에 빠져드는 듯한 분류 활동을 멈추기 마련이다. 그러나 분류를 계속 진행할 가능성은 언제든지 남아 있다. 요컨대 도서관에서 더 이상 분류될 수 없는 최종 범주는 없다.

공공 도서관과 달리, 개인 도서관에서는 기발하고 지극히 개인적인 분류를 시도할 수 있다. 병약한 프랑스 작가 발레리 라르보는 소장한 책들을 언어별로 다른 색으로 장정했다. 영어로 쓰인 책은 푸른색, 에스파냐어로 쓰인 책은 붉은색으로 장정하는 식이었다. 라르보의 한 숭배자는 "그의 병실은 무지개였다. 덕분에 그는 눈과 기억을 통해 책에서 예기치 않은 즐거움을 누렸다"고 말했다.[3] 프랑스 소설가 조르주 페렉은 "그 자체로는 조금도 만족스럽지 않지만", 책을 분류하는 12가지 방법을 제시하며, 별다른 원칙 없이 다음과 같은 순서를 나열했다.[4]

- 알파벳 순서
- 대륙이나 국가
- 표지의 색깔
- 구입일
- 출간일
- 책의 판형
- 장르
- 책에서 다룬 내용의 시기
- 언어

- 독서의 우선순위

- 장정 방법

- 시리즈

이런 분류들은 한 사람의 개인적인 목적에는 도움이 될 수 있다. 그러나 공공 도서관은 모든 사용자가 이해할 수 있는 체계를 따라야 한다. 물론, 그 체계는 책이 선반에 정리되기 전에 결정되어야 한다. 그런데 위의 분류 체계는 전자 도서관에 상대적으로 쉽게 적용된다. 모든 독서가의 요구를 충족시키는 동시에, 프로그램만 보충하면 미리 정해진 분류법에 해당되지 않는 책들을 분류해서 적절한 곳에 배치할 수 있기 때문이다. 따라서 그런 책들을 새롭게 목록화해서 재배치하는 수고를 덜 수 있다.

때로는 실질적인 배치에 앞서 분류가 시도된다. 헛간을 개조한 내 개인 도서관에 책들을 배치하기 전에, 나는 나만이 이해할 수 있는 주제명 표목 subject-heading에 따라 책들을 머릿속으로 정리해두었다. 따라서 2003년 여름 도서관을 정리하기 시작했을 때, 범주들이 이미 분명하게 결정되었기 때문에 각 범주에 속한 책들을 특정한 공간에 정리하는 건 그다지 어렵지 않으리라 생각했다. 하지만 내가 책 정리를 너무 쉽게 생각했다는 사실을 처절하게 깨닫는 데에는 많은 시간이 걸리지 않았다.

이론적으로 분류를 끝낼 때까지 부엌을 온통 차지하고 있던 수백 상자의 책을 겨우 도서관으로 옮기고 상자를 풀었지만, 바벨탑의 수직적 야망과 알렉산드리아의 수평적 탐욕이 복합된 듯이 곳곳에 쌓인 책들에 둘러싸여 나는 수 주 동안 어찌할 바를 몰랐다. 거의 석 달 동안, 나는 새벽부터 밤 늦게까지 책 더미들을 조사하며 새로운 배열 순서를 생각해내야 했다. 두꺼운

벽 덕분에 도서관은 시원하고 조용했고, 오랫동안 잊고 있던 친구 같은 책들을 다시 만난 기쁨에 시간의 흐름을 잊을 수 있었다. 그렇게 책을 정리하다가 불현듯 고개를 들면 어느새 밤이 되었고, 하루 종일 책과 씨름했지만 기껏 몇 개의 서가밖에 채우지 못했다는 사실에 한숨을 내쉬곤 했다. 때로는 밤새 일하며 내 책들을 배열할 온갖 환상적인 방법들을 상상했지만, 아침 햇살이 비치기 시작하면 그 방법들이 안타깝게도 적용 불가능하다는 사실을 처절히 깨달아야 했다.

책 상자를 푸는 행위는 계시적인 행위이다. 이곳저곳을 떠돌던 발터 베냐민은 1931년 또 한 번의 이주를 끝내고 책들 사이에 둘러싸였을 때, "정리라는 약간 지겨운 일이 아직 괴롭지는 않다"면서,⁵ 책을 구입했던 때와 장소만이 아니라 책들 하나하나를 확실히 그의 것으로 만들어주었던 정황적 증거를 머릿속에 떠올렸다. 나도 그해 여름 그런 환영들에 시달렸다. 어떤 책을 펼쳤을 때 툭 떨어진 승차권은 부에노스아이레스의 전차에서 쥘리앵 그린의 『모이라Moira』를 처음 읽던 때를 떠올려주었다(전차는 1960년대 말에 운행이 중단되었다). 에즈라 파운드의 『칸토스Cantos』의 면지에 쓰인 이름과 전화번호는 내게 이 책을 선물로 주었지만 오랫동안 잊고 있던 친구의 얼굴을 떠올려주었다. 또 헤르만 헤세의 『싯다르타Siddhartha』에서 접힌 채로 발견된, 플로르 카페의 로고가 찍힌 종이 냅킨은 내가 1966년에 파리를 여행했다는 증거였다. 에스파냐 시선집에서 찾아낸 선생님의 편지는 시인 공고라이아르고테와 빈센테 가오스에 대해 처음 들었던 먼 옛날의 수업 시간을 생각나게 해주었다. 베냐민은 지금은 거의 잊혀진 중세의 수필가 모뤼스의 말을 인용하여 "어떤 책에나 운명이 있다"라고 말했다. 내 책들 중 일부도 프랑스 서쪽에 위치한 이 조그만 공간에 정착하기 위해 반세기를 기다려야 했다. 그

것이 그 책들의 운명이 아니었을까 싶다.

앞에서도 말했듯이 나는 처음에 내 도서관을 여러 구역으로 나누어 정리할 생각이었다. 그 주된 기준 중 하나가 언어였다. 시와 산문을 막론하고 영어와 에스파냐어, 독일어와 프랑스어로 쓰인 책들은 머릿속으로 생각만 해도 상당히 많았다. 그래서 이런 언어적 분류 안에서 내가 관심을 가진 분야, 예컨대 그리스 신화, 유일신 종교, 중세 시대의 전설, 르네상스 시대의 문화, 제1차 세계대전과 제2차 세계대전, 책의 역사 등에 속한 몇몇 책들은 제외했다. 무슨 책을 이런 범주에 두느냐에 대한 나의 선택은 많은 독서가에게 무원칙하게 보일 수 있다. 왜 아우구스티누스의 저작들이 라틴 문명이나 중세 초기의 문학에 속하지 않고 기독교 분야에 속해 있는 것인가? 토머스 칼라일의 『프랑스 혁명French Revolution』은 유럽사가 아니라 영국 문학에 포함된 반면에, 영국 역사학자 사이먼 샤마의 『시민들: 프랑스 혁명사Citizens』는 정반대로 분류된 이유는 무엇인가? 7권으로 이루어진 루이스 긴즈버그의 『유대인의 전설Legends of the Jews』을 유대교 항목으로 분류하고, 방랑하던 유대인에 대한 조지프 개어의 저작은 신화에 포함시킨 이유는 무엇인가? 또 캐나다의 시인이자 번역가인 앤 카슨이 번역한 사포의 시집은 번역자인 카슨 항목에 두고, 16세기 미국의 번역가 아서 골딩이 번역한 오비디우스의 시집 『변형담Metamorphoses』은 원저자인 시인의 항목에 둔 이유는 무엇인가? 게다가 영국의 시인이자 번역가인 조지 채프먼이 번역한 호메로스의 두 문고본이 키츠 항목에 꽂힌 이유는 도대체 무엇인가?

결국 모든 분류가 자의적이다. 세계 곳곳에서 만난 친구들의 도서관에서도 나는 기상천외한 분류를 자주 보았다. 랭보의 『취한 배Le Bateau ivre』가 항해, 대니얼 디포의 『로빈슨 크루소Robinson Crusoe』가 여행, 메리 매카시가 미국적 순수성이 유럽적 세속성과 맞부딪히게 되는 과정을 그린 소설인 『미국의 새들Birds of America』이 조류학, 클로드 레비스트로스의 『날것과 익힌 것The Raw and the Cooked』이 요리로 분류된 예를 실제로 보았다. 이런 비상식적인 분류는 때때로 공공 도서관에서도 목격된다. 런던 도서관에서 스탕달(Stendhal)이 본명인 'Beyle'을 따라 'B' 항목에 분류된 반면에, 제라르 드 네르발Gérard de Nerval은 본명인 'Gérard Labrunie'가 무시된 채 'G' 항목에 분류된 걸 보고, 혼자 분을 삭인 독자가 있었다. 또 어떤 독자는 역시 같은 도서관에서 '여성women'이 '과학의 잡다한 항목'으로 분류되어, 마법witchcraft과 모직물wool과 레슬링wrestling의 중간 자리를 차지했다며 분을 참지 못했다.[6] 미국 의회 도서관에서도 다음과 같은 흥미로운 주제명 표목이 발견된다.

- 바나나 연구
- 박쥐 장정
- 예술에 등장하는 장화와 구두
- 종교와 민간신앙에 나타나는 닭
- 오물: 선집

이 도서관의 사서들에게는 책을 분류하는 주제의 특이성이 책의 내용보다 더 중요했던 모양이다. 이런 이유에서 도서관은 희귀한 주제명 표목의 경연장이 되기도 한다. 책을 분류하는 주제나 표목이 책의 성격을 바꿔놓기도 하지만, 때로는 거꾸로 책의 성격에 따라 주제나 표목이 바뀌기도 한다. 로베르트 무질의 소설들을 오스트리아 문학으로 분류한다면, 이는 국가중심적으로 그의 작품들을 분류한 것이 된다. 하지만 이런 국가중심적인 분류법은 오스트리아-헝가리 제국이란 주제에 대한 지극히 학술적인 관점을 확대함으로써, 그 주제를 다룬 사회학적이고 역사학적인 서적들을 옆에 두게 되는 이점이 있다. 다른 예로, 안톤 체호프의 『이상한 자백Strange Confession』을 추리소설로 분류하면 독자는 살인과 단서와 속임수에 초점을 맞추어 이 소설을 읽기 마련이며, 레이먼드 챈들러나 애거사 크리스티 등 추리 작가와는 거의 관련이 없어 보이던 체호프와 같은 작가들도 범죄라는 장르에 개방되는 효과를 기대할 수 있다. 내가 토마스 엘로이 마르티네스의 소설『산타 에비타Santa Evita』를 아르헨티나 역사 쪽으로 분류하면, 그 소설의 문학적 가치를 폄하한 것이 될까? 반대로 에스파냐어 소설로 분류하면, 그 소설의 역사적인 정확성을 무시하는 것일까?

17세기 영국의 애서가, 로버트 코튼 경은 자신의 책들을 12개의 책장에 정리하고, 각 책장을 1대부터 12대까지의 로마 황제 흉상으로 장식했다. 그 안에는 지금까지 유일하다고 알려진 『베오울프Beowulf』의 필사본과 698년경에 제작된 린디스판 복음서Lindisfarne Gospels 필사본 등 희귀한 필사본이 많이 포함되어 있었다. 영국 국립 도서관은 그 장서 중 일부를 취득하면서 코튼의 괴상망측한 분류법을 그대로 이어받았다. 따라서 린디스판 복음서는 지금도 'Cotton MS. Nero D. IV'로 분류되어 있다. 애초에 네로 황제의 흉상이 위에 놓인 책장의 네 번째 칸에 네 번째로 꽂혀 있었기 때문이다.[7]

그러나 어떤 종류의 분류법이나 수용할 수 없는 것을 수용하게 하는 장점을 지닌다. G. K. 체스터턴은 "친구와 친척에게 엘제비르 판본Elzevirs(엘제비르 활자로 인쇄한 책_옮긴이)에 미쳤다는 말을 듣는 늙은 수집가가 있을지 모른다. 그러나 따지고 보면 엘제비르 판본 덕분에 그가 건전하게 살아가고 있는 것이다. 엘제비르 판본이 없다면 그는 지금쯤 빈둥대면서 영혼을 파괴하고 건강염려증에 사로잡혀 살 수도 있을 테니까. 책을 정리하는 나른한 습관은 대장장이가 망치를 휘두르고, 농부가 말을 끌고 다니는 것과 다를 바가 없다. 그 습관에는 경험을 바탕으로 세상사를 상식적으로 판단하는 교훈이 담겨 있다"라고 말했다.[8] 엘제비르 활자로 인쇄된 책이나 스릴러물을 수집해 정리하는 습관이 남들에게는 광적으로 보이지만, 당사자에게는 정신을 또렷하게 차릴 기회를 주는 것이다. 이는 내게도 해당되는 말이다. 토머스 넬슨 출판사가 포켓판 크기로 아름답게 가죽 장정해 출간한 성경들, 가는 끈으로 물건들을 묶어 가지고 다니던 행상들이 팔았기 때문에 '끈 문학literatura de cordel'으로 알려진 브라질의 얄팍한 소책자들, 보르헤스와 아돌포 비오이 카사레스가 함께 편집한 '셉티모 시르쿨로(일곱 번째 서클)' 탐정소설 시리즈의 초판본, 에릭 길이 목각한 삽화를 더해 덴트 출판사가 자그맣게 정사각형 판본으로 출간한 '뉴 템플 셰익스피어' 시리즈들. 내가 틈틈이 수집한 이 책들 덕분에 나는 정신을 바싹 차리고 살아가는 듯한 기분이다.

범주의 범위가 넓어지면 책의 분류가 한결 쉬워진다. 3세기 초 중국에서, 황실 도서관의 책들은 저명한 궁중 학자들의 합의로 결정된 네 가지 느슨하고 포괄적인 표목─정전이나 고전, 역사서, 철학서, 그 밖의 문학서─하에 정리되었고, 각 표목에 속한 책들은 각각 초록색, 붉은색, 푸른색, 회색으로 장정되고 구분되었다(이러한 색 구분법이 초기 펭귄 클래식과 에스파냐어 아우스트랄 컬렉션에도 사용되었다는 점이 흥미롭다). 이런 분류법에 따라, 책들은 제목의 철자나 발음 순서로 정리되었다. 철자 순서로 정리하기 위해서 수천 개의 한자가 물이나 흙 등을 뜻하는 몇 개의 기본 부수(部首)로 분해된 후에 중국 우주론의 분류 체계에 따라 전통적인 순서로 정리되었다. 또 발음 순서로 정

'끈 문학'에 속하는 책들.

리할 때는 제목에서 마지막 단어의 마지막 음절의 운(韻)을 기준으로 순서
가 정해졌다. 그러나 철자가 26개(영어)부터 28개(에스파냐어)까지 들쑥날쑥
한 알파벳 체계와는 비교가 되지 않을 정도로 중국어에서 가능한 운은 76
개부터 206개까지 변화무쌍하다. 15세기에 당시까지 존재한 모든 중국 문
헌을 한 권에 기록한 목적에서 명나라의 황제 영락제의 명령으로 편찬된 세
계 최대의 필사본 백과사전 『영락대전(永樂大典)』은 운(韻) 방식을 사용해 수
천 항목의 순서를 정했다. 2,000명이 넘는 학자가 이 야심찬 계획에 동원되
었지만, 오늘날에는 그 어마어마한 목록의 일부만이 전해지고 있다.[9]

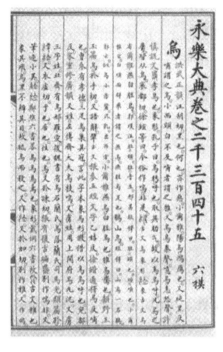

◀『영락대전』중 한 권.

나는 도서관에 들어갈 때마다, 그 도서관이 분류 범주와 순서로 독서가에게 은근히 강요하는 세계관이 무엇인지 생각해본다. 가끔 유난히 눈에 띄는 범주가 있다. 특히 중국 도서관들은 오랜 역사를 지닌 만큼, 분류법의 변화에서 중국인들의 우주관이 어떻게 변했는지 엿볼 수 있다. 가장 초기의 분류 목록에서는 신들의 절대적 지배에 대한 믿음을 반영한 계층구조가 읽혀진다. 따라서 신들의 아래로 모든 것을 포괄하는 하늘, 즉 천체(天體)의 세계와 순종적인 흙이 위치하고, 그 다음으로 인간, 동물, 식물이 차례로 오고, 광물이 마지막을 차지한다. 이런 여섯 가지 범주하에 596명의 저자가 쓴 1만 3,269개의 두루마리가 『한서 예문지(漢書藝文志)』로 알려진 1세기의 문헌 연구서에서 분류되었다. 『한서 예문지』는 황실 도서관 사서로서 다른 학자들이 쓴 글을 기록하는 데 일생을 바친 유향과 그의 아들 유흠의 연구를 토대로 주석을 더해 작성된 도서 목록집이다.[10] 다른 식의 계층구조가 읽혀지는 분류 목록들도 있다. 역시 황제의 명령으로 1005년에서 1013년 사이에 편찬된 『책부원구(冊府元龜)』는 우주의 질서를 따르지 않고, 다소 관료주의적인 냄새를 풍기며 황제에서 시작해 관리와 관청을 거쳐 천민으로 내려간다.[11] (이런 방식을 서구에 적용하면, 엘리자베스 1세의 『기도와 시Prayers and Poems』로 시작해 찰스 부코스키의 전집으로 끝나는 영문학 도서관을 상상해볼 수 있다). 이런 관료주의적이고 사회학적인 순서는 온 세상을 완벽하게 담아냈다고 자처한 중국 백과사전 중 하나인 『태평어람(太平御覽)』을 편찬할 때도 사용되었다. 982년에 완성된 이 백과사전은 모든 분야의 지식을 망라했다. 그 후속편인 『태평광기(太平廣記)』에서는 55개의 주제명 표목하에 5,000개가 넘는 인물과 2,000권이 넘는 책 제목을 소개했다. 『태평어람』과 『태평광기』의 편찬을 명령한 황제 송태종은 꼬박 1년 동안 하루에 세 장(章)씩 읽었던 것으로 전해진다. 1726년에 완성된 『고금도서집성(古今圖書集成)』은 인류 역사상 인쇄된 최대의 백과사전답게 1만 개가 넘는 항목을 담은 엄청난 '인물 도서관'이다. 이 책을 편찬한 궁중 교열관 장정석은 그림을 조각한 목각판만이 아니라, 이 사업을 위해 특별히 고안된 활자까지 이용했다. 항목마다 과학, 여행 등 인간의 관심사가 하나씩 다루어지며, 관련된 인물들을 중심으로 다시 하위로 분류된다. 예컨대 인간관계를 다룬 항목에는 수천 명에 달하는 인물의 삶이 직업과 사회적 지위에 따라 분류되고 기록되어 있다. 구체적으로 말하면 현인, 노예, 한량, 폭군, 의사, 서예가, 초인적인 인물, 위대

한 술꾼, 저명한 궁수, 남편을 잃고도 다시 결혼하지 않은 열녀 등으로 분류되는 식이었다.[12]

그보다 5세기 전, 이라크에서는 유명한 재판관 아마드 이븐무하마드 이븐할리칸이 중국의 백과사전과 유사한 '세상의 거울'을 편찬했다. 이븐할리칸의 『명사의 죽음과 세기적 인물사Obituaries of Celebrities and Reports of the Sons of Their Time』에는 826명의 시인, 통치자와 장군, 문헌학자와 역사학자, 산문작가, 전통주의자와 설교자와 수행자, 궁중 고관, 코란 주석가, 철학자와 의사, 신학자와 음악가와 재판관의 전기가 망라되었다. 이 인물 사전은 인물의 공훈과 사회적 지위만이 아니라 성적 성향까지 언급했다는 점이 특이하다. 이븐할리칸의 '인물 도서관'은 독자에게 교훈과 재미를 동시에 주는 것이었기 때문에, 그 방대한 인물록에서 '마호메트와 그 교우들'은 언급되지 않았다.[13] 중국의 백과사전들과 달리, 이븐할리칸의 대작은 알파벳순으로 정리되었다.

책들을 알파벳순으로 분류한 최초의 시도는 알렉산드리아 도서관에서 가장 유명한 사서이자 프로페르티우스와 오비디우스가 존경했던 시인인 칼리마코스에 의해 거의 2,200년 전에 있었다. 칼리마코스는 알렉산드리아 도서관에 소장된 위대한 그리스 작가들에 관련된 120권의 도서 목록을 포함해 800권 이상의 저작을 남긴 작가이기도 했다.[14] 칼리마코스는 미래의 독서가들을 위해 과거의 저작들을 보존하려고 무진 노력을 했지만, 얄궂게도 정작 본인의 작품은 6편의 찬사, 64편의 풍자시, 짧은 서사시의 한 부분, 그리고 가장 중요한 것으로 그가 읽은 엄청나게 많은 책들을 분류하는데 사용한 방법밖에 남아 있지 않다. 칼리마코스는 그리스 문헌들을 비판적 관점으로 분류하는 방법을 고안해냈다. 그는 자료들을 서사시, 서정시, 비극, 희극, 철학, 의학, 수사학, 법학, 기타 중 하나로 분류하여 서판pinake(書

板)에 기록했다.[15] 칼리마코스는 당시 사라지고 없던 메소포타미안 도서관들에서 사용한 방법으로부터 십중팔구 영감을 받았겠지만, 그의 방법은 선택된 작가들을 알파벳순으로 정리했다는 점에서, 또 저자들의 짤막한 전기와 저서(역시 알파벳순으로)까지 덧붙였다는 점에서 후세에 미친 영향이 크다. 칼리마코스가 혼이라도 살아서 내 도서관을 서성댄다면, 자신이 다른 사람들의 저작을 보관하려고 고안해낸 방법에 따라 정리된 그의 작품 두 권을 로브 시리즈Loeb Classical Library(은행가 제임스 로브의 지원을 받아 하버드 대학교에서 발간하는 고전 시리즈_옮긴이)에서 보게 될 거라는 생각에 나는 가슴이 뭉클하다.

알파벳순 분류법은 칼리마코스의 목록을 통해 이슬람 세계에도 전해졌다. 아랍 세계에서 칼리마코스의 '서판'을 흉내내 제작된 최초의 책은 893년에 사망한 바그다드의 서적상, 아부 타히르가 쓴 『작가들에 대한 책Book of Authors』이었다. 제목만으로도 짐작되는 것처럼 타히르는 작가마다 짤막한 생애를 소개하고 대표적인 저서를 알파벳순으로 덧붙였다.[16] 거의 같은 시기에, 여러 학습소에서 플라톤의 대화들을 조금이라도 용이하게 번역하고 해설하기 위해 순서를 정하는 방법에 골몰하던 아랍 학자들은, 어떤 작가의 책이 어떤 선반에 꽂혀 있는지 쉽게 알아낼 수 있는 칼리마코스의 알파벳순 정리법이 텍스트 자체의 배치에는 적용되지 않는다는 걸 알게 되었다. 또한 알렉산드리아 도서관의 옛 사서들이 편찬한 플라톤의 저작에 대한 많은 참고 문헌을 참조한 끝에, 사서들이 칼리마코스의 방법을 따르면서도 어떤 책을 어디에 놓느냐에 대해서는 제각각이었다는 사실도 확인할 수 있었다. 예컨대 모든 사서가 플라톤의 저작들을 'P'에 분류하는 데는 일치했지만, 어떤 순서로 어떻게 하위분류하느냐에 대해서는 의견이 달랐다. 이를 테면 문법학자인 비잔틴의 아리스토파네스는 뚜렷한 이유도 없이 몇몇 '대화'를 제외하고는 플라톤의 전작을 세 권씩 짝지은 반면에, 트라시불로스는 '진정한 대화'라 판단한 것들을 네 권씩 짝짓고 "플라톤도 '대화'들을 4부작으로 발간했다"라고 말했다고 주장했다.[17] 물론 플라톤의 전작을 하나로 묶었지만 배열 순서를 다르게 목록화한 사서들도 있었다. 어떤 사서는 『변명Apology』으로 시작한 반면에, 어떤 사서는 『국가론Republic』으로 시작했다. 『파이드로스Phaedrus』나 『티마이오스Timaeus』로 시작한 사서들도 있었다. 내 도서관도 똑같은 혼돈에서 벗어나지 못했다. 나도 작가들을 알파벳순으로 정리했기 때문에, 마거릿 애투드의 모든 책은 영어로 쓰인 책들을 모아둔 책꽂이에서 아래쪽 세 번째 선반, 'A' 항목에 자연스럽게 자리 잡았지만, 발표 시기에 따라 『인간 전의 삶(Life before Man)』을 『고양이 눈Cat's eye』보다 앞에 두어야 할지, 아니면 시와 소설을 분리해서 『불탄 집의 아침Morning in the Burned House』을 『인간 종말 리포트Oryx and Crake』의 뒤에 두어야 할지에 대해서는 거의 신경 쓰지 않았다.

중세 말에 꽃피웠던 아랍 세계의 도서관들은 이런 사소한 결함들을 무시하고 알파벳순으로 책들을 정리했다. 그렇지 않았더라면 다마스쿠스 니자미야 학원(11세기 후반 페르시아에 설립된 학원으로 대학과 비슷한 기능을 했다_옮긴이)의 어마어마한 도서 목록에 어떤 책이 있는지 살펴볼 엄두도 내지 못했을 것이다. 1267년 한 기독교인 학자가 이 학원의 도서관에서 "1241년 알무스탄시르 칼리프가 통치하던 시기까지 이슬람 시대에 쓰인" 저작들만을 7가지 주제로 분류한 도서 목록 중 56번째 책을 눈이 빠지게 읽었다고 전하지 않는가.[18]

도서관이 삼라만상의 거울이라면, 도서 목록은 그 거울의 거울이다. 중국에서는 한 도서관에 소장된 모든 책을 한 권의 책에 정리한다는 생각이 거의 처음부터 존재했지만, 아랍 세계에서는 그런 생각이 15세기에야 일반화되며 도서 목록과 백과사전에 '도서관'이란 이름이 빈번하게 붙여졌다. 그러나 주석이 더해진 최대의 도서 목록은 무척 이른 시기에 편찬되었다. 987년 이븐알나딤(바그다드의 아바스 왕조 시대에 살았던 서적상이었을 것이란 사실 이외에는 거의 알려진 것이 없는 인물)은 다음과 같이 전한다.

> 아랍만이 아니라 외국에 이르기까지 모든 종족이 아랍어로 쓴 모든 책을 분류하고 정리했다. 다양한 학문들에 관한 저작들도 빼놓지 않았다. 또한 각 학문이 탄생한 때부터 우리 시대, 즉 헤지라 377년까지 저작들을 남긴 사람들의 삶에 대한 설명, 작가들의 사회적 지위와 족보, 출생일과 사망일 및 수명, 또 태어난 곳, 그들의 장점과 단점도 덧붙였다.

이븐알나딤은 과거의 문헌들만을 근거로 작업하지는 않았다. 그가 서문에서 밝혔듯이, 그는 문제의 저작을 직접 눈으로 확인하고 싶어 했다. 따라서 그가 알고 있던 많은 도서관을 직접 방문해서, "책들을 펼쳐보고 두루마리를 풀어가며 읽고 또 읽었다." 그가 남긴 백과사전적 저작, 『목록Fihrist』은 중세 아랍의 지식에 대한 최고의 개론서이며, '기억과 목록'을 한 권으로 집약시킨 까닭에 '그 자체로 하나의 도서관'이다.[19]

『목록』은 독특한 문헌적 창작물이기도 하다. 『목록』은 킬리마코스의 알파벳순을 따르지 않았고, 수록된 저작들이 학문적 위치에 따라 분류되지도 않았다. 혼란스러울 정도로 꼼꼼하고, 빙그레 웃음이 지어질 정도로 독단적이기도 하지만, 『목록』은 세계 전역으로 뻗어나간 무한한 도서관의 서지 목록이다. 이븐알나딤이 그려낸 모습대로만 보이는 도서관이다. 『목록』에서 그는 종교 서적을 세속적인 서적과 나란히 놓았고, 권위자의 주장에 근거한 학술서를 자신의 판단에 따라 합리적인 학문에 속하는 저작과 함께 분류했다. 또 이슬람에 대한 연구서는 외국인들의 믿음에 대한 연구서와 짝지어 놓았다.[20] 『목록』의 일관성과 다양성은 이 잡식성 저자의 눈과 머리에서 나온 듯하다.

그러나 독서가의 욕심에는 끝이 없는 법! 한 세기후, 정부 고관 아불카심 알마그레브는 『목록』을 불완전한 책이라 생각하며 『이븐알나딤 목록의 보완Complement to the Catalogue of al-Nadim』을 직접 썼다. 이미 상상할 수 없이 길었던 도서 목록인 『목록』을 훨씬 놀라운 길이로 확대한 것이었다. 물론, 이 비대한 도서 목록에 기록된 책들도 결코 한공간에 모아지지는 않았다.

책의 미로에서 길을 찾는 것과 관련해 한층 실질적인 방법을 모색하던 아랍 사서들은 경직된 알파벳 순서를 버리고 주제별 분류와 학문별 분류를 택했다. 따라서 주제명 표목으로 공간의 분할이 가능했다. 이븐알나딤과 동시대에 살았던 저명한 의사, 서구 세계에는 아비세나로 알려진 아부 알리 엘후세인 이븐시나가 980년경에 방문한 도서관이 그런 식으로 정리되어 있었다. 현재의 우즈베키스탄에 속하는 부하라의 술탄이 그의 환자였다. 그를 진료하러 부하라를 방문했을 때 아비세나는 책들이 학문별로 편리하게 분류된 도서관을 발견했다.

나는 많은 방이 있는 건물에 들어갔다. 모든 방에는 책들로 채워진 수납함이 차곡차곡 쌓여 있었다. 어떤 방에는 아랍어로 쓰인 시집이 가득했고, 어떤 방에는 법에 관련된 책들이 가득했다. 각 방이 하나의 학문에 관련된 책들로만 채워져 있었다. 나는 고대 저작들(즉 그리스 문헌)의 목록을 살펴보았다. 대부분의 책이 제목조차 모르는 것들로, 전에도 그랬지만 그 이후로도 본 적이 없었다. 나는 책들이 어디에 있는지 생생하게 기억하는 사람인 사서에게 내가 원하는 책을 찾아달라고 부탁했다. 나는 그 책들을 읽고 많은 것을 얻었다. 그리고 책들이 고유한 학문 범주에서 차지하는 위치를 인정할 수 있었다.[21]

이런 주제별 분류는 이슬람 중세시대에 알파벳 배열법과 함께 흔히 사용되었다. 분류에 사용된 주제들도 도서관마다 달랐지만, 책들이 보관되는 방법도 달랐다. 개가식이나 폐가식으로, 혹은 부하라 도서관처럼 목재 수납함에 책이 보관되는 곳도 있었다. 성서, 즉 여러 형태로 다시 쓰인 코란만은 언제나 따로 보관되었다. 절대자의 말씀이 인간의 언어와 뒤섞일 수는 없는 노릇이었으니까.

공간이 알파벳 문자에 따라 배열되고, 책들이 정선된 문헌 목록에 기록된 순서대로 정리되었던 알렉산드리아 도서관의 분류법은 이집트의 경계를 넘어 멀리까지 전해졌다. 로마의 지배자들도 알렉산드리아를 흉내 내 도서관들을 세웠다. 한때 알렉산드리아에서 지내면서 도서관을 자주 드나들었던 율리우스 카이사르는 로마에 '세계 최고의 공공 도서관'을 건립할 계획을 세우고, 마르쿠스 테렌티우스 바로(증거는 없지만 도서관학 입문서를 썼다고 플리니우스가 인용하는 로마 학자)에게 "그리스어와 라틴어로 쓰인 모든 책을 수집해 분류하라"는 명령을 내렸다.[22] 그러나 카이사르가 세상을 떠날 때까지 이 원대한 사업은 시작조차 하지 못했다. 아우구스투스가 집권한 첫해, 로마에 최초의 공공 도서관이 문을 열었다. 카툴루스, 호라티우스, 베르길리우스의 친구인 아시니우스 폴리오가 개장한 도서관이었다. 이곳은 '자유의 안마당(아직까지 정확한 위치가 밝혀지지 않았다)'에 있었는데, 저명한 작가들의 초상화로 장식되어 있었다.

아시니우스 폴리오의 도서관이 '자유의 안마당'과 관련되어 있기는 하지만 학자들에게 적합하도록 특별히 설계되었듯이, 로마의 도서관들은 절제와 질서의 장소라는 분위기를 짙게 풍겼던 것으로 여겨진다. 그런 도서관들에 관련된 유물은 로마의 팔라티노 구릉에서 처음 발굴되었다. 폴리오의 도서관처럼 로마의 도서관은 두 가지 언어로 된 책들을 보관했기 때문에 건축가들은 책들을 보관할 건물을 이중으로 설계해야 했다. 예컨대 팔라티노 구릉에서 발견된 유적에서는 그리스어 서적을 보관한 공간과 라틴어 서적을 보관한 공간이 따로 발견되었다. 또 조각상이 들어갈 틈들과 아르마리아(목재 책상자)를 넣는 벽감이 깊이 파여 있었다. 벽에는 책꽂이가 줄줄이 세워져 있었는데, 문을 달아 이를 보호했던 것으로 보인다. 아르마리아에는 분류 번호가 붙여졌고, 도서 목록에는 아르마리아에 담긴 책들의 제목 옆으로 분류 번호가 쓰여 있었다. 공간은 주제별로 나뉘었는데, 일부 책꽂이는 팔을 쭉 뻗은 길이보다 높았기 때문에 책을 꺼낼 때 이동식 사다리를 이용해야 했다. 목록을 작성하는 사서의 도움을 받아 원하는 두루마리를 구한 독서가는 방 한가운데 놓인 탁자들 중 하나에 두루마리를 펼쳐놓고, (당시에는 소리내지 않고 책을 읽는 시대가 아니었기 때문에) 나지막이 웅얼대는 소리를 들으면서 두루마리를 살펴보았을 것이다. 아니면 그리스의 도서관에서 그랬듯이, 두루마리를 밖으로 들고 나가 돌기둥 아래에서 읽었을 것이다.[23]

그러나 이것은 순전히 추측에 불과하다. 로마 도서관의 모습으로 현재까지 전해지는 그림은 19세기에 그려진 선화(線畵) 하나가 유일하다. 그것도

현존하지 않는 로마 시대의 부조를 보고 제작한 판화로, 두루마리를 보관하는 방법이 그려져 있다.

독일 노이마겐에서 발견되었지만 지금은 사라진 아우구스투스 시대의 부조를 옮겨 그린 것이다.[24] 이 그림에는 속이 깊은 선반에 같은 주제 항목 아래 십중팔구 알파벳 순서로 놓였을 세 겹으로 쌓인 두루마리들과 삼각형 모양의 인식표가 그려져 있다. 독서가가 오른팔을 뻗어 인식표를 보고 있는 것으로 보아, 인식표가 밖으로 오도록 두루마리가 정리되었을 것으로 추측된다. 안타깝게도 인식표에 쓰인 제목들은 편독이 불가능하다. 도서관을 방문할 때면 나는 그곳에 어떤 책들이 있는지 알고 싶다. 여기에서도 마찬가지다. 오래전에 사라진 도서관을 묘사한 부조의 그림을 앞에 두고, 나는 그 오래된 두루마리의 제목을 알아내고 싶은 욕심에 이를 뚫어져라 처다본다.

◀멜빌 듀이의 초상.

도서관은 끊임없이 성장하는 실체이다. 도서관은 얼핏 보면 어떤 도움도 받지 않고 번식한다. 구매와 기증 및 절도와 차용을 통해서, 또 연상을 통해 빈 곳을 넌지시 알리고 이런저런 보충을 요구함으로써 번식한다. 알렉산드리아, 바그다드, 로마 그 어느 곳에서든 단어들의 모음인 책이 늘어나면서 분류 체계와 이동식 칸막이가 필요하게 되었다. 분류 체계 덕분에 도서관이란 공간이 확대될 수 있었고, 이동식 칸막이 덕분에 도서관은 알파벳의 한계에 구속되지 않고, 하나의 분류표로 수용할 수 있는 책의 양에 구애받지 않게 되었다.

멈추지 않는 성장 속에서도 질서를 유지하기 위해서는 문자나 주제명 표목보다 숫자가 더 적합한 듯하다. 이미 17세기에 새뮤얼 피프스는 이런 끝없는 확장을 무리 없이 해결하기 위해서는 무한한 수의 세계가 알파벳보다 효율적임을 깨닫고, 나름대로 고안해낸 '읽을 책을 쉽게 찾는 방법'으로 자신의 책들을 분류했다.[25] 내가 학교 도서관을 방문했을 때 보았던 숫자를 이용한 분류법은 전 세계에서 가장 널리 사용하는 분류법인 듀이의 십진 분류법이다. 줄줄이 주차된 자동차의 번호판을 책등에 옮겨놓은 듯한 분류 방식이다.

이 분류법을 고안해낸 멜빌 듀이의 이야기는 드넓은 비전과 좁은 시야의 결합물이다. 1873년 매사추세츠 주 애머스트 대학교에 재학 중이던 스물두 살의 청년 듀이는 상식과 실용성을 겸비한 분류법의 필요성을 깨달았다(그 직후 듀이는 이 대학 도서관의 임시 사서가 되었다). 듀이는 당시 뉴욕 주립 도서관에 자주 드나들었다. 책들이 알파벳순으로 정리되기는 했지만 "주제에 신경을 전혀 쓰지 않은" 횡포한 분류법이 마음에 들지 않았다. 그래서 그는 더 나은 분류법을 고안해내겠다고 마음먹었다. 그는 50년 후에 한 글에서 "어딘가에 만족스런 해결책이 있을 것이라 생각하며 몇 달 동안 밤낮으로 꿈을 꾸었다. 어느 토요일, 지루한 설교를 듣는 동안……기막힌 생각이 머릿속에 떠올랐다. 나는 자리에서 벌떡 일어났고 거의 '유레카!'라고 소리칠 뻔했다. 인쇄된 인간의 모든 지식을 분류하는 데 번호를 매기는 십진법은 그렇게 탄생했다"라고 썼다.[26]

옛 학자들의 주제별 분류에 따라 듀이는 '인쇄된 인간의 모든 지식'이란 방대한 분야를 10개의 주제 집단으로 나누고, 각 집단에 100단위 숫자를 붙인 후에 다시 10단위로 하위분류했다. 이런 식으로 내려가면 이론적으로

'무한히' 길어질 수 있다. 예컨대 종교는 200대로 분류되고, 그리스도교 교회는 260대, 그리스도교 하느님은 264로 분류된다.[27] 듀이의 십진분류법의 장점은 원칙적으로 각 집단이 무한히 하위분류될 수 있다는 점이다. 하느님도 자신의 속성과 아바타로 하위분류되는 아픔을 겪을 수 있으며, 각각의 속성과 아바타는 다시 더 작은 단위로 쪼개질 수 있다. 그날 교회에서 젊은 듀이는 그 엄청난 일을 간단하면서 효율적으로 해낼 수 있는 방법을 찾아냈다. 그는 나중에 당시를 회상하며 "내 마음은 십진법이나 도서관에 관련된 모든 것에 열려 있었다"라고 고백했다.[28]

듀이의 방법은 책을 어떤 식으로 분류하든 모든 방법에 적용될 수 있었지만, 주제별 분류에 담긴 그의 세계관은 놀라울 정도로 편협했다. 듀이의 전기를 쓴 작가에 따르면, "듀이는 앵글로색슨 정신, 정확히 말하면 앵글로색슨 족의 사명과 운명 및 남다른 장점을 높이 평가하는 미국의 정신을 신봉했다……따라서 그는 그것이 옳다고 확신했고, 따라서 객관적 타당성에 대한 근거를 앵글로색슨 정신에서 찾았다."[29] 그러나 북해의 조그만 섬나라 주민들과 그 후손들에게 중요하게 보이는 것들에 광활한 우주를 끼워 맞추는 보편적 체계를 고안해내려는 노력이 다행히 불충분한 것으로 끝날 수도 있지만, 자칫하면 모든 것을 포괄하려던 본래의 목적을 좌절시킬 수도 있다는 생각은 꿈에도 하지 않았던 듯하다. 찰스 디킨스의 소설 『우리 서로의 친구Our Mutual Friend』에서 포즈냅 씨는 자신의 마음에 들지 않거나 이해할 수 없는 것이면 무조건 '영국적이지 않은 것!'이라 일축하며 앵글로색슨에 대한 일체감을 키우고, 그의 기준에 미치지 못하는 것이면 무엇이든 중요하지 않은 것이라 생각하며 오른팔을 독특하게 휘휘 젓는다.[30] 듀이는 도서관, 특히 끝없이 늘어나는 도서관에서 그렇게 할 수 없다는 사실을 알았지만, 앵글로색슨적이지 않은 것도 앵글로색슨적인 기준에서 마련한 범주들에 어떻게든 끼워 넣을 수 있을 것이라고는 믿었다.

이처럼 듀이 시스템은 당시의 시대 상황을 반영한 분류법이지만, 실리적인 이유로 폭넓은 인기를 얻었다. 특히 동일한 패턴이 모든 주제에서 반복되기 때문에 쉽게 기억되는 이점도 있었다. 그 후로 듀이 시스템은 여러 차례 수정되고 보완되며 단순화되었지만, '상상할 수 있는 모든 것에 숫자를 부여할 수 있고, 무한한 우주를 100단위 숫자의 무한한 조합에 담아낼 수 있다'는 듀이의 기본적인 전제는 변하지 않았다.

듀이는 자신의 시스템을 연구하는 데 평생을 바쳤다. 그는 학교를 온전하게 다니지 못한 사람들을 위한 성인교육의 중요성과 앵글로색슨 족의 도덕적 우월성을 믿었다. 학생들에게 영어의 불규칙성을 암기하도록 강요하지 않고, "비영어권 이민자들이 지배적인 미국 문화에 신속하게 동화하도록" 단순화된 철자법의 필요성을 제안하기도 했다(예컨대 대학을 졸업한 직후에 자신의 원래 이름인 'Melville'에서 'le'를 없애버렸다). 물론 공공 도서관의 중요성도 굳게 믿었다. 그의 생각에, 도서관은 '모든 영혼'이 쉽게 사용할 수 있는 도구이어야 했다. 따라서 교육의 초석은 글을 읽는 능력만이 아니라, "인쇄된 글에 담긴 의미를 끌어내는 능력"까지 해당된다고 주장했다.[31] 모든 사람이 인쇄된 글에 쉽게 접근하도록 하기 위해서 그는 자신의 이름을 역사에 남긴 분류법을 고안해내려 애썼던 것이다.

주제나 중요도에 따라서, 신이 썼느냐 신의 피조물인 인간이 썼느냐에 따라서, 알파벳순이나 숫자의 배열에 따라서, 혹은 글이 쓰인 언어에 따라서 정리된 도서관은 발견과 창조에서 비롯된 혼란을 구조화된 시스템이나 미친 듯한 자유연상의 결과물로 바꿔놓는다. 나는 이런 분류법들을 절충해서 내 도서관을 정리했다. 알파벳순으로 정리하다보니, 러시아 문학 부문에서 유머러스한 불가코프가 얄궂게도 엄숙하기 그지없는 부닌의 바로 앞에 놓였고, 프랑스어 저작 부문에서는 형식을 엄격하게 따지는 부알로가 형식을 파괴한 보슈맹의 뒷자리를 차지했다. 하지만 다행히 에스파냐어 저작 부분에서는 보르헤스가 친구인 비오이 카사레스의 옆자리에 놓였다. 그러나 독일 문학 부문에서는 괴테와 그의 둘도 없는 친구 실러는 문자의 망망대해로 가로막혔다.

이런 방법들은 자의적이기도 하지만 혼란스럽기도 하다. 왜 내가 가르시아 마르케스García Márquez는 'G'에 두고, 가르시아 로르카García Lorca는 'L'에 두었을까?[32] 도리스 레싱이 필명 '제인 소머스Jane Somers'로 발표한 작품들을 본래 이름으로 발표한 작품과 함께 분류해야 할까? 둘 이상의 작가가 공동으로 발표한 책의 경우에는 알파벳 순서를 지켜 책의 위치를 정해야 할까, 아니면 노드호프Nordhoff, Charles와 홀Hall, James Norman의 경우처럼 작가들이 스스로 선택한 순서를 우선적으로 고려해야 할까? 일본이나 한국 작가의 경우에는 동양식으로 명명해야 할까, 서양식으로 명명해야 할까? 예컨대 오에 겐자부로Oe Kenzaburo는 'O'에 놓아야 할까, 'K'에 놓아야 할까? 옛날에 유명했던 역사학자 헨드릭 판룬Hendrik van Loon은 'V'에 놓아야 할까, 'L'에 놓아야 할까? 내가 너무나 좋아하는 『잡동사니All Trivia』를 쓴 유쾌한 미국의 수필가, 로건 피어설 스미스Logan Pearsall Smith는 어디에 놓아야 할까?

알파벳순은 곧바로 골치 아픈 문젯거리를 던지고, 나는 그 질문에 적절한 대답을 찾아내지 못한다. 영어로 표기하면 'N'이나 'H'보다 'G'로 시작되는 이름이 왜 그렇게 많은 걸까? 니콜보다 깁슨이 많고, 호그보다 그랜트가 많은 이유가 무엇일까? 블랙보다 화이트가 많고, 롱보다 라이트가 많으며, 프렌치보다 스콧이 많은 이유는 또 무엇일까?

영국 소설가 헨리 그린은 등장인물의 이름을 정하는 데 어려움을 겪는다며, 그 이유를 다음과 같이 설명했다.

이름은 집중력을 떨어뜨리고, 별명에 담긴 뜻은 너무 쉽게 파악된다. 그렇다고 해서 흔히 하듯이 둘 모두를 배제하면 책이 난해해 보인다. 내 생각에는 이 방법도 나쁜 것만은 아니다. 산문은 크게 소리내어 읽으라고 쓰인 글이 아니다. 한밤중에 혼자 속으로 읽으라고 쓰인 글이다. 시처럼 순식간에 끝나지 않고, 익숙한 이름보다 훨씬 많은 의미가 담긴 암시들이 거미줄처럼 얽힌 것이 산문이다. 산문은 낯선 사람들이 이미 알고 있을 수도 있는 것을 노골적으로 거론하지 않으면서도 오랫동안 이어온 친밀감을 느끼게 해주는 끈이어야 한다. 겉으로 표현되지 않은 감정에 서서히 호소하며, 결국에는 목석 같은 사람까지 눈물짓게 해야 한다. 독자의 귀에 익은 장소나 사람 이름에서 흔히 연상되는 것 때문에 감정이 구속받아서는 안 된다."[33]

도서관을 주제와 알파벳순으로 적절히 절충해 정리한 덕분에, 내가 알고 있는 것에 호소하고 있으며 귀에 익은 이름이 등장함에도 '불구하고' 나는 내 도서관에 오랜 친밀감을 느낀다. 또 내 도서관은 책에 쓰인 감정 이외에 말로 표현할 수 없는 어떤 감정을 불러일으키고, 인쇄된 이야기에 담긴 경험 이외에 어떤 기억도 없는 경험까지도 떠올려준다. 어떤 책이 내 도서관에 있는지 없는지 알려면 내 기억에 의존하거나(그 책을 샀던가? 누군가에 빌려주고 돌려받았던가?), 듀이식 분류 체계에 의존해야 한다(나는 아직도 듀이식 분류법을 시도하고 싶은 생각은 없다). 그런데 기억에 의존하려면 내 책들과 매일 접촉하는 수밖에 없다. 그중에는 오랫동안 펼쳐보지 않은 책, 잊지는 않았지만 읽지도 않은 책이 많다. 그래도 습관처럼 매일 서가들 사이를 돌아다니면서 어떤 책이 있고 어떤 책이 없는지 살펴보아야 한다. 몇몇 책에는 듀이식 분류 체계가 책등에 적혀 있다. 내가 다른 도서관에서 빌린 책이리라. 과거에 이름 없는 유령의 것이었다고 과시하는 신비로운 부호들, 먼 옛날 멀고 먼 곳에서 어떤 공간과 범주를 차지하게 해주었던 문자와 숫자의 불가사의한 나열이다.

밤이면 가끔 나는 완전한 익명의 도서관을 꿈꾼다. 제목도 없고 저자도 밝히지 않는 책들로 가득해서, 온갖 장르와 온갖 문체 및 온갖 사연이 주인공이나 장소도 모르는 채 하나로 모여 시냇물처럼 끝없이 흐르며 이야기를 이루는 도서관이다. 나는 그 이야기의 어디에라도 풍덩 뛰어들 수 있다. 그런 도서관에서는 카프카의 『성The Castle』의 주인공이 포경선 피쿼드 호를 타고 성배를 찾아나서지만 외따로 떨어진 섬에 상륙하게 되어 해안에 흩어진 잔해들을 그러모아 사회를 재건하고, 100년 전에 얼음을 처음 보았을 때에 대해 이야기하며, 어렸을 때 잠자리에 들던 심정을 지겹도록 자세히 회상하지 않을까? 그런 도서관에는 수천 권으로 분책할 수 있는 한 권의 책만이 덩그렇 있어, 칼리마코스와 듀이에게는 정말 미안한 일이지만 도서 목록조차 없을 것이다.

내 방의 벽에 붙은 책꽂이들이 마치 저절로 채워지는 듯한 모습을, 손에 땀을 쥐고 부들부들 떨면서 밤마다 지켜보던 젊은 시절이 아직도 기억에 생생하다. 마침내 책꽂이에는 빈 공간이 전혀 남지 않게 되었다. 바닥과 구석, 침대 밑, 책상 위 등 내 주변 어디에서나 책들이 점점 높이 쌓여가며 공간을 부생식물 숲으로 바꿔놓았는데, 숲에서 뻗어나온 줄기는 나까지 몰아낼 지경이었다.

3장

공간

앨리스가 오는 걸 보고 그들이 소리쳤다. "이제 방 없어! 방이 없다고!"
앨리스는 화난 목소리로 "방은 많아!'라고 소리쳤다.
그러고는 탁자 끝에 놓인 커다란 안락의자에 앉았다.
루이스 캐럴, 「이상한 나라의 앨리스(Alice's adventures in Wonderland)」에서

도서관에 있는 책들이 어떤 식으로든 일정한 규칙에 따라 정리된다는 사
실을 통해, 우리는 어떤 책을 펼치기도 전에 그 책의 성격에 대해 대략 짐작
해볼 수 있다. 내 도서관의 『폭풍의 언덕Wuthering Heights』은 내가 몽롱하게나
마 그 이야기를 떠올려보기도 전에 스스로 영어로 쓰인 문학 작품이고(내가
그 책을 영문학 항목으로 분류했으니까), 철자가 'B'로 시작되는 작가의 작품이
며, 지금은 잊혀진 책들 중 하나임을 밝힌다(나는 이 책을 밴쿠버에서 중고판으
로 샀는데, 면지에 연필로 790042B라는 불가사의한 숫자가 쓰여 있었다. 지금도 내
게는 익숙하지 않은, 낯선 분류법이었다). 또한 내가 최고라고 선정한 도서들 중
한자리를 차지하며, 사다리의 도움을 받지 않으면 닿지 않는 가장 높은 선
반에 자리잡고 있어, 우연히 집어들 수 없다. 책들이 혼란스런 창조물이어
서 그 안에 담긴 비밀스런 의미까지는 독자가 도무지 알아낼 수 없다고 하
더라도, 내가 책들을 정리할 때 사용한 분류 체계는 책들에 어떤 정의와 의
미를 부여한다. 이런 점에서 나는 조심스럽게 내 도서관을 낙관적으로 생각

한다. 남들에게는 하찮은 정의이고 자의적인 의미로 보이겠지만…….

그러나 물리적 세계의 무서운 특징 하나가, 독서가라면 누구나 질서정연한 도서관에서 느꼈을 법한 희망적인 생각을 산산조각낸다. 바로 공간의 제약이다. 나는 어떤 분류법을 선택하더라도 책을 배치하려는 공간이 결국 선택을 수정하게 만든다는 사실을 뼈저리게 경험했다. 더구나 관련된 책들을 모두 배치하기에는 공간이 너무 협소해서 배열 방법을 곧바로 바꾸어야 한 적이 한두 번이 아니었다. 어떤 도서관에서나 빈 선반은 금세 채워진다. 자연과 똑같이, 도서관도 빈 곳을 싫어한다. 따라서 공간의 문제는 책을 모아두는 도서관의 속성 자체와 떼어놓고 생각할 수 없다. 공간의 문제는 모든 일반 도서관에 제기되는 패러독스이기도 하다. 도서관이 세상의 기록을 가능한 한 폭넓게 축적하고 보존하는 곳이고자 한다면, 도서관의 경계가 세상의 경계와 똑같아져야 만족할 것이기 때문에 결국에는 그 목표가 불필요한 것으로 판명나지 않겠는가!

내 방의 벽에 붙은 책꽂이들이 마치 저절로 채워지는 듯한 모습을, 손에 땀을 쥐고 부들부들 떨면서 밤마다 지켜보던 젊은 시절이 아직도 기억에 생생하다. 마침내 책꽂이에는 빈 공간이 전혀 남지 않게 되었다. 그때부터 신간 서적들은 고서처럼 뉘어진 채로 차곡차곡 쌓이기 시작했다. 적당한 공간을 차지하던 옛날 책들이 두 배로, 또 네 배로 늘어나며 신간 서적들을 궁지로 몰아넣었다. 바닥과 구석, 침대 밑, 책상 위 등 내 주변 어디에서나 책들이 점점 높이 쌓여가며 공간을 부생식물 숲으로 바꿔놓았는데, 숲에서 뻗어나온 줄기는 나까지 몰아낼 지경이었다.

훗날 토론토의 집에서는 침실, 부엌과 복도, 욕실까지 거의 모든 곳에 서가를 설치했다. 심지어 덮개가 씌워진 현관에도 책꽂이를 놓았다. 따라서 아이들은 집에 들어오는 데도 도서관 출입증이 있어야 할 것 같다며 투덜거렸다. 그러나 내 책들은 공간에서 최우선적인 배려를 받았음에도 좀처럼 만족하지 않았다. 지하실의 일부를 차지하던 탐정소설들이 갑자기 늘어나면서 할당된 공간이 부족해 위층 복도에 있는 서가로 옮겨야 했는데, 덕분에 그 자리를 차지하던 프랑스 문학 또한 다른 곳으로 옮기게 되었다. 그때 나는 눈물을 머금고 프랑스 문학을 퀘벡 문학, 프랑스 문학, 그 밖의 프랑스어권 문학으로 분리했다. 특히, 에메 세제르를 절친한 친구들인 엘뤼아르와 앙드레 브르통과 갈라놓을 수밖에 없어 짜증이 났다. 또 루이 에몽이 프랑스 브르타뉴에서 태어났고, 퀘벡 문학 부문에 공간이 남아 있지 않다는 이유만으로 그의 『하얀 처녀^{Maria Chapdelaine}』(퀘벡이 자랑하는 낭만적 서사 소설)를 위스망스와 위고의 옆자리로 추방해야 했던 것도 가슴 아팠다.

우리가 알고는 있지만 보유하지 못한 옛날 책들은 좀처럼 눈에 띄지 않지만, 신간 서적들은 자극적인 제목과 감칠나는 표지로 언제 어디에서나 우리를 유혹한다. 가족들은 한군데에 모이고 싶어 한다. 예컨대 에스파냐의 극작가 로페 데 베가의 전집 중 18권이 도서 목록에 올라가는 순간, 내 서가의 어딘가에 꽂혀 있기는 했지만 거의 들춰보지도 않던 나머지 17권이 불러내진다. 네모 선장이 해저 2만리를 여행하는 동안에 "노틸러스 호가 처음 해저에 가라앉던 날 내게 세상은 끝났다. 그날 나는 마지막으로 책과 소책자와 잡지를 샀다. 그날 이후로 내게는 인간이 더 이상 생각하지 않고 한 문장의 글도 쓰지 않았던 것 같다"라고 말할 수 있었으니 얼마나 다행인가![1] 그러나 나 같은 독서가에게는 이승의 '마지막' 구입이란 없다.

영국 시인 라이어널 존슨은 공간에 대한 압박감에 시달린 끝에, 샹들리에처럼 천장에 매다는 서가를 고안해냈다.[2] 부에노스아이레스에 사는 내 친구는 축을 중심으로 회전하는 4면 서가를 제작해 책을 보관하는 공간을 4배나 늘렸다. 그 친구는 자신의 서가를 '춤추는 서가'라고 불렀다. 1892년 매각되기 전 영국 스펜서 백작의 노샘프턴 영지에 위치한 알도프 도서관에는 영국 최초의 인쇄업자 윌리엄 캑스턴이 발간한 58종의 도서를 비롯해 약 4만 권의 책이 소장되어 있었다. 이 도서관 서가의 높이는 까마득히 높아, 위쪽에 놓인 책을 보려면 엄청나게 큰 사다리가 필요했다. "한 쌍의 튼튼한 계단으로 밑에는 바퀴가 달렸고 위에는 좌석과 독서대가 설치되어 있었는데, 이는 중세 시대에 성을 공격하는 기계와 비슷한 모습이었다."[3] 안타깝게도 이처럼 광적인 사다리의 발명가들은 공간을 확대하는 데 번번이 실패의 쓴맛을 보아야 했다. 지도가 커지는 만큼 방을 넓히려는 미친 지리학자와도 다를 바가 없었다. 보유한 책의 수가 결국에는 공간을 넘어서기 마련이기 때문이다.

　루이스 캐럴은 『실비와 브루노Sylvie and Bruno』의 2장에서 다음과 같은 해결책을 생각해냈다. 주인공이 "우리가 그 규칙을 책에 적용할 수 있다면 좋을 텐데! 최소공배수를 찾아내서 최소공배수의 최대 배수가 있는 항만을 빼놓고, 최소공배수가 나타나는 모든 수를 지워버리는 거야. 그렇게 하려면 지금까지 기록된 모든 생각을 지워버려야 할 거야. 어떤 생각이 가장 강력하게 표현된 문장만 빼놓고"라고 말하자, 친구는 "그럼 백지로 변할 책들이 꽤 있을 텐데!"라고 걱정한다. 그러나 주인공은 "그럴 수도 있겠지"라고 인정하

▶ 존 킹이 설계하고 마호가니로 제작한 알도프 도서관의 사다리.
　높이는 2.7미터이고, 좌석과 책 받침대가 있다. 처음에는 초록색 커튼이 둘려 있었다.

면서도 "대부분의 도서관이 크기에서 엄청나게 줄어들 거야. 하지만 질적으로는 훨씬 나아진다고 생각해봐!"라고 덧붙인다.[4] 이와 비슷한 정신에서, 1세기 말 프랑스 리옹에서는 문학경연대회의 참가자 중에 수상하지 못한 사람들은 그 이후로 시작(詩作)을 포기해야 한다는 엄격한 법이 시행되었다. 따라서 이류 문학은 생존할 여지가 없었다.[5]

밀라노의 인문주의자 안젤로 데쳄브리오가 쓴 글로 아직 세상에 공개되지 않은 필사본이 바티칸 도서관에 소장되어 있다. 데쳄브리오는 이 필사본에서, 15세기의 젊은 군주 레오넬로 데스테가 스승 과리노의 지도를 받아가며 페라라에 있던 개인 도서관을 꾸밀 때 사용한 극단적인 선택 방식을 소개했다.[6] 레오넬로가 선택한 방식은 문헌 세계에서 가장 소중한 표본을 제외하고는 모든 것을 배척하는 방식이었다. 따라서 수도원의 백과사전적 저작들(오리무중인 이야기로 어리석은 사람이 받아들이기에는 너무 큰 짐이었다),[7] 고전의 프랑스어 번역판과 이탈리아어 번역판(원전이 아니었다), 심지어 단테의 『신곡』까지 "겨울밤에 아내와 자식들을 데리고 벽난로 옆에 앉아 읽을 수는 있지만, 학자의 도서관에서 한자리를 차지하기에는 부족하다"라는 이유로 군주의 서가에서 추방당했다.[8] 고전 작가로는 리비우스, 베르길리우스, 살루스티우스, 키케로 등 네 명만이 인정받았다. 다른 모든 고전 작가들은 길거리 행상들에게서도 작품을 구입할 수 있고, 친구들에게 빌려주어도 소중한 것을 잃어버렸다는 생각이 들지 않는 이류 작가들이었다.

양적 팽창이 항상 질적인 향상으로 이어지지는 않았지만, 여하튼 양적 팽창에 대처하기 위한 방법을 찾아내기 위해 애서가들은 온갖 방책을 궁리해냈다. 보물처럼 아끼던 책을 처분하거나 이중 선반을 개발해냈고, 일부 주제에 관한 책들은 포기하거나 페이퍼백은 기증했다. 심지어 더 넓은 집으로 이사를 하거나, 집을 통째로 책을 위한 공간으로 쓰기도 했다. 그러나 때로는 이런 방법들조차 효과가 오래 가지 못하는 듯하다. 2003년 크리스마스 직후, 당시 43세이던 뉴욕 시민 패트리스 무어는 10년 넘게 고집스레 수집한 신문과 잡지와 서적이 무너지는 바람에 이틀 동안이나 꼼짝하지 못하다가 소방대원들의 도움으로 간신히 탈출했다. 종이 속에 완전히 갇혀 끙끙대며 살려달라고

▲ 책으로 꽉 들어찬 패트리스 무어의 아파트, 뉴욕 시.

웅얼거리는 소리를 이웃들이 들었던 것이다. 구조원들이 쇠지레로 현관문을 뜯어내고 무덤처럼 잔뜩 쌓인 출판물 더미들을 파헤치기 시작했고, 마침내 아파트 구석에 말 그대로 책에 파묻힌 무어를 찾아냈다. 그리고 인쇄물을 50자루 정도 끌어낸 후에야 구조원들은 그 집요한 독서가를 구해낼 수 있었다. 무려 1시간 이상이 걸린 책과의 전쟁이었다.[9]

1990년대에 들어 대형 도서관의 관장들은 낡고 웅장한 건물로는 홍수처럼 밀어닥치는 인쇄물을 더 이상 수용할 수 없다는 걸 깨닫고, 방대한 책들을 안전하게 보관할 새 건물을 짓기로 결정했다. 특히 파리와 런던, 부에노스아이레스와 샌프란시스코에서 도서관 신축 계획이 세워지고 건축이 본격적으로 시작되었다. 안타깝게도 몇몇 경우 새 도서관의 설계가 책을 보관하기에 적합하지 않은 것으로 드러났다. 서가를 설치할 공간을 충분하게 확보하지 못한 샌프란시스코 공공 도서관의 잘못된 설계 때문에, 관리들은 도

서관 서고에서 수십 만 권의 책을 끌어내 쓰레기 매립장으로 보내야 했다. 대출되지 않고 자리만 차지한 시간의 길이를 기준으로 폐기할 책이 결정되었기 때문에, 사서들은 최대한 많은 책을 구하기 위해 밤마다 서가에 기어올라가, 폐기 위험에 처한 책들에 거짓 반납 날짜를 스탬프로 찍는 영웅적인 투쟁을 벌였다.[10]

그릇을 살리려고 내용물을 희생시킨 무모한 짓이었다. 그러나 샌프란시스코 공공 도서관만이 이런 얼빠진 결정에 시달렸던 것은 아니다. '최후의 보루인 도서관'이라 일컬어지는 워싱턴의 의회 도서관도 이런 무책임한 행동에 똑같이 피해를 입었다. 1814년, 영국군이 그해 초 워싱턴 국회 의사당을 점령하고 불태워버린 책들을 대체하기 위해서 미국 의회가 토머스 제퍼슨 전 대통령의 개인 도서관을 구입하려고 협상을 벌일 때, 시릴 킹 연방당 의원이 "좋은 책과 나쁜 책과 관심도 없는 책, 오래된 책과 새 책과 무가치한 책이 뒤섞여 있고, 또 많은 사람이 읽을 수도 없는 언어들로 쓰여 있고, 대부분이 읽을 필요도 없는 6,000권 가량의 책을 구입하려고 제퍼슨 씨의 주머니에 2만 3,900달러를 의회가 지불해야 할 겁니다"라며 반대했다. 그때 제퍼슨은 "내 도서관에 의회가 빼내고 싶어 할 만한 분야의 책들이 있는지는 모르겠습니다. 하지만 의원들이 참조할 필요가 없는 분야의 책은 한 권도 없다는 건 분명합니다"라고 대답했다.[11]

그로부터 한 세기 반이 지난 후, 제퍼슨의 지적은 거의 잊혀지고 말았다. 잡지 『뉴요커』의 기자이며 베스트셀러 작가인 니컬슨 베이커는 1996년 의회 도서관이 19세기 말과 20세기 초의 방대한 도서들 대부분을 마이크로필름으로 대체한 후에 원본을 파기할 거라는 소문을 들었다. 이런 야만적 파괴 행위는 종이의 산성화와 메짐성에 대한 '부정한' 과학적 연구를 근거로

워싱턴 D.C.에 위치한 미국 의회 도서관.

내세웠지만, 이는 살인을 안락사라 주장하며 변호하는 행위와 다를 바가 없었다. 베이커는 수년 동안 이 소문을 조사한 끝에, 상황이 소문을 듣고 예상했던 것보다 훨씬 더 심각하다는 결론에 이르렀다. 미국의 거의 모든 주요 대학교 도서관은 물론 대부분의 대형 공공 도서관까지 의회 도서관의 선례를 따른 결과, 일부 희귀한 정기간행물은 마이크로필름으로만 남아 있는 실정이었다.[12] 그러나 마이크로필름은 많은 점에서 결함이 있다. 마이크로필름은 얼룩과 때가 묻거나, 긁힐 염려가 있다. 또한 여백에 인쇄된 텍스트를 잘라내기 일쑤이고, 페이지를 통째로 건너뛰는 경우도 많다.

마이크로필름화 작업은 미국만의 문제가 아니었다. 1996년 영국 국립 도서관은 제2차 세계대전의 폭격까지 견뎌낸 신문들을 대량으로 처분했다. 주로 1850년 이후에 발행된 비(非)영연방권의 신문들로, 약 6만 부가 파기되었다. 다시 1년 후, 영국 국립 도서관은 서유럽 출판물 중 75종을 골라 폐기했고, 곧이어 동유럽과 남아메리카, 미국의 정기간행물도 없애버렸다. 그때마다 모든 인쇄물은 마이크로필름에 담겼다. 원본을 파기하는 이유로는 공간의 문제가 거론되었다. 그러나 베이커의 주장에 따르면, 마이크로필름은 읽기 어렵고 해상도도 형편없다. 전자 과학기술이 발전하더라도 원본을 만지작대는 기분까지 완벽하게 전달할 수는 없다. 웬만한 독서가라면 알고 있듯이 인쇄물은 그 자체로 독서의 공간이 되며, 종이의 질감과 잉크의 색상 및 전체적인 구조가 독서가의 손에서 특별한 의미를 얻는 물리적인 풍경을 창조해내기도 한다(컬럼비아 대학교 도서관의 사서 퍼트리샤 배틴은 이런 생각을 일축하고, 책을 마이크로필름화하는 작업을 적극적으로 옹호하며 "지적인 관점에서 책과 사용자는 근접해야 한다는 가치가 지금만큼 만족스런 수준에 이른 적이 없었다"라고 말했다.[13] 지적인 관점에서든 다른 어떤 관점에서든 간에 내 귀에는 책 읽는 즐거움에 철저히 둔감한 얼간이의 말로 들릴 뿐이다).

그러나 종이의 멸실 가능성을 이유로 책의 전자화를 옹호하는 주장은 잘못된 것이다. 컴퓨터를 사용해본 사람이라면 누구나 알겠지만, 모니터에서 텍스트가 갑자기 사라지거나, 디스크나 CD에서 엉뚱한 결함이 발견되거나, 하드 디스크가 작동하지 않는 경우가 적지 않다. 디스크의 수명은 7년 남짓이고, CD롬의 수명은 10년 정도이다. 1986년 BBC는 250만 파운드를 투자해, 노르만계 수도자들이 11세기에 처음 편찬한 잉글랜드 토지대장인 둠즈데이 북Domesday Book의 멀티미디어판을 제작했다. 과거 조상들보다 훨씬 야심차게 추진된 전자 둠즈데이 북에는 25만 곳의 지명, 2만 5,000장의 지도,

5만여 장의 삽화, 3,000개의 데이터 세트, 6분 분량의 영화 이외에, 그해 '영국의 삶'을 기록한 수십 건의 설명이 더해졌다. 이 프로젝트에 참여한 총인원이 100만 명을 넘었고, 그 결과는 BBC에 소장된 특별한 컴퓨터로만 읽어낼 수 있는 12인치 레이저 디스크에 보관되었다. 16년 후인 2002년 3월, 그 컴퓨터들 중 하나로 데이터를 읽기 위한 시도가 있었지만 참담하게 실패하고 말았다. 자료를 복구하기 위해 온갖 해결책들이 모색되었지만, 어떤 해결책도 만족스럽지 못했다. 데이터 보존에서 세계 최고 전문기관들 중 하나인 랜드 연구소Rand Corporation의 제프 로센버그가 이 문제를 해결하기 위해 초청받았지만 "현재로서는 이 문제를 기술적으로 확실하게 해결할 방법이 없다"며 "이 문제가 해결되지 않는다면 현재 꾸준히 디지털화되고 있는 인류의 유산이 상실될 중대한 위험에 처해 있다"고 우려를 표했다.[14] 반면에 거의 1,000년 전 종이에 잉크로 쓰여 공문서 보관소에 보관된 둠즈데이 북 원본은 여전히 양호한 상태를 유지하고 있으며, 완벽하게 읽히기도 한다.

미국 국립문서보관소에서 전자기록 보관 프로그램을 총괄하는 국장도 2004년 11월에, "전자화된 자료의 보존은 영원히 계속될 과제이겠지만 특히 10년 동안 정부와 대기업부터 개인에 이르기까지 전 세계적인 문제가 될 것이다"라고 실토했다.[15] 현재로서는 뚜렷한 해결책이 없기 때문에, 전자 전문가들은 사용자들에게 자료를 CD에 복사해놓으라고 충고하지만, 그 자료의 수명이 영원한 것은 아니다. 복사된 CD에 기록된 자료의 수명은 5년 정도에 지나지 않을 수 있다. 사실, 2004년에 CD에 기록한 텍스트를 얼마나 오랫동안 읽을 수 있을지는 누구도 확실히 모른다. 산성화와 메짐성, 화재와 좀벌레가 오래된 코덱스와 두루마리를 위협하는 건 사실이지만, 양피지와 종이에 쓰이거나 인쇄된 텍스트는 전자화된 자료만큼 일찍 요절하지 않

펼쳐놓은 둠즈데이 북.

는다. 몇 년 전, 나폴리의 고고학 박물관에서 나는 두 유리판 사이에 보관된 파피루스 조각을 보았다. 폼페이 유적에서 발굴한 유물로 2,000년 전의 것이었다. 베수비오 산이 폭발할 때 타버린 파피루스의 일부로 용암층 밑에 그 오랜 세월 동안 묻혀 있었던 것이다. 그런데도 나는 파피루스에 쓰인 문자들을 정확히 읽어낼 수 있었다.

  하지만 두 도서관─종이책 도서관과 전자 도서관─은 공존할 수 있고, 당연히 공존해야 한다. 그러나 안타깝게도 종이책 도서관은 석양으로 넘어가고 이제는 전자 도서관이 대세인 듯하다. 2003년 10월 정식으로 개관한 신(新)알렉산드리아 도서관마저 주된 사업의 하나로 가상 도서관─알렉산드리아 도서관 학술 공동체Alexandria Library Scholars Collective─의 설립을 천명했다. 이 전자 도서관은 미국의 조각가 론다 롤런드 시어러에 의해 시작되었고, 연간 운영비만도 50만 달러가 소요된다. 앞으로 운영비가 늘면 늘었지 줄지는 않을 가능성이 크다. 칼리마코스 시대의 도서관을 재현하려는 시도로 시작된 두 도서관, 즉 신(新)알렉산드리아 도서관과 그에 버금가는 가상 도서관은 모순을 적나라하게 보여준다. 돌과 유리로 새로 건립된 도서관의 서가들은 기껏해야 페이퍼백과 헌책 및 세계 곳곳의 출판사에서 기증받은 책으로 드문드문 채워졌을 뿐 재원의 부족으로 거의 비어 있는 반면, 가상 도서관은 세계 전역의 책들로 채워지고 있다. 대부분이 카네기 멜론 대학교의 기술팀에 의해 스캔된 책들로, 다양한 판형과 언어를 수용하여 텍스트를 단순히 게시하는 데 그치지 않고, 시어러가 시각적인 면을 강조하는 방식으로 설계하고 개발한 사이버북 플러스*CyberBook Plus*란 소프트웨어를 사용하고 있다.[16]

알렉산드리아 도서관 학술 공동체만이 종이책 도서관과 경쟁하려는 야망에 불타는 것은 아니다. 인터넷 검색 서비스로 가장 널리 사용되는 구글은 세계 유수의 학술 도서관들–하버드, 보들리안, 스탠퍼드, 뉴욕 공공 도서관–과 소장 도서의 일부를 스캔해서 전자책을 온라인으로 연구원들에게 제공하기로 계약을 맺었다고 2004년에 발표했다. 따라서 연구원들은 직접 도서관을 찾아가거나, 종이와 잉크 사이를 헤매면서 먼지를 뒤집어쓸 필요가 없을 것처럼 보였다.[17] 구글이 재정 및 행정적인 이유로 2005년 7월 이를 백지화하기는 했지만, 이 프로젝트는 웹의 방향성과 일치하기 때문에 조만간 부활할 가능성이 무척 크다. 향후 수년 내에 수백만 페이지가 전자화되어 온라인 독자를 기다릴 것이다. 바벨탑의 이야기에서 보았듯이, "하겠다고 마음만 먹으면 못할 것이 없다."[18] 조만간 우리는 손가락 하나만 까닥하면, 과거와 미래의 알렉산드리아 도서관들에 유령처럼 소장된 자료들을 불러낼 수 있을 것이다.

　이런 변화의 실리적인 면을 반박할 도리는 없다. 양과 속도, 정확성과 즉각성은 연구하는 학자들에게 무척 중요하다. 그렇다고 새로운 테크놀로지의 탄생이 반드시 옛것의 죽음을 뜻하지는 않는다. 사진의 탄생으로 회화가 사라지지는 않았다. 오히려 회화를 되살려냈다. 모니터와 코덱스는 상부상조하며, 독서가의 책상에서 얼마든지 원만하게 공존할 수 있다. 가상 도서관을 종이와 잉크로 된 전통적인 도서관에 비교할 때 기억해야 할 것이 몇 가지 있다. 첫째, 독서에는 때때로 깊이와 환경이 필요하고, 느리게 독서해야 할 때도 있다. 둘째, 전자 테크놀로지가 아직은 완전하지 않아 계속 발전하는 과정에 있기 때문에, 어떤 저장장치가 폐기되면 옛날에 그곳에 저장했던 자료를 되살려내기 어렵다. 셋째, 종이책을 휘리릭 넘겨보고 서가 사이를 배회하는 것도 독서의 과정에서 빼놓을 수 없는 즐거운 부분인데, 모니터에서 위아래나 좌우로 움직이는 것으로는 그런 즐거움을 대신할 수는 없다. 여행담을 읽고 입체 영화를 본다고 이것이 실제 여행과 똑같을 수 있겠는가!

　여기에 문제의 핵심이 있다. 책을 읽는 행위가 모니터를 읽는 행위와 완벽하게 똑같을 수는 없다. 어떤 텍스트이든 마찬가지이다. 연극을 관람하는 행위와 영화를 보는 행위는 같지 않고, 영화를 보는 행위가 DVD나 비디오테이프를 시청하는 행위와 같을 수 없다. 또 그림을 감상하는 행위와 사진을 살펴보는 행위는 다르다. 캐나다의 문명 비평가이며 사회학자인 마셜 맥루언이 1964년에 말했듯이, 모든 테크놀로지가 매체를 제공한다.[19] 그런데 테크놀로지가 구체적으로 나타내려는 작품의 특징을 결정짓는 것은 매체이다. 테크놀로지 자체의 최적 수용력과 접근성을 결정짓는 것도 매체이다. 예컨대 연극은 원형의 공간에서 공연될 수 있지만, 원형의 공간은 영화 상영에는 적합하지 않다. 은밀한 방에서 시청하는 DVD와 널찍한 화면에 투사된 영화는 질적으로 다르다. 책에 실린 훌륭한 그림 사진을 보고 독자들이 감탄사를 연발하더라도 원화를 보고 느끼는 감정까지 완벽하게 옮겨놓을 수는 없다.

니컬슨 베이커는 종이책 도서관의 운명을 추적한 책을 끝맺으며 네 가지 유용한 조언을 남겼다. 첫째, 도서관은 폐기하려는 출판물의 목록을 공개해야 한다. 둘째, 의회 도서관에 보냈지만 거부당한 모든 출판물은 색인 작업을 거친 후에, 정부에서 제공하는 부속 건물에 보관되어야 한다. 셋째, 신문은 관례대로 합본되어 보존되어야 한다. 넷째, 책을 마이크로필름화하거나 디지털화하는 프로그램을 폐지하거나, 전자화하는 과정을 끝낸 원본이라도 파기하지 않고 보관해야 한다. 요컨대 전자화 작업을 추진하더라도 인쇄물은 보존해야 도서관은 본래의 야망 중 하나, 즉 포괄성을 성취할 수 있다.

적어도 어느 정도의 포괄성을 성취하려면 원본의 보존이 반드시 필요하다. 19세기 미국의 학자, 올리버 웬들 홈스는 "도서관이라면 모름지기 사소한 것의 역사에 불과하더라도 완전해야 한다"라고 권고하며,[20] 1627년에 『도서관 설립에 관한 지침Advice for Setting Up a Library』(수년 후에 개정 증보판이 발간되었다)을 발표한 프랑스 학자이자 사서였던 가브리엘 노데의 생각을 옹호했다. 노데는 이 논문에서 독서가의 요구를 훨씬 앞서 가며, "원하지만 다른 곳에서는 찾을 수 없는 것을 구할 수 있는 도서관이라면 이는 더할 나위 없이 좋은 도서관이다. 나쁘다고 악평을 받았다고 해도 앞으로 어떤 독자도 찾지 않을 거라고 단언할 수 있는 책은 없다"라고 말했다.[21] 사실 노데의 이런 요구를 받아들이기는 불가능하다. 도서관은 그 자체로 미완성, 즉 진행 중인 창조물이기 때문이다. 달리 말하면, 빈 선반은 곧 입고될 책을 뜻하기

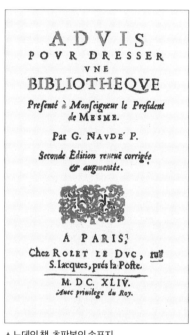

▲ 노데의 책, 초판본의 속표지.

▶ 불경이 들어 있는 불탑.

때문이다.

 하지만 그 빈 공간 때문에 우리는 지식을 저장할 수 있다. 764년, 에미 반란을 진압한 후에 일본 쇼토쿠 황제는 세상의 종말이 가까웠다고 생각하고, 잿더미에서 다시 일어날지도 모를 미래 세대를 위해 자신의 시대에 대한 기록을 남기기로 결심했다. 쇼토쿠 황제의 명령에 따라, 네 종의 다라니경(산스크리트어에서 중국어로 번역된 진언(眞言))이 목판에 새겨지고 두루마리에 인쇄된 후에 조그만 목탑들에 넣어졌다. 정방형의 기단은 땅을 상징하고, 조금씩 올라가는 원형판들은 하늘을 상징하며, 전체적으로는 우주를 상징하는 목탑들은 당시 일본을 대표하던 열 곳의 불교 사원에 보내졌다.22

쇼토쿠 황제는 자신의 시대까지 축적된 지식의 정수를 그런 식으로 보존할 수 있으리라 생각했다. 그로부터 1,000년이 흐른 뒤인 1751년, 프랑스 계몽시대에 가장 원대한 출판 프로젝트였던 '과학, 예술, 직업에 대한 합리적 사전'이라 일컬어지는 『백과전서Encyclopédie』를 달랑베르와 함께 편찬한 드니 디드로가 쇼토쿠 황제의 그 원대한 계획에 담긴 뜻을 재천명했다. 그렇다고 디드로가 쇼토쿠 황제에 대해 알고 있었던 것은 아니다.

훗날 가톨릭교회의 철천지원수들 중 하나로 비난을 받게 된 사람이 독실한 예수회 신자로서 교육을 받았다는 사실이 뜻밖이기는 하다(『백과전서』는 가톨릭의 '금서 목록'에 올랐고, 디도로는 파문의 위협을 받았다). 디드로는 1713년, 즉 프랑스 혁명이 일어나기 76년 전에 태어났다. 어린 시절 랑그르의 예수회 학교에서 교육을 받았고, 20대 초반에 누구에게도 뒤지지 않는 뜨겁고 독실한 신자가 되었다. 디드로는 편안한 가족의 품을 포기하고(그의 아버지는 세계적인 명성을 지닌 부유한 도공(刀工)이었다), 마미단 셔츠를 입고 밀짚 위에서 잠을 잤을 정도였다. 스승들의 권유에 속세를 버리고 성직에 귀의할 생각까지 품었다. 아들의 계획을 알게 된 아버지는 문을 닫아걸고, 드니 디드로에게 한밤중에 어디를 가려는 것이냐고 캐물었다. 디드로가 "파리에 올라가 예수회에 귀의할 생각입니다"라고 대답하자, 아버지는 "네 바람은 들어주겠지만 오늘밤은 안 된다"라고 말했다.23

디드로의 아버지는 그 약속의 일부만을 지켰다. 아들을 파리로 보내 학업을 끝마치게 했지만, 디드로는 예수회 학교 루이 르그랑이 아닌 얀센파(많은 점에서 칼뱅주의와 유사한 믿음을 지닌 금욕적인 종파의 추종자들)가 세운 콜레주 다르쿠르를, 그 학교를 졸업한 후에 파리 대학교를 다녀야 했다. 따라서 신학 박사 학위를 취득하려던 디드로의 계획은 무산되고 말았다. 그는 뚜렷한 목표도 없이 수학과 고전문학과 외국어를 공부했다. 끝없이 공부만 하려는 아들의 자세에 경각심을 주기 위해 아버지는 모든 재정적 지원을 끊고 아들에게 당장 귀향하라고 다그쳤다. 그러나 디드로는 아버지의 지시를 어기고, 언론인과 교사로 일하며 파리를 떠나지 않았다.

디드로는 서른 고개를 막 넘었을 때 달랑베르를 만났다. 달랑베르는 디드로보다 네 살이나 어렸지만, 수학 분야에서 이미 명성을 얻고 있었다. 달랑베르의 '심원하고 순수하며 지적인 정신'이 디드로에게 깊은 인상을 주었다.[24] 갓난아기 때 한 성당의 계단에 버려졌던 고아답게 달랑베르는 사회적 위신에 구애받지 않았고, 모든 학자의 좌우명은 '자유와 진리와 가난'이어야 한다고 주장했다. 특히 가난은 그에게 성취하기에 그다지 어렵지 않은 목표였다.

그들이 만나기 15년 전인 1728년, 스코틀랜드의 학자 에프레임 체임버스가 상당히 포괄적인 『사이클로피디아: 예술 및 과학 일반 사전Cyclo- pedia』(영어로 쓰인 최초의 백과사전으로, 현재의 『체임버스 백과사전』과는 아무런 관계도 없다)을 펴냈다. 이 사전은 새뮤얼 존슨의 『영어 사전Diction- ary』을 비롯한 많은 사전 편찬자에게 영향을 주었다. 1745년 초, 파리의 서적상 앙드레 프랑수아 르 브르통은 『사이클로피디아』의 번역판을 확보할 수 없자, 달랑베르와 디드로에게 차례로 그 사전을 번역해서 그와 비슷하지만 더 방대한 규모로 사전을 편집해달라고 부탁했다. 그러나 디드로는 『사이클로피디아』가 상당히 많은 프랑스 텍스트를 좀도둑질해갔다고 주장하며, 그 사전의 번역은 사실상 원전으로 되돌리는 무의미한 작업에 불과하기 때문에, 예술과 과학이 그 이후로 거둬들인 새로운 업적과 자료들을 추가해서 독자에게 모든 것을 포괄하는 사전을 제공하는 편이 낫겠다고 제안했다.

28권으로 완성된 『백과전서』(본문 17권, 도판 11권)에서 디드로는 그 방대한 작업을 돌이켜보며 "『백과전서』의 목표는 세상 전역에 흩어진 지식을 한데 모아, 후세 사람들에게 그 전반적인 체계를 남겨주는 데 있다. 수세기 전에 있었던 노고가 수세기 후의 미래에는 무익할 수 있다……『백과전서』가 인간의 지식을 시간과 변화에서 보호하는 성소가 되기를 바란다"라고 '백과사전'을 정의했다.[25] 백과사전을 성소로 해석한 정의가 설득력 있게 와 닿는다. 디드로의 기념비적인 프로젝트가 완성되고 11년이 지난 1783년, 프랑스 작가 기욤 그리벨은 일본의 쇼토쿠 황제와 똑같이, 이 성소가 잿더미로 변한 후에도 재건되어야 할 미래 사회의 주춧돌이라 생각했다. 그리벨은 지도에도 없는 섬에 조난된 사람들의 모험을 그린 소설의 첫 부분에서, 조난자들이 난파된 배에서 디드로의 『백과전서』 중 몇 권을 구해내고 거기에서 얻은 지식을 바탕으로 새로운 사회를 건설하는 과정을 보여주었다.[26]

『백과전서』는 자료를 보관하는 데 그치지 않은 쌍방향적인 도서관으로도 여겨졌다. 그 방대한 계획을 예고한 '취지문'에서, 디드로는 이 책이 "전문가에게 자신의 분야가 아닌 다른 모든 분야에 대해서 도서관 같은 역할을 해줄 것"이라고 선언했다. 한편 그 광범위한 '도서관'을 알파벳 순서로 정리한 이유에 대해서는 "주제들 간의 관련성을 파괴하지도 않고 지식의 계보를 침해하지 않을 뿐더러, 항목마다 자료를 적절히 배치하고 상호 참조를 빈번하고 정확하게 활용함으로써 지식의 관련성을 명확히 드러낼 수 있을 것"이라 설명했다.[27] 디드로는 상호 참조를 통해, 다양한 항목들이 어떤 주제에서 제각각 배타적인 부분을 차지하는 독립된 텍스트가 아니라, 대다수의 경우에 '하나의 선반에 위치할' 얽히고설킨 관계에 있다는 걸 보여주려 했다. 따라서 디드로는『백과전서』라는 자신의 '도서관'을 하나의 공간, 즉 많은 책을 모아 놓은 하나의 공간으로 보았다. 예컨대 '칼뱅주의'가 독립된 항목에 쓰였더라면 교황청의 매서운 눈길을 피할 수 없었겠지만, 디드로는 칼뱅주의를 '제네바'란 항목에 두었다. 또 '식인(食人) 풍습'을 '성찬식', '영성체', '제단' 등과 상호 참조 관계에 놓으면서 교황청의 일곱 가지 성사(聖事)를 비판적으로 평가했다. 때로는 중국 학자, 터키 학자 등 외국인을 인용해 종교적 교리를 비판하고 다른 문화와 철학에 관한 설명을 덧붙이기도 했다. 때로는 단어의 의미를 넓게 해석하기도 했다. 예컨대 '숭배' 항목에서 하느님을 향한 예배와 아름다운 여인에 대한 동경을 동시에 다루며 대담하게 그 둘을 관련지어 생각했다.

『백과전서』의 첫 권은 고가임에도 불구하고 날개 돋힌 듯 팔려나갔다. 둘째 권이 출간된 1752년 예수회는 신성모독적인 배치와 내용에 분노하며, 루이 15세에게 왕명으로『백과전서』의 판매를 금지시키라고 촉구했다. 게다가 루이 15세의 한 딸이 치명적인 질병에 걸린 때여서, 왕의 고해신부까지 "폐하께서『백과전서』를 금서로 지정하는 신실한 믿음을 보여주지 않는다면 하느님이 따님을 구해주지 않을 겁니다"라며 왕을 협박하고 나섰다.**28** 루이 15세는 예수회의 압력에 굴복했지만,『백과전서』는 1년 후에 다시 출간되었다. 당시 왕실 출판국장(현재로 치면 출판 및 통신부 장관)이던 라무아농 말제르브의 노력 덕분이었다. 말제르브는 디드로에게 폭풍이 가라앉을 때까지 앞으로 출간할 원고를 자신의 집에 감춰두라고 제안하기도 했다.

디드로가 취지문에서 공간을 명시적으로 언급하지는 않았지만, 지식이 물리적 공간을 차지한다는 생각은 그의 글에 함축되어 있다. 디드로는 세상에 흩어진 지식을 한데 모아, 그 지식을 종이에 옮겨놓으려 했다. 그 종이는 책표지 사이에 있는 종이였고, 그 책은 도서관의 서가에 꽂힐 책이었다. 도서관에 책이 끝없이 늘어나면 공간도 덩달아 확장되어야 한다. 악몽 같은 이런 상황에서 백과사전은 무엇보다 공간을 절약하는 수단이 될 수 있다. 전설에 따르면, 미국 서부 정복을 가능하게 한 저명한 총기 발명가의 미망인 사라 윈체스터는 무당에게 캘리포니아의 집을 계속 증축하면 남편의 총기에 죽은 인디언들의 영혼을 막을 수 있을 것이라는 이야기를 들었다. 따라서 그녀는 집을 계속 증축해서 약 7,500평의 대지에 160개의 방을 지닌 집을 짓게 되었다. 이 괴물 같은 집은 지금도 실리콘 밸리의 한복판을 차지하고 있다.[29] 모든 도서관이 우리 문학계의 유령들—1세기에 살았던 세네카의 표현을 빌리면 "우리에게 뭔가를 말하려고 책에서 일어나는 오래전에 죽은 사람들"—을 달래기 위해서라도 공간을 확장하고 또 확장해, 상상하기도 싫지만 언젠가 닥칠 마지막 날에는 인간이 생각할 수 있는 모든 주제에 관한 책을 보관하고 있어야 한다는 압박감에 시달린다.[30]

19세기 말 어느 따뜻한 오후, 중년의 두 사무원이 파리 부르바르 부르동 역의 벤치에서 만나 곧바로 둘도 없는 친구가 되었다. 부바르와 페퀴셰(귀스타브 플로베르의 동명 소설에 등장하는 두 주인공의 이름)는 우정을 쌓아가는 과정에서 '보편적 지식의 탐구'라는 공통된 목표를 찾아냈다. 그들은 디드로의 업적마저 무색하게 만들어버릴 이 원대한 목표를 이루기 위하여, 인간이 뭔가를 찾아내려고 했던 모든 분야에 대한 글을 빠짐없이 읽고 거기에서 가장 탁월한 사상과 업적만을 골라내려고 애썼다. 물론, 끝없는 작업이었다. 『부바르와 페퀴셰Bouvard and Pécuchet』는 플로베르가 사망하고 1년 정도

Antoine Ravat.

Art d' Ecrire.

가 지난 1880년에 미완성인 채로 출간되었지만, 두 대담한 책벌레들은 농업, 문학, 축산, 의학, 고고학, 정치학 등에 관련된 많은 학술 도서관을 섭렵하고 깊이 실망한 뒤였다. 플로베르의 두 주인공이 결국 깨달은 것은 우리가 예전부터 알고 있었지만 좀처럼 믿지 않던 사실, 즉 지식의 축적이 지식은 아니라는 것이었다.[31]

부바르와 페퀴셰의 원대한 꿈은 이제 거의 현실이 된 듯하다. 세상의 모든 지식이 모니터 뒤에서 깜빡거리는 듯하기 때문이다. 호르헤 루이스 보르헤스도 모든 책을 소장한 무한의 도서관을 한때 꿈꾸었던 작가답게,[32] 세상의 모든 것을 담아낸 완벽하고 보편적인 백과사전을 편찬하려는 부바르, 페퀴셰와 유사한 인물을 창조해냈다.[33] 결국 그 주인공도 프랑스 선배들처럼 실패했지만, 이는 완전한 실패는 아니었다. 원대한 계획을 포기한 날 저녁, 그는 1인승 마차를 빌려 도시를 한 바퀴 돌았다. 벽돌담들과 주택들, 보통 사람들, 강과 시장 등을 둘러보면서 그는 그 모든 것이 자신의 작품이란 느낌을 떨칠 수 없었다. 그리고 그의 계획이 불가능한 것이 아니라 쓸데없는 짓이란 걸 깨달았다. 세상의 모든 것을 담아낸 백과사전, 보편적인 도서관은 이미 존재하고 있었다. 세상 자체가 바로 그런 백과사전인 동시에 그런 도서관이었다.

◀ 디드로의 『백과전서』에서 '글쓰기' 항목에 삽입된 삽화.

4장

힘

공공 도서관만큼 인간에게 헛된 희망을 확실하게 안겨주는 곳은 없다.
새뮤얼 존슨, 『램블러(The Rambler)』, 1751년 3월 23일.

독서가의 힘은 정보를 수집해서 정리하고 목록화하는 능력에 있는 것이
아니다. 이는 눈으로 읽은 것을 해석하고 관련지어 생각해서 변형시키는 재
능에 있다. 이슬람 학교에서나 탈무드 학교에서나, 학자는 책을 읽는 재주를
활용해 종교적 믿음을 실천하는 힘으로 변형시킨다. 책을 통해 얻은 지식은
신으로부터 부여받은 재능이라 할 수 있기 때문이다. 초기의 하디스^{Hadith}(예
언자 마호메트의 말씀과 관행을 기록한 것_옮긴이), 즉 이슬람 전통에 따르면,
"악마와 싸우는 데는 천 명의 평범한 숭배자보다 한 명의 학자가 낫다."[1] 각
종교의 진수를 담은 경전에서 확인되듯이, 지식은 텍스트나 정보의 축적에
있는 것도 아니고 경전 자체에 있는 것도 아니다. 지식은 텍스트로부터 되
살려내 다시 경험으로 승화시킨 경험, 요컨대 독자 자신이 속한 세계만이
아니라 바깥 세계까지 보여주는 언어에 있다.

17세기 독일의 저명한 수학자이자 철학자이며 법률가였던 고트프리트 빌
헬름 라이프니츠의 주장에 따르면, 도서관의 가치는 도서관에 보관된 내용

물과 독자가 그 내용물을 어떻게 활용하느냐에 따라 결정되는 것이지, 내용물의 양과 희귀성으로 결정되는 것이 아니다. 라이프니츠는 도서관을 교회나 학교, 즉 교육과 학습이 행해지는 곳에 비교하며, 과학 서적을 비롯해 가치 있는 책의 수집을 권장하고 장식과 흥밋거리에 불과한 쓸모없는 책은 없애버리라고 말할 정도였다. 또한 "한 편의 건축학 논문이나 한 질의 정기간행물은 100권의 고전문학에 버금가는 가치를 갖는다"고 주장한 라이프니츠는 큰 판형보다 작은 판형을 더 좋아했다. 공간이 절약되고 쓸데없는 장식이 없다는 이유였다.[2] 그는 도서관의 소명이 학자들 간의 소통을 지원하는 데 있다고 주장하며, 학자들이 동료 학자들의 연구 성과를 언제든지 살펴볼 수 있도록 지원하는 국립 도서관을 꿈꾸었다. 1690년 그는 하노버에 있는 브룬스비크 뤼네베르크 공작 도서관의 사서로 임명받았고, 그 후에는 볼펜뷔텔에 있는 헤르초크 아우구스트 도서관의 사서로 1716년 세상을 떠날 때까지 그 자리를 지켰다. 라이프니츠는 볼펜뷔텔 도서관의 장서를 자신이 생각하기에 책을 보관하는 데에 더 낫다고 판단되는 건물로 옮겼다. 지붕이 유리여서 자연광이 스며들고, 서가를 여러 층에 설치할 수 있는 널찍한 건물이었다. 하지만 목조 건물이어서 난방을 할 수 없었다. 따라서 겨울에 책에서 지혜를 구하려고 도서관을 찾은 사람들은 손을 덜덜 떨고, 이를 딱딱 맞부딪쳐야 했다.[3]

도서관의 가치는 내용물을 기준으로 결정되어야 한다는 라이프니츠의 주장에도 불구하고, 책 자체에 권위가 주어지는 엉뚱한 경우가 적지 않았고, 심지어 도서관 건물이 권위의 상징처럼 여겨지기도 했다. 에밀 졸라의 『목로주점L'Assommoir』을 보면, 나폴레옹 3세를 열광적으로 지지하는 사람에게 그 군주를 호색한으로 묘사한 책을 보여주자, 그 불쌍한 사람이 군주를

독일 볼펜뷔텔에 위치한 헤르초크 아우구스트 도서관.

변호할 말을 찾지 못하고 진땀을 흘리는 장면이 나온다. "모든 증거가 책에 담겨 있어, 그가 그 증거들을 부인할 수 없었기 때문이다!"[4] 오늘날에도 어떤 지적인 행위가 무시되면, 책을 들먹이며 그 행위에 경외감과 권위를 더하는 경우가 비일비재하다. 그 책을 읽었는지 읽지 않았는지는 상관이 없고, 그 책의 효용성이나 가치도 그다지 중요하지 않다. 따라서 영향력 있는 사람으로 보이고 싶은 사람들은 앞다퉈 두툼한 회고록을 쓰며, 정치인들은 옛날 메소포타미아 왕들처럼 영향력을 행사했던 사람으로 기억되고 싶은 욕심에 도서관을 세우고 자기의 이름을 앞세운다. 미국에서는 대통령 도서관들이 이름을 영원히 남기고 세금 감면 혜택을 누리고 싶은 욕심을 증명해준다. 프랑스에서는 매년 저명한 정치인들의 회고록과 자서전이 쏟아져 나온다. 심지어 정치인이 소설을 발표하기도 한다. 1994년 발레리 지스카르데스탱 전(前) 대통령은 얄팍한 연애소설 『통행Le Passage』을 발표했다는 이유로 프랑스 지식인들에게만 허락된 아카데미 프랑세스 회원 자격을 요구했고, 결국 뜻을 이루었다.[5] 아르헨티나에서는 에바와 후안 페론 부부가 정치적 유언을 더한 자서전을 한껏 자랑했지만, 유령 작가가 썼다는 걸 모르는 사람은 없었다. 페론은 집권 초기에 무식한 지배자라는 이미지를 불식하려고 아르헨티나 학술원에 압력을 넣어 세르반테스 탄생 400주년 기념식에 초청받아 연설을 했지만, 훗날 세르반테스의 작품을 한 권도 읽지 않았다고 털어놓았다.[6] 그러나 페론의 대외 홍보용 사진들을 보면, 제목에 금박을 입히고 큼직하게 가죽 장정한 세르반테스의 작품들이 배경에서 어른거렸다.

기원전 668년부터 633년까지 아시리아를 통치한 마지막 대왕 아슈르바니팔은 통치자와 문헌의 밀접한 관련성을 꿰뚫어 보았다. 그는 "내 선왕들 중에는 누구도 서법을 배운 적이 없었다"고 말했지만, 자신이 글 쓰는 사람인 것을 자랑스레 여겼다. 그가 니네베 왕궁에 수집한 서판들은 순전히 개인적인 용도였지만, 서판들의 판권에는 서법의 힘이 군주에게 주어졌다고 분명하게 쓰여 있었다.

세계의 군주, 아시리아의 군주로 아슈르 신과 닌릴 신을 믿고, 나부 신과 타슈메투 신이 귀담아들어준 덕분에 깊은 통찰력을 얻은 아슈르바니팔의 궁전……다양한 형태로 고안된 서법의 신, 나부 신의 지혜를 나는 서판에 담았으며, 서판들을 전체적으로 정리하고 순서를 맞추었다. 왕으로서

▲ 아시리아 최후의 대왕, 아슈르바니팔.

묵상과 암송을 하기 위해 나는 서판들을 내 왕궁에 보관했다.[7]

아슈르바니팔은 자신이 서법에 능하며 많은 글을 읽었다고 주장하지만, 이후의 많은 통치자와 마찬가지로 그에게 정말로 중요했던 것은 경험을 학문으로 변형시키는 능력이 아니라, 책과 관련된 권위의 상징성이었다. 이러한 통치자들하에서 도서관은 흔히 말하는 것처럼 '학문의 성전'이 아니라, 후원자·창립자·부양자를 위한 성전이었다.

아슈르바니팔 이후 오랜 시간이 지났지만, 도서관의 지원이 갖는 상징적 가치는 크게 변하지 않았다. 1609년 밀라노의 암브로시아나 도서관을 필두로 유럽에서 공식적으로 공공 도서관이 설립되기 시작한 르네상스 시대에도 도서관 건물을 짓거나 도서관에 대한 재정적 지원과 기부를 하는 데에서 얻는 권위는 개인의 특권이었지 공동체의 몫이 아니었다. 19세기와 20세기에 미국에서 제조업과 은행업으로 큰돈을 번 저명한 백만장자들은 학교와 박물관과 도서관을 건립하는 데 돈을 아끼지 않았다. 특히 도서관은 문화의 중심이라는 본연의 가치를 넘어, 창립자의 기념물이 되었다.

저명한 자선 사업가, 앤드루 카네기는 1890년 "지역 사회에 안겨줄 수 있는 가장 좋은 선물이 무엇이겠습니까?"라고 묻고는 "누구나 무료로 드나들 수 있는 도서관이 첫째일 것입니다"라고 자답했다.[8] 하지만 모두가 카네기와 같은 의견이지는 않았다. 예컨대 영국에서 "공공 도서관은 공동체의 복지를 위해 반드시 필요하다"라는 말이 1850년에야 비로소 당연하게 받아들여졌다. 덤프리스 지역의 하원의원 윌리엄 유어트가 모든 도시에 무료 공공 도서관을 설립할 권리를 보장하는 법안을 억지로 통과시킨 덕분이었다.[9] 1832년 말에 토머스 칼라일이 "왜 왕립 도서관이 모든 마을마다 없는가? 왕립 교도소와 교수대는 어디에나 있으면서!"라고 화를 냈었지만 그제야 시행된 것이다.[10]

앤드루 카네기의 이야기에 관해 섣불리 결론을 내려서는 안 된다. 재산과 책이란 문화와 카네기의 관계는 복잡하면서 모순투성이였다. 카네기는 경제적 이익을 추구하는 데는 무자비했지만, 재산의 거의 90퍼센트를 기증하며 자신이 태어난 스코틀랜드에서부터 피지 공화국과 세이셸 공화국에 이르기까지 12개의 영어권 국가에서 2,500곳 이상의 도서관을 지원했다. 그는 지적인 탐구를 존중하고 예찬했다. 그러나 이를 사랑하지는 않았다. 그의 전기작가는 "공공 도서관은 그의 성전이었고, '편집자에게 보내는 편지'

라는 칼럼은 그의 신앙 고백이었다"라고 말한다.[11] 그는 직원들을 혹독하게 다루면서도 400명이 넘는 미술가와 과학자와 시인을 경제적으로 지원했다. 월트 휘트먼은 그런 혜택을 누린 시인 중 하나로, 카네기를 '지극한 선의'의 표본이라 표현하기도 했다. 카네기는 자본주의를 '부의 복음'이라 칭하며 자본주의의 신성함을 믿었지만, "일하는 노동자가 빈둥대는 왕자보다 훨씬 유용한 시민이므로 당연히 더 존중받아야 한다"라고 주장하기도 했다.[12]

카네기가 주변 사람들에게 흔히 언급했듯이, 그의 어린 시절은 찢어지게 가난했다. 스코틀랜드에서 어린 시절을 보낼 때 그는 두 남자에게 가장 많은 영향을 받았다. 한 명은 아버지였다. 그의 아버지는 다마스크 천을 짜는 유능한 직공이었지만, 산업혁명으로 혁신적 기계가 발명되면서 그 기술은 하루아침에 무용지물이 되고 말았다. 그런 상황에서도 그의 아버지는 좌절하지 않았다. 하루에 10~12시간을 일하면서도 동료 직공들과 함께 힘을 모아 고향인 던펌린에 조그만 공공 도서관을 세웠다. 이것은 어린 아들에게 깊은 인상을 안겨준 용기 있는 행동이었다. 다른 한 명은 카네기의 삼촌 토머스 모리슨이었다. 모리슨 삼촌은 토지개혁을 주장한 복음 전도사로, 부패한 산업자본가들과 스코틀랜드에 끈질지게 남아 있던 봉건제도에 대해 비폭력 저항을 설교했다. 그는 "우리 규칙은 각자가 소유하고 모두가 즐겁게 사는 것이며, 우리 원칙은 보편적이고 동등한 권리이며, 우리 '토지법'은 모든 남자가 지주이고 모든 여자가 귀부인이며 모든 자식이 상속자가 되는 것이다"라고 가르쳤다.[13] 직공들의 임금을 다시 깎으려고 위협하던 아마포 공장주에 맞선 폭동을 주동한 죄로 모리슨 삼촌은 체포되었다. 삼촌이 정식으로 기소당하지는 않았지만, 그 사건은 어린 카네기에 큰 충격을 주었다. 그렇다고 카네기의 기업 윤리관까지 결정했다고 말할 수는 없다. 수년 후,

카네기는 액자에 넣은 구호 전단을 공부방에 진열해두고 '귀족 작위'라고 불렀고, 그런 경험 때문인지 '특권은 없다'를 좌우명으로 삼은 극단적인 공화주의자로 성장했다.[14] 그러나 카네기가 피츠버그에서 공장과 제철소를 운영할 때, 그의 직원들은 1주일에 하루도 쉬지 못하고 꼬박 7일을 일해야 했다. 크리스마스와 독립기념일을 제외하고는 휴일이 없었다. 그런데도 쥐꼬리만 한 봉급을 받고, 상수도관 바로 옆에 하수구가 있는 열악한 주택단지에 살아야 했다. 카네기 공장에서는 노동자 다섯 명 중 한 명이 사고로 목숨을 잃었다.[15]

카네기가 열세 살이었던 1848년쯤에는 하루에 한 끼도 먹기 힘들었다. 가난을 벗어나기 위해 가족은 미국으로 이주했다. 어렵게 대서양을 건너가 피츠버그에 정착했지만, 그곳의 상황도 고향보다 크게 낫지는 않았다. 결국 어린 카네기도 일자리를 찾아나섰다. 처음에는 애틀랜틱 앤드 오하이오 전신 회사에 일했고, 나중에는 펜실베이니아 철도 회사에서 일했다. 다행히 철도 회사에서는 일이 저녁 일찍 끝나, 카네기는 '자기 계발'을 위한 시간을 가질 수 있었다.

피츠버그 시내에서 카네기는 누구나 무료로 이용할 수 있는 공공 도서관을 찾아냈다. 앤더슨 대령이란 사람이 '학교를 다니지 못한 견습생들을 위해' 세운 도서관이었다. 카네기는 1887년 당시를 회상하며 "앤더슨 대령은 내게 지식의 보물 창고를 열어주었다. 나는 책 읽는 걸 좋아하게 되었다. 나는 매주 책에 푹 빠져 지냈다. 아침 6시에 일어나 저녁 6시까지 일하면 충분했기 때문에 일은 고되지 않았다. 책을 읽을 시간은 충분했다"고 말했다.[16]

그러나 1853년 도서관이 장소를 이전하면서, 새로운 운영자는 '진정한 견습생(한 고용주와 계약한 견습생)'을 제외한 모든 출입자에게 2달러의 입장료를 받기로 결정했다. 당시 열여섯 살이어서 정식으로 계약한 견습생이 아니었던 카네기는 그런 조치를 부당하다고 생각하며 사서와 한바탕 다투었지만, 아무런 소득을 거두지 못했다. 그래서 「피츠버그 디스패치Pittsburgh Dispatch」의 편집자에게 공개서한을 보냈고, 그 편지는 1853년 5월 13일자 신문에 게재되었다.

편집자님께,

편집자님께서 이 나라 젊은이들의 품성과 능력을 향상시키고 그들에게 올바른 정보를 제공하려는 제도에 관심이 많으리라 믿으며, 저는 다음과 같은 사실을 알려드리려 합니다. 얼마 전에 이 도시의 신사인 앤더슨 씨가 이곳에서 일하는 소년들과 견습생들을 위해 도서관을 건립하고 지원하는 데 많은 돈을 기부하셨던 걸 기억하실 겁니다. 그 도서관은 1년이 넘게 성공적으로 운영되었습니다. 저희에게 소중한 씨를 뿌려주었으니까요. '더러는 길가에 떨어지고 돌밭에 떨어졌지만, 적잖은 씨가 좋은 땅에 뿌리를 내렸습니다.' 일하는 소년들은 부모나 후견인이 보증하면 언제라도 무료로 도서관을 이용할 수 있었습니다. 그러나 최근에 도서관의 관리자가 바뀌면서, 숙련이 필요한 일을 배우지 않고 규정된 시간을 계약하지 않은 소년에게는 무료 회원 자격을 박탈함으로써 그 좋은 뜻이 크게 퇴색하고 말았습니다. 제 생각에는 새로운 관리자가 너그러운 기부자의 뜻을 잘못 해석한 듯합니다. 그분이었다면, 결코 계약하지 않았다는 이유만으로 상점에서 일하는 소년들의 권리를 박탈하지 않았을 것이라 생각합니다.

계약하지는 않았지만 일하는 소년 드림.[17]

그 후에도 번질나게 오가는 편지에 시달린 사서는 결국 이사회를 소집했고, 이사회는 카네기의 청원을 받아들이기로 결정했다. 그 사건은 카네기의 생각에 '공정한 대우'의 문제였다. 훗날 그 자신이 반복해서 증명했듯이, 정의를 주장하고 권리를 요구하며 자기 계발을 하기 위해 노력하는 행위는 카네기에게 결국 더 많은 이익이나 더 큰 힘을 줄 때에만 가치 있는 것이었다. 약 25년 후, 카네기는 한 동료에게 이렇게 말했다. "권력에 비교하면 돈은 아무것도 아닐세."[18]

19세기 말의 미국은 카네기가 그런 확신을 키워가기에 이상적인 환경이었다. 언젠가 고향인 스코틀랜드의 제도에 비교해 미국 제도의 장점을 말해달라는 부탁에, 카네기는 미국을 '자기 사업을 하기에 완벽한 곳'이라 정의했다. 또 미국은 "정신이 낡은 관습에 대한 미신적인 숭배에서 해방되어 있고, 겉으로는 호화롭지만 알맹이가 없는 외관과 형식에 얽매이지 않는다"라고 주장했다. 그의 전기를 쓴 피터 크래스가 지적했듯이, 카네기는 미국을 유토피아로 묘사하면서도 "경찰력이 완패했던 면화 노동자와 철강 노동자의 폭동에 대해서는 한마디도 언급하지 않았다. 노예제도와 인디언 격리, 평등한 투표권을 요구한 여성 참정권 논란에 대해서도 언급하지 않았다. 카네기는 선택적으로 기억했다. 그는 철강 공장을 운영해 수백만 달러를 벌었지만, 그곳에서 노동자들이 착취당해 수십 명씩 죽어갔기 때문인지, 그는 미국의 어두운 면을 무시하고 싶어 했다."[19]

카네기는 부자가 되려면 무자비해야 한다고 믿었다. 하지만 그렇게 축적한 부를, 자신이 착취한 공동체원들의 정신을 계몽하는 데 써야 한다고도 믿었다. 그를 비난하던 사람들에게 그가 지원한 도서관들은 개인적인 영달을 위한 징검돌로만 보였다. 사실 카네기는 책을 사는 데는 거의 돈을 쓰지

엉클 샘에게 '믿을 만한 야수로서 충성심을 보여주는 카네기.
『하퍼스 위클리(*Harper's Weekly*)』의 만평.

않았다. 오로지 책들이 보관되는 건물에만 돈을 기부하며, 시당국에 도서관을 지을 터를 제공하고 유지비를 부담해야 한다는 조건을 요구했다. 또한 카네기는 자신이 투자한 도서관들이 자신의 철강 공장만큼 효율적으로 운영되어야 하며, 외적인 사치에 빠져서는 안 된다고 요구했다. 카네기는 주립 도서관이나 회원제 대출 도서관에는 전혀 기부하지 않았다. 그런 도서관들은 카네기식의 양자택일적 자금 지원을 허용하지 않았기 때문이다. 따라서

마크 트웨인은 "카네기는 돈을 주고 명성을 샀다"고 빈정거렸다.[20]

많은 사람들이 카네기 도서관들을 반민주적이라 비판하며, '노동자 계급에 대해 사회적 지배력을 휘두르는 중심지', '독서가들에게 자본주의적 이념과 가치를 심어주며, 그들의 생각과 행동을 통제하려는 본산'이라 규정했다.[21] 그러나 카네기 도서관들이 그의 권위를 높여주는 데만 기여했던 것은 아니다. 그 이상의 역할도 훌륭하게 해냈다. 카네기의 첫 도서관을 설계한 건축가가 건물 입구에 새기려고 문장(紋章)을 요구했을 때, 그런 고상한 것을 갖고 있지 않던 카네기는 '빛이 있으라'는 성경 구절에 감싸인 떠오르는 태양을 조각해달라고 부탁했다.[22] 수십 년 동안 카네기 도서관들은 한마디로 모순의 집약체였다. 달리 말하면, 설립자의 기념물이기도 했지만, 많은 사람이 지적인 깨달음을 얻는 데 일조한 문화 기관이기도 했다.

카네기 도서관에 빚을 졌다고 인정하는 작가들도 많았다. 존 업다이크는 청소년기에 펜실베이니아의 카네기 도서관에서 보냈던 시간에 대해 언급하며, "우리가 평생 독서가가 되느냐 되지 않느냐를 결정하는 성격 형성기에 주었던 자유"에 감사의 뜻을 표했고, "거기에는 일종의 천국이 내 앞에 열려 있었다"고 결론지어 말했다.[23] 유도라 웰티는 자신의 문학적인 삶이 미시시피 잭슨에 있는 카네기 도서관에서 시작되었다고 고백했다. 카네기는 도서관을 기부할 때마다 시 정부에 도서관을 원활하게 관리하고 유지하겠다는 보증을 요구했다. 1918년 잭슨의 카네기 도서관에서 이 역할을 맡은 사서는 캘러웨이 부인이었다. 웰티는 당시를 회상하며 "캘러웨이 부인은 뒤로 책이 있고, 앞으로는 계단이 있는 책상에 앉아 거의 혼자서 도서관을 운영했다. 그녀는 독수리눈을 부라리며 현관문을 뚫어지게 쳐다보았다. 하기야 많은 사람들 중에서 어떤 사람이 들어올지 누가 알겠는가? 검은색으로 커다

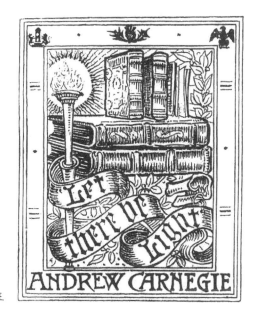

▶ 앤드루 카네기의 장서표.

랗게 쓴 '정숙'이란 표지가 사방에 붙어 있었다"고 말했다. 캘러웨이 부인은 책에 대한 자기 나름의 규칙까지 정했다. "책을 대출한 날에 바로 반납할 수는 없었다. 책에 담긴 모든 글을 빨리 읽고 다른 책을 곧바로 시작하고 싶은 우리 욕심은 그녀에게 알 바가 아니었다. 책은 한 번에 두 권까지 대출할 수 있었다. 두 권까지만 허용되었다. 내가 어린 시절, 아니 그 이후에도 줄곧 이 원칙은 변하지 않았다." 그러나 이런 횡포한 규칙도 웰티의 독서열을 꺾지는 못했다. 누군가 그녀를 위해 보물 창고를 설립한 덕분에 '뭔가를 읽고 싶은 탐욕스런 욕심'을 마음껏 채울 수 있다는 사실만이 중요했다(당시 웰티는 도서관의 설립자가 누구인지 몰랐다).[24]

그러나 신랄한 비평가로 널리 알려진 헨리 루이 멩켄은 카네기 도서관에 호의적이지 않았다. 그는 "가까운 데 있는 카네기 도서관에 가서 도서 목록을 조사해보라. 문학적으로 가치 없는 책들로 가득하고, 보스턴의 서점이라면 보유하고 있을 좋은 책은 눈을 씻고 찾아봐도 없을 확률이 5분의 1이다"라며 비판했다.[25] 대부분의 작가는 산더미처럼 쌓인 책을 보고도 겁을 먹지 않는다. 책들이 헤아릴 수 없이 많은 데다 무료로 이용할 수 있는 곳을 자유롭게 드나들 수 있다면 그 자체로 즐거운 일이다. 웰티도 말년에 쓴 회고록에서 이렇게 밝혔다. "도서관에서 마음대로 책을 읽을 수 있다는 사실이 내게는 더없는 행복이었다. 당시에는 분명히 그렇게 생각했다. 취향은 그다지 중요하지 않다. 취향은 이것과 저것 중 선택할 수 있을 때나 따지는 것이다. 나는 무작정 읽고 싶었다. 더 이상 읽을 책이 남지 않을까 두려울 뿐이었다."

카네기는 자신의 돈으로 지어진 건물들이 '이 세상을 조금이라도 더 낫게 만들어가려는 노력'의 증거가 될 것이라고 믿었다.[26] 그의 바람이 실제로 무엇이었든 간에, 수많은 독서가에게 카네기 도서관들은 이기적인 욕심이나 헌신적인 희생의 증거만은 아니었다. 백만장자의 관대한 마음을 증명해주는 곳도 아니었다. 그곳은 문명사회를 유지하기 이해서는 반드시 필요한 지식의 요람이었다. 글을 읽을 줄 아는 시민이라면 누구에게라도 '악마와 싸우는 데 필요한' 힘을 키우는 기본권이 허락된 곳이었다.

많은 사람들이 카네기 도서관들을 반민주적이라 비판하며, '노동자
계급에 대해 사회적 지배력을 휘두르는 중심지', '독서가들에게
자본주의적 이념과 가치를 심어주며, 그들의 생각과 행동을 통제하려는
본산'이라 규정했다. 그러나 카네기 도서관들이 그의 권위를 높여주는
데만 기여했던 것은 아니다. 그 이상의 역할도 훌륭하게 해냈다.

5장

그
림
자

하지만 그것은 우리가 안정을 위해 치러야 하는 대가이다.
당신은 행복과, 사람들이 흔히 순수예술이라 칭하던 것 사이에서 선택해야만 한다.
우리는 순수예술을 제물로 바쳤다.
올더스 헉슬리, 『멋진 신세계(Brave New World)』

우리는 모두가 힘을 합해 이루어낸 도서관, 그래서 누구의 소유물도 아닌 도서관을 꿈꾼다. 영원불멸하며 우주에 신비로운 질서를 부여하는 도서관을 꿈꾼다. 하지만 아무리 질서 정연하게 선택하고, 온갖 상상을 동원해 세상을 꼼꼼하게 목록화한다고 해도 전제적이고 배타적인 계층구조를 피할 수 없음을 잘 안다. 어떤 도서관이나 배타적이다. 방대한 관점에서 선택해도 그 많은 책들이 취향과 지식의 한계, 공간과 시간의 제약 때문에 도서관의 서가에 모두 꽂힐 수는 없기 때문이다. 어느 도서관이나 자신의 유령을 불러내기 마련이다. 어떤 형태로든 정리가 끝나면 부재(不在)로 이루어진 그림자 도서관이 형성되는 탓이다. 아이스킬로스가 쓴 90편의 희곡 중 7편만이 지금까지 전해진다. 에우리피데스가 썼다는 80편 안팎의 비극은 논란의 대상인 『레소스Rhesus』를 포함해도 18편만이 전해진다. 소포클레스는 120편의 희곡을 썼지만 우리에게 전해지는 건 고작 7편뿐이다.

도서관은 어느 정도까지 그곳을 드나드는 독서가들의 그림자이지만, 한

편으로는 우리가 현재 이루지 못한 것, 또 앞으로도 이룰 수 없는 것을 상징하기도 한다. 엄격한 규칙이 적용된 공간에서도 책의 선택은 생각보다 힘들어, 호기심 많은 독서가라면 그곳에서 위험한 책까지 찾아낼 수 있을 것이다. 도서관은 가장 안전하면서도 가장 검열이 심한 공간이기 때문이다. 우리는 도서관이 모든 것을 포괄하지만 중립적인 곳이라 생각해왔다. 그러나 이런 생각은 우리의 착각일 수 있다. 미국 시인 아치볼드 매클리시는 의회 도서관 관장으로 재직할 때 "사서들은 자신의 뜻과 달리 중립적일 수 없다"고 말했다.[1] 모든 도서관이 어떤 책은 받아들이면서도 어떤 책은 받아들이지 않는다. 모든 도서관은 운명적으로 어떠한 선택의 결과이며, 수용 범위에서 필연적으로 한계가 있기 마련이다. 선택이 있을 때마다 배척이 뒤따르며, 따라서 완벽한 선택은 있을 수 없다. 독서 행위와 검열 행위는 서로 끝없는 평행선을 달린다.

이런 암묵적인 검열은 기원전 2000년대 초, 메소포타미아 도서관들에서 시작되었다.[2] 이 도서관들은 특정한 집단의 일상적인 업무와 단편적인 거래를 보존하기 위해 세워졌지만, 공문서 보관소와 달리 일반적인 성격을 띤 자료들도 수집했다. 중요한 정치적 사건을 돌판이나 금속판에 기록한 왕의 비문(17세기 유럽에서 왕의 명령 등을 알리던 공지문이나 요즘에 시사 문제를 다룬 베스트셀러와 비슷한 것)이 대표적인 예였다. 이런 도서관들은 십중팔구 개인의 소유였을 것이다. 달리 말하면, 기록된 문헌을 좋아하는 사람들이 세운 공간이었을 것이다. 물론 주인들은 필경사에게 소유의 표식으로 서판에 소유자의 이름을 새기게 하기도 했다. 신전에 부속된 도서관에서도 대제사장의 이름이나, 소장품의 수집에 크게 공헌한 중요한 인물의 이름이 새겨진 서판들이 통상적으로 발견되었다. 문헌을 정리하고 목록화하는 체계적인 방법

▶ 미국 인디애나 와소에서
행해지고 있는 분서(焚書).

에 따라 확립된 질서를 유지하기 위해서, 일부 도서관에서는 문헌을 원래의
위치에 돌려놓지 않는 사람들에게 따끔하게 훈계하는 말을 판권에 새겨두
기도 했다. 기원전 7세기에 제작된 한 사전에서 그런 바람이 분명하게 읽혀
진다. "이 서판을 훼손하지 않고, 도서관의 다른 곳에 두지 않는 독서가에
게 이슈타르 신의 축복이 있으리라. 이 서판을 대담하게 도서관 밖으로 반
출하는 사람에게는 이슈타르 신의 분노에 찬 천벌이 있으리라."[3] 나는 이 경
고문을 내 도서관의 벽에 붙여두었다. 밤에 몰래 들어와 책을 몰래 빌려가
는 침입자들을 물리치려고!

이런 서판들을 수집한 사람들은 대부분 왕족이었다. 그들은 대리인을 앞

나치 독일의 분서를 풍자한 만평.

세워 서판을 구입하거나, 약탈을 통해 도서관을 채워갔다. 아슈르바니팔 대
왕은 이미 상당한 규모였던 도서관을 보완하고 사라질 위험에 처한 서판들
을 찾아내려고 대리인들을 드넓은 왕국 전역으로 파견했던 것으로 알려져
있다. 대왕의 도서관에는 서판들을 범주별로 나누는 분명한 기준이 없었
다. 무엇이든 닥치는 대로 수집하는 것이 원칙이라면 원칙이었다.[4] 아슈르바

니팔이 손에 넣으려는 서판들의 목록을 작성하고는, 그 일을 지체 없이 실행에 옮기라고 명령하는 편지가 오늘날까지 전해진다. "이 서판들을 찾아내 내게 보내라. 잠시도 지체하지 말라. 여기에 언급되지 않는 서판들도 발견하면 즉시 살펴보고, 도서관에 보관할 만하다고 판단되면 수집해서 내게 보내도록 하라."**5** 이처럼 모든 것을 포괄하려는 욕망은 메소포타미아의 다른 목록과 일람표에서도 찾아진다. 프랑스의 역사학자 장 보테로는 기원전 18세기의 법전인 유명한 함무라비 법전에 대해 설명할 때, "흔하디 흔한 사실만이 아니라 예외적이고 비정상적인 사실, 요컨대 가능한 모든 것"이 법전의 일람표에 나열되었다는 사실이 눈에 띈다고 역설했다.**6**

아슈르바니팔 대왕의 도서관 같은 도서관은 세속적 권력의 과시였지만, 왕족을 비롯해 그 누구도 그 안에 보관된 서판들을 독파하고 싶어 하지는 않았다. 모든 책을 읽고 그 속에 담긴 모든 정보를 소화하기 위해서 아슈르바니팔은 다른 눈과 다른 손을 고용해, 서판들을 읽고 내용을 요약하도록 했다. 그런 요약본을 충실히 읽었다면 아슈르바니팔은 도서관에 소장된 서판들의 모든 내용을 통달하고 있다고 호언장담했을 수도 있다. 여하튼 학자들이 텍스트에서 알맹이를 뽑아, 다른 이들을 위해 '펠리컨처럼' 게워낸 셈이었다.

아슈르바니팔이 세상을 떠나고 400년쯤 지났을 때, 즉 기원전 2세기 전반기에 알렉산드리아 도서관의 두 사서, 비잔틴의 아리스토파네스와 그의 제자 사모트라키의 아리스타르코스가 비슷한 방법으로 독서가들에게 도움을 주기로 결정했다. 그들은 중요한 작품들을 선별해 주석을 달았고, 더 나아가 그들의 판단에 문학적 우월성에서 남달리 탁월했던 작가들의 목록을

르 프레스비테르 도서관에 놓여 있는 경고판.

작성하기 시작했다.[7] 아리스토파네스와 아리스타르코스는 그런 작업을 하
기에 충분한 자격을 갖추고 있었다. 아리스토파네스는 호메로스와 헤시오
도스의 작품들을 편집한 바가 있었고,[8] 특히 헤시오도스의 편집판에는 짤
막한 비판적 주석까지 더하면서 그보다 먼저 똑같은 자료를 다루었던 다른
작가들을 언급하기도 했다. '가정'이라 일컬어지는 이 주석들은 엄격히 말하
면 주석 형식을 띤 참고 문헌이어서, 독서가들이 어떤 주제에 관해 신속하
고 정확하게 개관할 수 있었다. 한편 아리스타르코스도 당시에 이미 호메로
스의 작품들을 편집한 경력이 있었다. 얼마나 엄격하게 편집했던지, 그 이후
에 까다로운 평론가들에게는 '아리스타르코스' 같다고 별명이 붙여질 정도

였다. 그들이 작성한 '대표 작가 목록'은 중세 시대와 르네상스 시대에도 널리 통용되었다(그로부터 거의 2,000년 후에 네덜란드 학자 다비트 륀켄은 이 목록에 '알렉산드리아 카논'이란 이름을 붙여주었다).⁹ 이 목록에 포함된 작가들의 작품은 꾸준히 사랑받으며 바지런히 연구된 덕분에 그 작가들은 문학적 불멸성을 얻게 되었다. 한편 이 목록에 포함되지 못한 작가들은 관심을 받을 만한 자격이 없는 작가들로 여겨져 망각과 어둠 속에 잊혀지고 말았다. 따라서 목록에 들어가지 못했다는 이유로 잊혀진 무수한 작가의 유령들이 '부재'를 안타까워하며 우리를 끊임없이 괴롭힌다.

부재의 무게는 정리와 공간의 압박감만큼이나 도서관을 규정짓는 특징이다. 내 모교인 부에노스아이레스 공립 고등학교 도서관의 경우, 나는 묵직한 나무문 뒤에서, 어둑한 분위기에서, 또 내게 막연히 침대차의 불빛을 떠올려주던 은은한 초록빛을 띤 스탠드들에서 부재의 무게를 느꼈다. 위로는 대리석 계단, 아래에는 타일을 깐 바닥에, 잿빛 기둥마저 곳곳에 서 있어 그 도서관은 두려운 동시에 안락감 또한 안겨주는 평행 우주ᵖᵃʳᵃˡˡᵉˡ ᵘⁿⁱᵛᵉʳˢᵉ(내가 사는 공간이 아닌 다른 세계에도 내가 존재한다는 이론_옮긴이)인 듯했다. 그곳에서 나는 현실 세계와 다른 모험을 즐기며 다른 결말을 맺곤 했다. 외설스럽고 위험하며 도발적인 책의 부재가 천장까지 올라간 무수한 책꽂이들에 어두컴컴한 커다란 구멍을 남겨놓은 것만 같았다.

하지만 겉으로는 그럴듯해서 사서의 비판적인 눈을 속인 책들도 많았다. 어떤 책을 펼쳐놓고 나지막이 키득대는 소리에 도서관의 침묵이 깨지던 때의 기억이 아직도 새록새록 떠오른다. 가르시아 로르카의 『집시 노래집ᴿᵒᵐᵃⁿᶜᵉʳᵒ ᵍⁱᵗᵃⁿᵒ』에서 '불륜을 저지르는 신부', 페르난도 데 로하스가 썼다고 추정되는 『셀레스티나La Celestina』에 나오는 매음굴 장면, 훌리오 코르타사르의 『승리자Los Premios』에서 어린 소년이 못된 선원에게 유혹받는 장면 등이 대표적인 예였다. 이런 금지된 작품들이 어떻게 선량한 고등학교 도서관까지 흘러들었는지는 알 수 없었다. 우리는 언제든지 타락할 수 있는 학생들이 자기의 코앞에서 그런 외설스런 책들을 골라 읽으며 서가에 없는 책들을 대신하였다는 사실을 사서가 눈치 챌 때까지 그 책들이 얼마나 오랫동안 그 자리에 있었을지 궁금해하곤 했다.

이탈리아계 유대인 작가 프리모 레비가 회고록에서 말했듯이, 책을 가까이하려는 사람에게만 은밀한 성소가 허락된다는 건 사서들의 불문율인 듯하다. 레비에게 1930년대의 토리노 화학연구소 도서관은 어떤 곳이었을까?

당시 토리노 화학연구소 도서관은 메카처럼 불신자에게는 출입이 허락되지 않는 곳이었다. 나처럼 충직한 사람도 출입하기 무척 어려웠다. 예술과 과학에 대한 관심은 떡잎부터 잘라버리는 게 낫다는 신중한 원칙에 따라 운영되는 것 같았다. 따라서 절대적인 필요성이나 억누를 수 없는 열정에 사로잡힌 사람만이 책을 구하기 위해 자발적으로 거절의 심판대에 올라섰다. 도서관의 운영 시간은 짧고 비합리적이었다. 조명도 어두컴컴했고, 색인도 제멋대로였다. 겨울에는 난방조차 되지 않았고, 의자도 등받이가 없어 불편했는데, 전부가 삐걱거리는 금속 의자였다. 게다가 무능하면서도 오만하기 이를 데 없는 사서가 입구에 버티고 앉아, 도서관에 들어가려는 사람들을 못생긴 얼굴과 성난 목소리로 겁주었다.[10]

레비의 기억에 남아 있는 섬뜩한 도서관이나, 그보다는 훨씬 나았던 내 모교 도서관을 비롯해 엄격한 감시하에 있는 도서관에도 반체제적인 책이 사서의 눈을 피해 어딘가 숨어 있다. 러시아 태생의 시인 조지프 브로드스키는 북극 근처의 러시아 강제수용소에 수감되었을 때 '북극에서 갖게 된 나만의 시간'을 활용하려고 W. H. 오든의 시를 읽었다.[11] 오든의 시에서 그는 간수들에게 굴복하지 않는 강한 정신력을 얻었고, 결국 살아남아 자유를 되찾았다. 1970년대 아르헨티나 군부에게 체포되어 독방에서 고문받던 아롤도 콘티는 간수들의 허락하에 간직한 디킨스의 소설에서 위안을 얻었다.[12] '반혁명적 행위'를 했다는 이유로 스탈린에 의해 콜리마 금광으로 강제 노역에 보내진 러시아 작가 바를람 샬라모프에게는 교도소 도서관이 금광이었다. 그곳의 도서관은 "러시아의 모든 도서관에 조직적으로 가해진 무수한 검열과 '숙청'에서 이해할 수 없는 이유로 벗어나 있었다." 그곳의 허름한 책꽂이에서 샬라모프는 미하일 불가코프의 소설들과 블라디미르 마야콥스키의 시집 등과 같은 뜻밖의 보물들을 찾아냈다. "골고다 언덕이 수감자들을 기다리고 있기 때문에 당국은 먼 길을 가야 할 수감자들에게 위안거리를 주려고 한 듯했다. '곧 죽을 사형수들이 읽는 책까지 번거롭게 관리할 필요가 있겠는가?'라고 생각한 것도 같았다."[13]

도서관 서가의 입구를 지키는 책임을 떠맡은 사람은 다른 사람의 눈에는 보이지 않는 위험까지 간혹 찾아낸다. 아르헨티나, 우루과이, 칠레가 군부 독재하에서 '불순분자'를 사냥하던 1970년대에는 '수상한' 책을 소지한 사람은 그 자리에서 체포당하고, 재판도 받지 못한 채 구금당했다. 공산주의자라는 이유로 파블로 네루다와 나짐 히크메트의 시가, 러시아인이라는 이유로 톨스토이와 도스토옙스키의 소설이 수상한 책이 되었다. 심지어 제목에 위험한 단어가 들어간 책들도 수상스런 책으로 낙인찍혔다. 스탕달의 『적과 흑The Red and the Black』, 16세기 일본 고전 『사무라이의 동무애Comrade Loves of the Samurai』가 대표적인 예였다. 많은 사람이 경찰의 기습 단속을 걱정하며 화장실에 불을 피워 책들을 불살랐다. 갑자기 변기가 깨졌다는 신고를 전염병 돌 듯 받은 덕분에 배관공들은 괜한 고생을 치러야 했다(종이를 태운 열기에 도자기가 깨졌기 때문이었다). 소설가 헤르만 가르시아는 그렇게 살해당하거나 고문당하고 강제 추방당한 세대를 '자식들이 보는 앞에서 책을 불태운 아빠들'이라고 정의했다.[14]

권력자들은 온갖 기발한 이유로 책들을 비난하고 추방한다. 칠레의 독재자 아우구스토 피노체트가 칠레의 모든 도서관에서 『돈키호테Don Quixote』를 없애버린 사건은 너무나 유명하다. 그가 그 소설에서 시민불복종을 옹호하는 구절을 읽었다는 이유였다. 또 얼마 전에 일본 문화부 장관이 『피노키오Pinocchio』를 비난한 이유는 더 기막히다. 고양이가 맹인 흉내를 내고 여우가 절름발이 흉내를 내면서 장애인을 우롱했다는 이유였다. 2003년 3월, 당시 추기경이던 요제프 라칭거(2005년에 교황 베네딕토 16세가 되었다)는 "해리 포터가 기독교 정신을 심하게 왜곡하고 있어, 어린아이들의 올바른 성장을 방해할 수 있다"라고 주장했다.[15] 『오즈의 마법사The Wizard of Oz』(이단적 믿음의 온상)부터 『호밀밭의 파수꾼The Catcher in the Rye』(청소년기의 위험한 역할 모델)까지 온갖 책들이 기기묘묘한 이유에서 금서라는 낙인이 찍혔다. 윌리엄 블레이크의 표현을 빌리면 이렇다.

그대와 나는 밤이나 낮이나 성경을 읽는다
그러나 그대는 검게 읽는 곳을 나는 하얗게 읽는다.[16]

앞에서도 말했듯이, 어느 도서관이나 존재한다는 사실만으로 금지되고 잊혀진 것들을 떠올려준다. 품격과 주제, 심지어 부피라는 편의상의 이유로 그 특별한 지붕 아래에 두기 적합하지 않다는 판정을 받은 책들로 꾸며진 도서관, 요컨대 실체는 없지만 결코 간과하고 넘길 수 없는 도서관이 그것이다.

16세기 말, 준엄한 예수회 신자 야콥 그레처는 『이단적이고 불온한 서적의 금서와 삭제와 파괴에 관한 법과 관례에 대하여Of the Laws and Customs Concerning the Banning, Expurgation and Destruction of Heretical and Noxious Books』라는 명시적인 제목의 책에서 검열의 타당성을 옹호했다. 이 책에서 과시한 박학한 지식 덕분에, 교황청이 1612년 마드리드에서 '금서목록'을 작성할 때 그는 교황청 보좌관에 임명되었다. 이때에도 그는 박학한 지식을 활용해, 책의 검열은 인류 역사에서 언제나 모든 종족에게 흔히 행해지는 일이라는 주장을 뒷받침했다. 그레처의 고약한 계보는 (확인된 소문은 아니지만 일신교에 지나치게 우호적이라는 이유로) 키케로의 논문 『신의 본성에 관하여On the Nature of the Gods』를 불태워버린 이교도들로부터 시작해서, 루터와 칼뱅의 추종자들이 자행한 분서 사건까지 이어진다.[17] 그레처가 미래를 내다볼 수 있었다면, 나치의 장작더미에서 잿더미로 변한 '퇴폐적인' 책들, 스탈린이 금서로 지정한 '부르주아' 작가들의 작품들, 조지프 매카시 상원의원이 매도한 '공산주의 삼류작가들'의 출판물, 또 탈레반과 피델 카스트로, 북한 정부, 캐나다 세관 직원들이 파괴한 책들도 그의 목록에 덧붙였을 것이다. 이런 점에서, 그레처의 책은 인정받지 못한 까닭에 서가의 빈틈에서 나지막이 속삭이는 그 많은 장서들에 대한 이야기이다.[18]

1장에서 나는 우마르 칼리프 1세가 암르 이븐알아스에게 알렉산드리아 도서관에 불을 시르라는 명령을 내린 것을 비난하는 전설에 대해 언급했다. 신빙성이 의심되기는 하지만, 우마르의 반응은 당시나 지금이나 분서자들의 희한한 논리를 고스란히 보여주기 때문에 여기에서 인용할 만하다. 우마르는 "이 책들의 내용이 성서와 일치한다면 불필요한 것이고, 일치하지 않는다면 탐탁하지 않은 것이다. 따라서 어떤 경우이든 이곳의 책들은 불살라져야 한다"라고 말하며, 이븐알아스 장군에게 그렇게 명령했던 것으로 전해진다.19 우마르는 문학의 본질적인 가변성을 날카롭게 지적했다. 이런 이유에서 어떤 도서관도 현재의 모습이기 위해서 설립된 것은 아니나. 도서관의 운명은 그 장점 때문에 이를 설립한 사람에 의해 결정되는 게 아니라, 도서관의 결함이라 추정되는 것 때문에 이를 파괴하려는 사람에 의해 결정된다.

남북 아메리카의 원주민 문학이 바로 이런 운명을 맞았고, 덕분에 지금 우리에게 전해지는 작품은 거의 없다. 특히 멕시코와 중앙아메리카에서는 콜럼버스 이전 시대의 대도서관과 공문서 보관소가 유럽인들에 의해 조직적으로 파괴당했다. 원주민의 정체성을 빼앗아 그들을 기독교인으로 개종시키기 위함이었다. 오스트레일리아의 시인 A. D. 호프는 에스파냐의 정복자들이 마야의 문헌을 불태운 사건을 다음과 같이 표현했다.

디에고 데 란다, 유카탄의 대주교,
―신의 저주가 그의 위선적인 영혼에 내리기를―
그는 악마의 모든 그림책을 금지하고
한곳에 쌓아 전부 불지르는 죄를 범했다.

그러나 대주교는 악마에게 배운 역법을 따랐다.

악마가 그 역법에 따라 시간을 헤아리는 법을 그들에게 가르쳤다.

불경스런 인간들은 시간을 거슬러 올라가 계산했다,

9,000만 년 전, 이브가 죄를 범하기 전까지.

그것으로 끝났다, 그들은 마야의 책들을 불태웠다.

영혼을 구했고 그 영혼들을 그들에게 맞추었다.

하늘나라에서 디에고 데 란다는 끝없이 하느님을

쳐다보지만 하느님은 그에게 한 번도 눈길을 주지 않는다.[20]

미국의 역사학자 윌리엄 프레스콧이 '우마르의 이름처럼 인류의 역사에서 결코 잊혀지지 않을 이름'이라 정의했던, 디에고 데 란다의 동료 후안 데 수마라가 주교는 아스텍의 책에 비슷한 짓을 저질렀다.[21] 수마라가는 1468년 에스파냐 두랑고에서 태어나, 바스크 지방 아란사수에 있던 프란체스코회 수도원에서 교육을 받았다. 그가 최고 종교재판관에 임명된 후에 카를 대제에게 받은 최초의 임무는 북에스파냐 '비스케이 만의 마녀들을 사냥'하는 것이었다. 수마라가는 그 임무를 완벽하게 수행해냈던지, 그 직후 멕시코 총독령의 주교 예정자로 승진했다. 그리고 1547년 교황 바오로 2세는 그를 초대 멕시코 대주교로 임명했다.

수마라가는 1536년부터 1543년까지 멕시코 종교재판소 소장으로 7년을 보내며, 원주민 개종자들을 위한 교리문답집과 선교에 사용할 기독교 교리의 요약판을 썼다. 또한 성경을 여러 원주민어로 번역하는 작업을 감독했고, 틀랄텔롤코에 산타크루스 학교를 세웠다. 그 학교에서는 원주민 귀족의

후안 데 수마라가, 16세기 초상화를 근거로 17세기에 제작된 판화.

자제들이 라틴어와 철학, 수사학과 논리학을 배워 '훌륭한 그리스도인'으로 성장할 수 있었다. 그러나 수마라가라는 이름은 멕시코의 역사에 커다란 영향을 미친 두 사건과 깊은 관계가 있다. 그는 신세계에 최초의 활자 매체를 도입한 선구자이기도 했지만, 아스텍 제국의 방대한 문헌을 파괴해버린 원흥이기도 했다.

수마라가는 원주민을 개종시키는 데 필요한 성서를 현장에서 인쇄할 필요성을 절감하고 있었다. 성경이 원주민 언어로 정확히 번역되고, 원주민을 가르치는 데 적합한 내용으로 교리책이 편집되는지 바다 건너에서 감독하는 것이 어려웠기 때문이다. 1533년 본국으로 잠시 귀국한 수마라가는 세비야의 인쇄소들을 돌아다니며, 멕시코에 인쇄소를 설립하려는 계획을 도와줄 지원자를 구했다. 마침내 야코보 크롬베르거란 사내가 도움을 주겠다고 나섰다. 크롬베르거는 책을 만드는 데 오랜 경력을 지닌 개종한 유대인으로 '인쇄기와 잉크, 활자와 종이, 그 밖에 필요한 도구 등으로 총 10만 마라베디'를 해외 사업에 기꺼이 투자하겠다며,[22] 대리인 하나를 수마라가의 조수로 보내겠다고 약속했다. 이탈리아식 이름으로 후안 파블로 혹은 조반니 파올로라 불렸던 조수였다.

검열자들이 어떤 방법을 썼는지는 아직도 오리무중이지만, 종교재판관으로서 수마라가의 역할은 분명했다. 가톨릭교회의 적으로 인식되는 사람들―우상숭배자, 간통자, 신성모독자, 마녀, 루터교파, 무어인과 유대인―을 색출해 처벌하는 것이었다. 그는 자신에게 주어진 역할을 무자비하게 해냈다. 콜럼버스 시대 이후로, 유대인은 개종해도 식민지에 정착할 수 없었다. 그러나 신세계에서 새로운 사업을 펼치는 데 필요한 돈이 개종한 유대인과 무어인의 손에 있었기 때문에, 16세기 초부터 불법 이민자들이 속출했고, 1536년쯤에는 멕시코에 상당한 규모의 유대인 공동체가 있었다. 하지만 멕시코에서 이교도와 유대인을 차별하는 법령이 1523년에 처음 선포되었다. 개종했다면서 자신의 종교를 몰래 섬기는 유대인을 고발하는 사람에게 유대인의 압류 재산 중 3분의 1을 상금으로 준다는 내용이었다(나머지 3분의 2는 왕의 금고와 재판관에게 귀속되었다). 당연히 고발이 잇달았고, 수마라가는 가차 없이 유대인들을 학대했다. 증거가 확실하지 않은 데도 유대인을 말뚝에 세워 화형시키기도 했다.[23] 따라서 수마라가가 멕시코에 인쇄소를 설립하는 데 개종한 유대인을 동반자로 받아들였다는 사실이 어리둥절하기만 하다. 수마라가는 크롬베르거의 혈통을 분명히 알았지만, 그를 사업 동반자로 선택한 이유에 대해서는 한마디도 남기지 않았다. 500년이 지난 지금도, 종교재판관 수마라가가 '불순한' 크롬베르거와의 관계를 어떻게 변명할지 궁금하다.

수마라가가 한쪽에서는 책을 만들면서, 다른 한쪽에서는 책을 파괴하는 모순된 행위를 저질렀다는 사실을 의식하고 있었는지도 불분명하다. 그는 종교재판소 소장으로 임명되자, 곧바로 군대를 식민지 구석까지 파견해 아스텍 종교와 관련된 물건과 채색된 책을 지녔을 것이라 추정되는 사람들을 색출했다. 그는 회유와 고문을 병행한 끝에, 아스텍 귀족들이 중요한 예술품과 문헌을 감춰둔 곳을 알아냈다. 프레스콧의 표현을 빌리면, "아나우악에서 가장 세련된 수도였고, 공문서의 최대 보관소였던 텍스코"에서 멀리 떨어진 곳이었다. 밀사들을 보내 엄청난 수의 그림과 책을 수거한 후에 그는 틀라텔롤코의 시장 한복판에 이를 높이 쌓아놓고 불을 질렀다. 목격자의 증언에 따르면, 그 불은 며칠 동안 밤낮으로 타올랐다.

그러나 아스텍 문헌을 보존하고 번역하는 데 힘쓴 베르나르디노 데 사아군 수도사처럼 의식 있는 사람들 덕분에, 우리는 무엇을 잃어버렸는지 대략 짐작할 수 있다. 그들의 복잡한 우주관과 신학, 노래와 설화, 역사의 기록, 철학서와 예언서, 과학 논문과 천문도가 불길에 사라졌다.[24] 1924년 학자들이 이른바 바티칸 비밀 서고에서, 기적적으로 살아남은 보물 중 하나인 『대화의 책Book of Dialogues』 30장 중 14장을 찾아냈다. 아스텍 제국에서 사용되던 많은 언어 중 하나인 나우아 어(語)로 16세기 중반에 쓰인 중요한 책이었다. 일단의 원주민 성직자들과 학자들이 가톨릭 교리에 비해 아스텍 세계관의 우월성을 옹호한 책으로, 연극적 형식을 빌린 대화는 플라톤의 대화를 떠올려주었다. 『대화의 책』과 같은 책들이 당시에는 많았을 것이다. 그런 책들을 제대로 읽었더라면, 유럽인들이 그곳에서 맞닥뜨린 민족들을 올바로 이해했을 것이고, 지혜와 경험을 서로 교환할 수 있었을 것이다.

  정치적 관점과 종교적 관점에서 보아도 상대편 문화의 파괴는 언제나 어리석은 짓이다. 그런 파괴 행위는 충성과 개심과 동화의 가능성을 애초부터 부인하는 것이기 때문이다. 에스파냐 도미니쿠스회의 수도자 디에고 두란은 1588년 세상을 떠나기 직전에 쓴 글에서, 신세계 원주민들을 개종시키기 위해서는 그들의 문화와 종교를 알아야 한다고 주장하며, 디에고 데 란다와 수마라가처럼 원주민들의 서적을 불사른 사람들을 나무랐다.

> 초창기 사람들은 뜨거운 열정에 사로잡혀 신중하게 행동하지 못하고 그림문자로 쓰인 원주민들의 책을 불사르고 파괴하는 실수를 저질렀다. 그들은 우리를 인도할 빛을 하나도 남겨두지 않았다. 원주민들이 우리 앞에서 우상을 섬기는 이유가 무엇일까? 우리는 그들의 춤, 그들의 시장, 그들의 공중목욕탕, 그들이 옛 신과 군주를 애도하며 부르는 노래, 또 그들의 음식과 연회에 무슨 의미가 담겨 있는지 전혀 모른다. 그 모든 것이 우리에게는 무의미하게 보일 뿐이다.[25]

두란의 경고에 관심을 보인 권력자는 극소수에 불과했다. 콜럼버스 이전의 아메리카에서 쓰인 책들에 대한 파괴 행위는, 권력자들이 문자의 전복적인 힘을 두려워한다는 증거이다. 권력자들은 책을 불사르는 것만으로도 충분하지 않다고 생각한다. 도서관은 그곳에 존재함으로써 권력의 정통성을 뒷받침해주기도 하지만, 거꾸로 의문을 제기하기도 한다. 역사의 저장고인 동시에 미래의 주춧돌인 까닭에, 어려운 시기를 견뎌낼 지침이자 안내자인 까닭에, 또 과거나 현재를 지배하는 권력의 상징물인 까닭에, 도서관의 책들은 그 안에 담긴 내용 이상을 의미하며, 글로 표현된 순간부터 위협거리로 여겨진다. 도서관이 파괴되는 이유는 중요하지 않다. 하지만 금지, 삭제와 생략, 약탈과 강탈이 있을 때마다 금지되고 삭제되고 생략된 책, 또 약탈당하고 강탈당한 책들로 이루어진, 더 크게 외치고 더 분명하며 더 끈질기게 유지되는 도서관이 탄생한다. 적어도 유령의 모습으로라도 탄생한다. 그 책들은 더 이상 찾아볼 수 없고, 독서가의 희미한 기억에서나 전통과 전설이란 더 막연한 기억에서만 존재하더라도, 일종의 불멸성을 확보한 것일 수 있다. 이런 이유에서, 1세기 로마의 역사가 타키투스는 "교만한 행동으로 후세를 위한 기억을 지워버릴 수 있다고 믿는 사람들의 무모함은 경멸받아야 마땅하다. 그런 만행은 침묵시키려 했던 고결한 정신의 권위를 드높여줄 뿐이다. 비슷한 만행을 저질렀던 외국의 군주들과 세력가들은 자신에 대한 수치심 이외에 아무것도 얻지 못하고, 적들의 명성을 지속시켜주었을 뿐이다"라고 말했다.[26]

사라지거나 파괴된 도서관의 수가 현재 남아 있는 도서관의 수보다 훨씬 많다. 그런 도서관들이 둥그런 사슬의 고리를 이루며, 우리 모두를 책망하고 나무란다. 우마르의 기막힌 대답이 있고 350년 정도가 흐른 뒤, 코르도바의 실질적인 지배자 아비 아미르 알만수르는 선임자들이 안달루시아의 여러 도서관들에 모아둔 희귀한 과학 서적과 철학 서적을 불살라버렸다. 시간의 한계를 가로질러 우마르의 냉혹한 판단에 반박하듯, 에스파냐의 역사학자 사이드는 "옛 조상들은 과학과 철학을 경멸했고, 권력자들은 그런 학문들을 달갑게 생각하지 않았다. 철학과 과학을 연구한 사람들은 이단이고 비정통이라 손가락질 받았다. 그 이후로, 과학과 철학을 아는 사람들은 입을 다물고 눈에 띄지 않는 곳에 숨어 지내며, 개화된 시대를 위해 그들의 지식을 비밀리에 간직했다"고 말했다.[27] 우리는 그 시대를 아직 기다리고 있다. 다시 500년가량이 흐른 후, 1526년 술레이만 2세의 오스만 군대가 부다페스트를 침략해 들어가, 정복한 민족의 문화를 괴멸시킬 의도에서 코르비누스 도서관을 불질렀다.[28] 이 도서관은 마티아스 코르비누스 헝가리 황제가 1471년에 세운 것으로, 헝가리 왕실의 보석들 중 하나였다고 전해진다. 코르비누스 도서관이 잿더미로 변하고 300년이 흐른 뒤인 1806년에는 술레이만의 후손들이 조상들과 경쟁이라도 벌이듯이, 10만 권이 넘는 소중한 책들이 소장된 카이로의 파티미드 도서관을 불살라버렸다.[29]

우리 시대에 정부의 검열은 과거만큼 극단적이지 않지만 여전히 시행되고 있다. 1996년 3월, 프랑스 문화부 장관 필립 두스트 블라지는 오랑주 시의 시장-장 마리 르 펭 극우정당 당원-의 문화 정책에 반대하며, 그 도시의 시립 도서관을 조사하라는 명령을 내렸다. 3개월 후 언론에 발표된 보도에 따르면, 오랑주 시립 도서관 사서들이 시장의 지시에 몇몇 서적과 잡지를 서가에서 치운 것으로 밝혀졌다. 르 펭의 추종자들이 달갑게 생각지 않는 출판물, 그들의 정당에 비판적인 작가들의 책, 진정한 프랑스 문화의 유산에 속하지 않는다고 판단한 외국 문학(예컨대 북아프리카 민담) 등이었다.[30]

검열자를 비롯해 누구나 알고 있듯이, 독서가는 자신이 읽는 책에서 많은 영향을 받는다. 2001년 9월 11일에 있었던 사태의 여파로, 미국 의회는 도서관에서 대출한 책이나 일반 서점에서 판매한 책에 대한 기록 열람권을 연방 수사기관에 허용하는 조문이 담긴 애국법을 통과시켰다. "전통적인 수색영장과 달리, 이 새로운 법에 따르면 수사관들은 범죄의 증거를 확보할 필요가 없다. 게다가 그들이 점찍은 사람이 용의자라는 증거를 법정에 제출할 의무도 없다. 도서관 직원들은 용의자에게 조사받고 있다는 사실을 귀띔조차 해줄 수 없다."[31] 애국법 때문에 미국의 많은 도서관은 당국의 압력에 머리를 조아리며 구입하는 책을 선정하는 데 고심할 수밖에 없었다.

때로는 우발적인 행위가 도서관의 운명을 결정하기도 한다. 1702년 아이슬란드의 학자 아우르니 마흐누손은 아이슬란드의 가난한 주민이 덴마크의 통치하에서 굶주리고 헐벗어 양피지로 겨울옷을 지어 입으려고 도서관들을 습격한 걸 알게 되었다. 600년의 역사를 지닌 『에다Eddas』(아이슬란드의 신화와 시가집_옮긴이)의 유일한 판본들이 보관되어 있는 도서관들까지 습격을 받았다. 덴마크의 프레데리크 4세는 이런 파괴 행위에 깜짝 놀라, 마흐누손에게 곧바로 아이슬란드로 넘어가 그 소중한 필사본들을 구하라는 지시를 내렸다. 마흐누손이 도둑들을 추적해 필사본들을 다시 모으는 데에는 10년이란 시간이 걸렸다. 옷을 짓느라 재단되고 더럽혀지기는 했지만, 모든 필사본이 코펜하겐으로 옮겨졌고 소중히 간직되었다. 그러나 14년 후, 화재로 인해 필사본들은 글을 판독하지 못할 정도로 타버리고 말았다.[32]

앞으로도 도서관들은 이런 불확실한 상황에서 존재해야 할까? 그렇지는 않을 것이다. 가상 도서관은 기술적인 복원을 통해 이런 위협들을 피해갈 수 있다. 사이버 공간은 실질적으로 무한한 공간이기 때문에 어떤 식의 선별도 합리화할 수 없을 것이다. 또 검열자는 행정력과 공간의 한계를 벗어나지 못하는 반면에 독서가는 아득히 먼 나라에서 금지된 텍스트를 불러올 수 있기 때문에 검열은 대다수의 독서가에게 아무런 영향도 미치지 못할 것이다. 그러나 방심해서는 안 된다. 검열자도 인터넷을 하수인으로 이용해 사후에 독서가를 처벌할 수 있기 때문이다. 2005년 인터넷계의 거인 야후는 언론인 시 타오가 뉴욕에 개설된 웹사이트를 이용해 금지된 문서를 받아 게시했다는 정보를 중국 보안기관에 제공했다. 그 정보를 근거로 중국 보안기관은 시 타오를 기소했고, 그는 결국 10년 형을 선고받았다.[33]

그러나 이런 위험에도 불구하고 웹이 제공하는 자유의 사례는 무수히 많다. 율법학자의 독재에 신음하는 이란에서도 대학생들은 온갖 종류의 금서를 온라인으로 읽을 수 있다. 쿠바에서도 반체제 인사들이 인터넷에 접속해 국제사면위원회를 비롯한 인권단체들의 보고서를 읽을 수 있고, 짐바브웨에서도 책을 좋아하는 사람이면 금지된 작가들의 책을 모니터에 펼쳐놓을 수 있다.

종이와 잉크는 때로 사형선고도 이겨낼 수 있다. 소포클레스의 사라진 비극 중에는 『아킬레우스의 사랑The Loves of Achilles』이 있다. 비극의 판본들은 시간이 지나면서 하나씩 사라졌을 것이다. 약탈과 화재로 소실된 것도 있었겠지만, 사서가 재미도 없고 문학적인 가치도 떨어진다고 판단해서 도서 목록에서 삭제한 경우도 있었을 것이다. 그러나 몇몇 구절은 기적적으로 보존되었다. 체코 태생의 영국 극작가, 톰 스토파드는 자신의 희곡 『사랑의 발명The Invention of Love』에서 등장인물의 입을 통해 이렇게 말하고 있다. "암흑시대에 마케도니아에서, 마지막 촛농이 흘러내리는 불빛을 빌려, 한 남자가 어린

아들을 위해 고대의 낡은 책으로부터 짤막한 구절을 옮겨 쓰고 있었습니다. 그 아들의 이름은 셉티미우스였습니다. 그 덕분에 『아킬레우스의 사랑』의 한 문장이 우리에게 전해집니다. 사랑은 어린아이 손에 쥐어진 얼음과도 같은 느낌이라고 소포클레스는 말했습니다."[34] 책을 불태우는 사람들은 꿈속에서 책은 끈질기게 살아남는다는 이런 소박한 증거에 끊임없이 시달리지 않을까 싶다.

도서관은 어느 정도까지 그곳을 드나드는 독서가들의 그림자이지만, 한편으로는 우리가 현재 이루지 못한 것, 또 앞으로도 이룰 수 없는 것을 상징하기도 한다. 엄격한 규칙이 적용된 공간에서도 책의 선택은 생각보다 힘들어, 호기심 많은 독서가라면 그곳에서 위험한 책까지 찾아낼 수 있을 것이다.

6장

형상

내 도서관이 될 곳에서 첫눈에 들어온 것은 대략 6×13미터의 직사각형 공간을 뒤덮은 바윗덩어리 하나와 흙먼지였다. 비둘기 탑과 내 서재로 탈바꿈된 보일러실 사이에는 무너진 돌더미가 있었다. 새 한 마리가 돌담에 앉을 때마다 뿌연 먼지가 덩굴식물의 잎에 우수수 떨어졌다. 다행히 나를 위해 도서관 설계도를 그려준 여성 건축가는 지금도 마을에 살고 있다. 그녀는 담을 깔끔하게 정리하고 공간을 개조하려면 전통적인 방식을 사용해야 한다고 고집을 부렸다. 그리고 그녀는 부근에서 생산되는, 사암처럼 부드럽고 버터색을 띤 '튀포'라는 돌을 능숙하게 다루는 석공들을 고용했다. 그들이 나란히 서서, 옛 인쇄소의 숙련된 식자공처럼 돌들을 차곡차곡 쌓아가는 걸 지켜보는 것은 색다른 경험이었다. 이 지역의 말로 커다란 돌은 '대문자', 작은 돌은 '소문자'로 부르기 때문에 인쇄소의 모습이 머릿속에 떠올랐던 것이다. 바벨탑을 쌓던 석공의 후예들이 도서관을 짓기 위해 돌과 문자를 혼합하는 것은 너무나 자연스럽게 보였다. "이봐, 대문자 하나만 줘!" 그

들이 서로 이렇게 소리치는 동안, 내 책들은 부활의 날을 학수고대하며 상자 안에서 조용히 기다렸다.

책은 공간에 특별한 정체성, 경우에 따라서는 책 주인의 정체성까지 부여한다. 책들이 가지런히 정돈된 벽을 배경으로 사진을 찍으면 학자 같은 분위기를 풍길 거라는 생각에, 그렇게 사진을 찍고 싶어 하는 어리석은 사람들에게는 잘 알려진 책의 특징이다. 지적인 권위를 내세우고 싶어 이런 벽에 의지하며 허세를 부리는 사람들을 세네카는 조롱하고 비웃었다. 그는 약간의 책만 소유하면 되지, "무식한 사람이 자기 집을 장식하려고 사용하는 끝없는 선반"까지는 필요 없다고 주장했다.[1] 한편 우리가 책을 보관하는 공간이 우리와 책의 관계를 바꾸어놓기도 한다. 방의 형태에 따라 책을 읽는 자세가 달라질 수 있다. 예컨대 원형의 방이나 정사각형의 방에서, 천장이 낮은 방이나 서까래가 높은 방에서 우리는 언제나 똑같은 식으로 앉아 책을 읽지는 않는다. 우리가 책을 읽으면서 자아내는 정신적 분위기, 또 우리가 책에 몰입할 때 만들어내는 상상의 공간은 도서관의 물리적 공간에 따라 달라지고, 서가로부터 떨어진 거리와 책의 많고 적음에도 영향을 받는다. 물론 책의 냄새와 촉감, 빛과 그림자가 빚어내는 조명에도 영향을 받는다. 파리 퐁피두센터 도서관 관장 미셸 멜로는 "모든 사서가 어느 정도까지는 건축가이다. 사서는 책 전체를 하나의 구조물이라 상상하며, 그곳에서 독서가가 길을 찾고 자아를 발견해 살아가도록 책을 쌓는다"라고 말했다.[2]

◀ 토론토 레퍼런스 도서관.

내 도서관의 담이 올라가기 훨씬 전부터 내 책들을 위해 상상한 도서관에는 내가 책을 읽는 방법이 고스란히 담겨 있었다. 사방이 막힌 작은 공간에서 이야기 줄기를 쫓아가는 걸 좋아하는 독서가가 있는 반면에, 둥그렇고 널찍한 공공의 공간이 상상의 나래를 멀리 지평선까지 펼치기에 좋다고 생각하는 독서가도 있다. 또 미로 같은 공간에서 책을 한 부분씩 읽어가는 게 즐겁다고 말하는 독서가도 있다. 나는 천장이 낮고 길쭉한 도서관, 책상 주변을 밝힌 불빛을 제외하고는 언제나 어둑해서 바깥이 밤이라고 착각하게 해주는 도서관, 벽들이 거울처럼 가까이 마주보고 있어 팔만 뻗으면 양쪽의 책을 얼마든지 잡을 수 있을 듯한 직사각형의 공간을 꿈꾸었다. 나는 닥치는 대로 책을 읽으며 책들을 자유롭게 관련짓고, 조그만 꼬투리로라도 연결 고리를 찾으며 책들이 하나의 공간에서 함께 호흡하게 한다. 나만의 도서관을 위해 내가 선택한 구조 덕분에 나는 책을 읽는 방식을 그대로 고수할 수 있다.

독서가도 없고 책도 없으며, 선반과 칸막이도 없는 종이에 도서관을 옮겨놓은 설계도는 특정한 독서 방식의 뼈대, 요컨대 아직 형태를 갖추지 못한 우주를 최소한으로 표현한 축도(縮圖)에 불과하다. 달리 말하면, 순전히 기하학적인 형태일 뿐이다. 장방형의 공간들은 끼워지고 분할되며, 원형의 공간들은 연속성을 강조한다. 다른 형태는 다른 의미를 떠올려준다. 토론토

▲ 런던 버킹엄 궁전에 위치한 왕의 도서관.
▼ 바르셀로나 카탈루냐 도서관의 반원통형 천장.

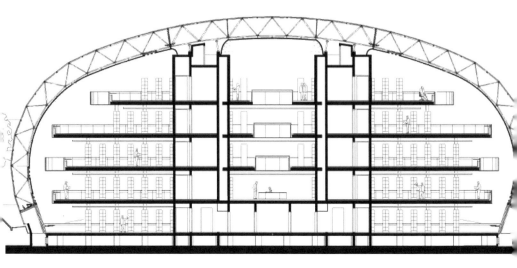

뇌 모양을 띠고 있는 베를린 자유대학교 도서관의 설계도.

레퍼런스 도서관은 원반들이 위로 올라가는 형상이다. 영국 조지 3세가 책을 보관했던 버킹엄 궁전의 도서관은 8각형 구조였다. '돼지와 뻔뻔한 창녀'에게는 좀처럼 어울리지 않는 세 채의 건물을 깔끔하게 새 단장해서 마련한, 밀라노에 위치한 최초의 암브로시아나 도서관은 좁은 직사각형이었다.[3] 베를린 자유대학교 도서관은 영국 건축가 노먼 포스터가 두개골과 닮은 모습으로 설계해서 '뇌'라는 별명으로 일컬어진다. 파리의 프랑스 국립 도서관은 테이블을 뒤집어 놓은 모양이고, 바르셀로나의 카탈루냐 도서관은 원통을 세로로 잘라낸 모양이다. 건축가 헤르만 코르브는 독일 볼펜뷔텔 도서관을 타원형으로 설계했다. 1902년에 세워진 프라이부르크 대학교 도서관은 삼각형이다.

현재까지 전해지는 최초의 중세 도서관 설계도는 정사각형 구조를 띠고 있다. 스위스 장크트 갈렌 수도원 도서관의 설계도는 820년경에 라이헤나

144

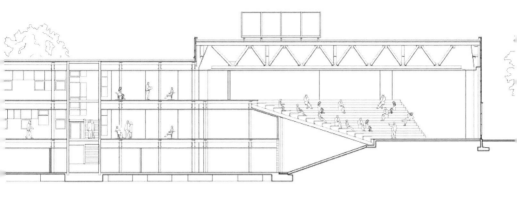

책 모양을 본뜬 프랑스 국립 도서관.

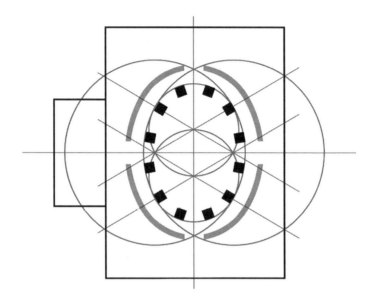

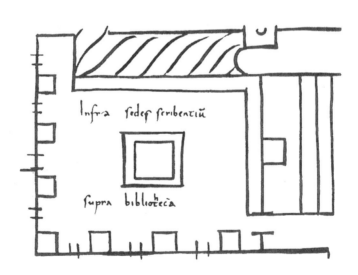

Infra sedes scribentiu̅

supra biblioteca

우 수도원에서 2층 구조로 그려졌다. 1층에 있는 필사실의 양면에는 7개의 창문 아래로 같은 수의 작은 탁자가 놓이고, 가운데에는 커다란 책상이 배치되는 구조이다. 위층에는 책을 보관하는 공간이 있고, 그곳에서부터 이어진 복도 끝에는 전례용 서적을 보관하는 널찍한 성가대석이 있다.[4] 복도와 성가대석을 제외하고 생각하면, 전체적인 구조가 완벽한 정육면체이다. 아래층에서 제작된 책은 위층에 보관되고, 다시 필경사들에게 옮겨 쓸 거리를 제공하면서 문헌의 생산은 끊이지 않고 계속된다. 이 설계도대로 도서관이 세워졌는지는 알 수 없지만, 이 이름이 알려지지 않은 건축가는 정사각형의 조화로운 형태가 책을 제작하고 보존하며 참조하기에 이상적인 공간이라 생각했던 것이 분명하다.

직선 형태의 도서관은 부문, 즉 주제로의 분할을 뜻하기 때문에, 구획화되고 계층화된 우주라는 중세의 관념과 일치한다. 원형의 도서관은 독서가에게 마지막 페이지가 곧 첫 페이지라는 생각을 불어넣기에 알맞은 구조이다. 이상적으로 생각하면, 많은 독서가에게 도서관은 옛 성당의 바닥처럼 두 형태의 혼합, 즉 원형과 직사각형, 타원형과 정사각형이 혼합된 모습일 것이다. 이런 이상적인 형태는 새삼스런 것이 아니다.

루이 11세가 15세기에 세운 개인 서고에서 시작된 프랑스 왕실 도서관은 17세기 말 경 방대한 문헌을 보관한 곳으로 성장했다. 기증과 약탈, 그리고 프랑스에서 인쇄되는 모든 책은 블루아 성에 2권씩 납본해야 한다고

▲ 볼펜뷔텔 도서관의 평면도.
▼ 카롤링거 왕조 건축 양식인 수도원의 도서관 배치도, 820년.

규정한 1537년 12월의 왕명 덕분이었다.[5] 이 국립 도서관은 급속히 성장해서 프랑스 혁명이 일어났을 쯤에는 새로운 안식처가 필요했다. 그로부터 거의 200년 동안, 그 많은 책을 보관하는 문제를 해결하기 위한 수많은 제안이 있었다. 몇몇 애서가는 당시 건축 중이던 마들렌 성당, 루브르 궁전(나폴레옹은 이런 취지를 담은 법령에 서명을 했지만 실행에 옮겨지지 않았다), 케도르세에 있는 정부청사, 가축이 도살되던 마르셰 오 보Marché aux Veaux로 옮기자고 제안했다. 심지어 환자들을 다른 곳으로 옮기고 자선병원Hôpital de la Charité을 새로운 도서관으로 삼자는 제안도 있었다. 물론 다양한 양식과 규모로 새로운 건물을 짓자는 제안도 있었다. 기발한 것에서부터 지극히 실용적인 것까지, 애서가들이 제안한 형태는 독서가들이 편하게 움직일 수 있으면서도 그들이 책을 읽는 공간에 최적의 효율성을 부여하는 이상적인 모습에 대해 탐구해온 증거라 할 수 있다.

인류 역사에서 가장 상상력이 뛰어난 건축가 중 하나로 손꼽히는 에티엔 루이 불레는 고대 그리스 건축물에서 영감을 받아, 1785년 엄청난 규모의 도서관을 제안했다. 지붕이 높고 길쭉한 직사각형의 건물이었다. 아치형 천장이 전체를 덮고, 독서가들은 원하는 책을 찾아 계단식 중이층을 오르내리는 구조였다. 이 계획은 기안의 단계를 넘어서지 못했는데, 설계만 봐도 개인적인 자유와 집중의 가능성을 고려하기 힘든 것을 알 수 있다. 불레의 웅장한 도서관은 전반적으로 터널식이어서 머무는 곳이 아니라 지나가는 통로에 가까웠다. 요컨대 여유롭게 책을 읽기 위한 건물이 아니라 관심 있는 책을 신속하게 찾아보기 위한 건물이었다.

50년 후, 프랑스 건축가 벵자맹 들레세르는 직사각형 건물에 책꽂이 바퀴살처럼 중심에서 사방으로 뻗어가는 타원형의 도서관을 상상했다. 직원들이 중앙에 앉아 독서가들을 지켜보는 구조였지만, "사서가 망원경이나 확성기를 가지고 계속해서 빙글빙글 돌아가는 회전축에 앉아 있지 않으면" 보안을 장담할 수 없다는 이유로 반대가 빗발쳤다.[6] 게다가 열람용 책상이 책꽂이들 사이에 설치된 까닭에 거북할 정도로 갑갑해서, 독서가들에게 함정에 빠진 기분이나 밀실공포증을 안겨줄 수 있었다. 이런 반대에도 불구하고, 책상과 책꽂이로 에워싸인 중앙집중식 관리라는 아이디어의 매력은 완전히 잊혀지지 않았다.

마침내 1827년 센 강 우안에 있던 서너 건물이 비게 되면서 도시 계획가들은 이 건물들을 국립 도서관으로 이용할 가능성을 모색하기 시작했다. 마침 비비엔 거리와 프티 샹 거리가 만나는 모퉁이에 있던 호텔 튀뵈프를 재무부가 포기했는데, 시 당국은 그 건물에 인접한 주택들과 상점들까지 형편에 맞게 이용할 수 있었다. 그러나 시 당국이 그 지역을 국립 도서관으로 변경하는 계획안을 결정하는 데에는 다시 30년이 걸렸다. 이 최종 프로젝트를 담당한 건축가는 파리의 또 다른 중요한 도서관, 생 즈네비에브 도서관을 개조해서 명성을 얻은 앙리 라브루스트였다.[7]

라브루스트는 국립 도서관이 기념물인 동시에 일용 노동자의 공간이며, 한 국가의 지적 재산을 상징하는 건물인 동시에 평범한 독서가가 편안하고 효과적으로 자신의 능력을 개발할 수 있는 실용적인 공간이어야 한다는 사실을 잘 알고 있었다. 그의 생각에 도서관의 형태와 규모는 웅장하면서도 친근감을 주어야 하고, 당당하면서도 분수에 넘치지 않아야 했다. 라브루스트는 도서관의 심장인 주 열람실을 정사각형에 감싸인 원형, 정확히 말하면, 정사각형 구조로 앉은 독서가들 위로 일련의 원들이 어렴풋이 보이는 형태로 설계했다. 9개의 둥근 유리 돔을 통해 들어온 햇살이 직각 형태의

불레가 상상한 이상적인 도서관의 설계도.

프랑스 국립 도서관의 라브루스트실(室), 파리.

열람실을 밝혀주는 구조였다. 들레세르 설계도가 그랬듯이, 사서는 열람실 중앙에 칸막이를 설치한 좌석에 앉아 독서가들을 감시했고, 필요하면 언제라도 뒤를 돌아볼 수도 있었다. 높다란 금속 기둥이 아치형의 유리 돔들을 떠받치고 있어, 내부는 겨울 식물원과 비슷한 분위기를 풍겼다. 한편 사방의 벽을 완전히 덮은 서가는 5층으로 이루어져 100만 권 이상을 보관할 수 있었다.

30년 후, 영불해협 건너편에서도 대영 박물관 도서관의 새 열람실이 준공을 앞두고 있었다. 원형의 공간을 하나의 둥근 지붕으로 덮고, 책상이 중심에서부터 방사형으로 배치되어 사서의 눈길에서 벗어날 곳이 없다는 걸 제외하면 프랑스 국립 도서관 주 열람실과 무척 비슷했다. 당시 대영 박물관은 100년이 넘는 역사를 지닌 까닭에 이미 여섯 번이나 열람실을 마련했지만, 한결같이 만족스럽지 못했다. 최초의 열람실은 작은 창문이 두 개밖에 없어 어둡고 좁은 공간이었다. 1785년 관리위원들의 지시로 "책을 읽기에 적합한 곳"으로 마련된 열람실로, "징두리용 목재로 지은 깨끗한 탁자에는 푸른 잎이 무성한 월계관들이 놓였고⋯⋯20개의 책상이 준비되었다." 1838년부터 1857년까지 사용된 여섯 번째 열람실은 천장이 높은 정사각형의 방 둘로 이루어졌고, 1만 권 이상의 참고 도서를 갖추었으며, 24개의 책상이 놓여졌다. 하지만 환기가 잘 되지 않아, 많은 사람들이 발은 꽁꽁 어는데 머리는 너무 뜨겁다고 투덜거렸다. 게다가 '박물관 두통'과 고약한 '박물관 벼룩'에 시달리는 사람도 많았다. 한 독서가가 남긴 기록에 따르면, "구빈원의 쉼터가 아니면 그처럼 큰 벼룩은 어디에서도 볼 수 없었다."[8] 마침내 1857년 5월에 착공된 일곱 번째 열람실은 이런 문제들을 해결하고, 책을 보관할 공간을 넉넉하게 확보하는 방향으로 설계되었다. 정사각형에 에워싸인 원형

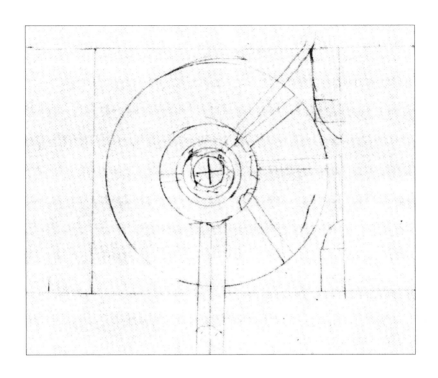

▲ 파니치가 그린 열람실의 스케치, 1852년 4월 18일.
◀ 영국 국립 도서관 열람실, 『일러스티드 런던 뉴스』에 실린 삽화.

이란 형태는 당시 대영 박물관 관장이던 안토니오 파니치가 제안한 것으로, 파니치는 "새로운 열람실은 책꽂이, 나무못, 회전축 하나까지 밤을 하얗게 지새우며 생각해서 결정한 것이다"라고 말했다.[9]

파니치와 마찬가지로, 지독한 애서가였던 라브루스트는 그 널찍한 공간에 인간적인 냄새를 부여하는 게 중요하다고 생각했다. 열람실 뒤의 구역도 예외일 수 없었다. 또한 서가는 엄청난 양의 책을 보관하는 곳에서 그치지 않고, 평범한 독서가도 쉽게 접근할 수 있어야 했다. 따라서 서가 사이의 폭은 보통 사람의 팔 길이로 결정되었고(따라서 독서가는 움직이지 않고도 양편의 서가에서 책을 뽑아낼 수 있었다), 서가의 높이는 팔을 뻗어 손이 닿는 곳으로 결정되었다(따라서 독서가는 디딤판이나 이동용 사다리를 사용하지 않고도 가장 높은 선반에 꽂힌 책을 끄집어낼 수 있었다). 널찍했기 때문인지 아치형 유리 돔 아래가 사람들로 붐빈다는 느낌은 없었다. 열람실은 한꺼번에 수백 명을 수용할 수 있었고, 그들 모두 개별적인 공간을 확보할 수 있었다. 사람들은 잉크스탠드와 펜대가 갖추어지고 번호가 지정된 좌석에 앉았다. 겨울에는 난로를 때고, 발걸이 역할까지 하는 온수 방열기까지 사용해 상당히 따뜻했다. 나는 프랑스 국립 도서관의 라브루스트실(室)과 영국 국립 도서관 열람실 모두에서 일해본 까닭에, 정사각형과 원의 조합이 그런 공간들에 주는 확장과 절제, 웅장함과 틀어박힘이라는 복합된 느낌을 잘 안다.

다른 형태에서는 다른 물리적 특성이 읽혀진다. 예컨대 단순한 직사각형

◀ 프랑스 국립 도서관에는 사다리가 필요 없었다.
서가의 높이와 폭은 보통 사람의 팔 길이를 기준으로 결정되었다.

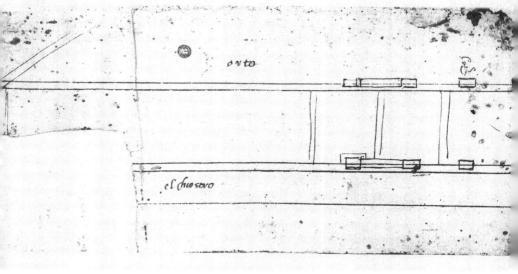

라우렌치아나 도서관에 관한 미켈란젤로의 최초 스케치.

은 다른 종류의 한계와 무한, 연속과 분리를 떠올려준다. 가장 아름다운 도
서관 중 하나인 피렌체의 비블리오테카 메디체아 라우렌치아나(영어로는 로
렌선 도서관)가 대표적인 예이다. 최초의 개념을 개략적으로 그린 스케치가
기적적으로 지금까지 전해진다. 1달러 지폐보다 약간 큰 짜투리 종이에 그
린 스케치로, 미켈란젤로 부오나로티 문서 보관소에 보관되어 있다. 그러나
미켈란젤로가 십중팔구 간단한 글을 남겼을 부분은 뜯겨지고 없다. 스케
치는 이중으로 그린 직사각형에 불과하다. 군데군데 짧게 끊어놓은 부분들
은 돌 버팀벽을 나타낸 것으로 여겨진다. 이 스케치는 "미켈란젤로가 설계
한 건물로 완성 단계에 가장 가까이 이른 건물이며, 논란의 여지는 있지만

르네상스 건축에 대한 미켈란젤로의 가장 독창적인 공헌"으로 평가되는 건물의 최초 도면이다.[10] 종이에는 두 단어만이 쓰여 있다. 직사각형 위에 쓰인 오르토orto(정원)와 밑에 쓰인 키오스트로chiostro(안뜰을 둘러싼 복도)이다. 계획을 세운 초기에는 도서관의 정확한 터가 결정되지 않았지만, 미켈란젤로는 장래 모습을 상상하며 도서관을 세울 정확한 터까지 지정했던 것으로 여겨진다. 산 로렌초 수도원 본관의 중간 부분, 정확히 말하면 정원과 안뜰 복도 사이였다.

산 로렌초 수도원에 웅장한 도서관을 지어 메디치 가문이 모은 뛰어난 장서들을 보관하려는 생각은 1519년 줄리오 데 메디치 추기경에 의해 처음 제기되었지만, 재정적인 이유로 이 계획은 1523년에야 공식화되어 본격적인 설계가 시작되었다. 1523년은 추기경이 교황 클레멘스 7세가 된 해이기도 했다. 클레멘스 7세의 생각에, 진정한 도서관은 호화로운 책들로 채워져 허세를 부리는 방이 아니라 책을 보관하고 활용하는 방이었다. 달리 말하면, 학구적인 민중을 섬기고 대학교에 없는 장서를 보충해주는 데 목적을 둔 기관이어야 했다.

클레멘스 7세는 위대한 로렌초 데 메디치의 손자였으므로, 메디치 가문의 도서관에 로렌초의 이름이 붙여진 것은 당연했다. 클레멘스 7세는 줄리아노 데 메디치와 정부 피오레타 사이에서 태어난 서자였다. 그러나 그의 사촌이던 레오 10세는 그런 얼룩진 출생을 무시하고 온갖 반대를 물리친 끝에 줄리오를 피렌체의 대주교이자 추기경에 임명했다. 클레멘스 7세는 할아버지만큼 정치적 수완은 없었지만, 학문과 예술을 사랑하는 기질은 그대로 물려받았다. 그는 가톨릭교회에 불어닥친 개혁운동을 완강하게 거부하며, 독일에서 일어난 루터파 운동과 신교도 군주들을 억압하는 조치를 취했다. 그는 뼛속까지 메디치 가문 사람이자 피렌체 사람이어서 변화를 고집스레 거부하며, 교황이란 지위에서 사회적이고 예술적인 안녕을 즐기고 싶어 했다. 따라서 뛰어난 감식력을 지닌 후원자답게 프란체스코 구이치아르디니와 니콜로 마키아벨리 등과 같은 작가들, 그리고 벤베누토 첼리니, 라파엘로, 미켈란젤로 등과 같은 미술가들을 후원했다.[11]

클레멘스 7세는 주문한 작품을 보고 단순히 감탄하는 사람이 아니라 정확히 평가할 수 있는 전문가였다. 도서관 건축이 시작될 때부터 끝날 때까지 그와 미켈란젤로가 주고받은 편지를 통해, 그가 얼마나 세세한 부분까지 관심을 기울였는지 확인할 수 있다. 1523년부터 1526년까지 꼬박 3년 동안, 로마의 교황과 피렌체의 미켈란젤로는 1주일에 서너 번씩 편지를 주고받았다. 편지를 쓸 때마다, 클레멘스 7세는 미켈란젤로에게 배치와 정리에 관련해 이런저런 식으로 제안했다(교황의 제안은 제안보다는 명령에 가까웠다). 예컨대 라틴어 문헌과 그리스어 문헌을 구분하고, 희귀본은 개별적으로 작은 수납장에 보관하며, 건물의 기초를 보강하고, 화재를 방지하기 위해 천장은 둥글게 설계하는 게 좋겠다고 제안했다. 게다가 모든 것을 알고 싶어 하며 성가실 정도로 관심을 보였다. 예컨대 열람실에 서가를 몇 개나 설치할 계획인지, 서가 하나에는 책을 몇 권이나 놓을 수 있는지, 책상을 지을 호두나무는 어디에서 구할 생각인지, 호두나무는 어떤 과정으로 처리해 목재로 만들 것인지를 물었다. 또한 클레멘스 7세는 출입문의 도안부터 조명의 중요성까지 모든 것에 대해 의견을 개진했다. 심지어 석회를 만들기에 가장 좋은 석회화를 어디에서 구할 수 있는지, 회반죽을 벽에 몇 겹을 발라야 하는지까지 간섭했다. 미켈란젤로는 교황의 제안을 어떤 경우에는 흔쾌히 받아들이고 어떤 경우에는 철저히 무시하면서 그럭저럭 넘어갔다.[12]

클레멘스 7세는 정치적으로 보수적이었지만, 혁신적인 설계에는 의외로 개방적이었다. 그러나 그는 언제나 실리를 우선적으로 생각하는 사람이었다. 언젠가 미켈란젤로가 원형의 천창(天窓)을 통해 도서관 로비를 밝힐 계획이라고 설명하자, 교황은 그 계획에 크게 기뻐하면서도 "유리를 항상 깨끗하게 유지하려면" 적어도 두 사람은 고용해야 할 거라고 지적했다.[13] 그러나 고집스럽기로 유명했던 미켈란젤로는 교황의 완전한 동의가 떨어지기를 기다리지 않고, 1525년 12월에 벽을 올리기 시작했다. 교황이 최종 설계도를 승인하기 석 달 전이었다.

1523년 11월 도서관의 건축을 의뢰받았을 때 미켈란젤로는 마흔여덟 살이었다. 당시 미켈란젤로는 유럽 전역에서 명성이 자자했고, 후원자들과 동료 미술가들은 그를 남달리 탁월한 능력을 지닌 화가이자 조각가, 건축가, 시인으로 여겼다. 그 모든 영역에서 미켈란젤로는 물리적 세계와 정신세계를 결합시키며, 두 세계의 법칙까지 뒤섞어놓았다. 미켈란젤로의 눈에는 목재와 대리석의 속성이 상상과 이성의 속성과 흡사하게 보였다. 그는 미학과 물리학, 윤리학과 수학에서 동일한 특성을 찾아냈다. 그가 산 로렌초에서 일하는 시기에 지은 소네트에서도 그의 세계관이 분명히 드러난다.

> 나무 조각은 본래의 자리에서 벗어나면
> 본연의 축축한 속성을 보존할 수 없는 까닭에
> 뜨거운 열기를 가볍게라도 만나면
> 바싹 마르거나 화염으로 변할 수밖에 없으리.
> 심장처럼, 결코 되돌려주지 않을 사람에게 빼앗기면
> 눈물로 살고, 정염에 휩싸일 터이니……

어느덧 고향과 본래의 자리에서 멀리 떨어져 있으니

어떤 충격인들 치명적이지 아니할까?**14**

객관적이고 실증적인 규칙에 따라 생각과 감정을 구체적인 형태로 해석해내는 능력에 대한 미켈란젤로의 자신감은 라우렌치아나 도서관에서도 분명히 찾아진다. 세 건물이 그에게 맡겨졌다. 첫째는 산 로렌초 성당의 전면으로, 완공되지 못했다. 둘째는 메디치 예배당의 실내 장식이었다. 다른 미술가들이 수년 전부터 이미 시작한 작업이었기 때문에 미켈란젤로는 뒤늦게 떠맡았다. 여기에서도 걸작을 적잖이 남겼지만, 그의 역할은 일부에 불과했다. 하지만 마지막 건물인 도서관은 전적으로 미켈란젤로의 창작품이다.

라우렌치아나 도서관은 원래 작업장으로 사용될 예정이었기 때문에 외벽보다 실내의 미학적 장식이 더 중요했다. 홍수에 대한 걱정 때문에 3층 높이의 바닥에 세워진 도서관은 현관홀, 웅장하고 독창적인 계단, 천장이 높아 보이지 않는 지평선 위의 원근점까지 뻗어가는 듯한 열람실로 이루어져 있다. 도서관의 전체적인 공간에서는 직사각형이 흔히 눈에 띈다. 둥근 기둥으로 분할되는 창틀 벽, 열람실의 양 벽에 나란히 설치된 책상들, 장엄한 중앙 통로, 분할되고 조각된 천장 등이 대표적인 예이다. 채색된 커다란 코덱스와 그보다 조금 작은 8절판의 책이 약간 기울어진 책상에 펼쳐지고, 벽과 바닥과 천장에 똑같은 크기의 직사각형으로 복제된 모습이 자아내는 효과는 쉽게 상상할 수 있다. 한마디로, 건축과 장식에 관련된 모든 요소가 독서가에게 세계와 책의 밀접한 관계를 떠올려준다. 책은 도서관에서 페이지와 같은 영역으로 나뉘는 무한한 물리적 공간이 된다. 그러나 현관홀의 목재 천장을 조각한 장식 무늬는 직사각형이 아니다. 서로 연결된 4개의 고리는 메디치 가문의 다이아몬드 반지를 상징한다. 이 무늬는 노란 타일과 붉은 타일을 깐 도서관 바닥에도 새겨져 있어, 사복음서 저자들이 남긴 하느님의 말씀에서 추측되는 하느님 나라의 네 모퉁이를 독서가들에게 떠올려준다.

미켈란젤로와 같은 시대에 살았던 조르조 바사리는, 미켈란젤로가 비율과 질서에 대한 고전적인 원칙을 버리고 창안해낸 '특허'에 대해서 "모든 미술가가 반드시 영원히 따라야 할 것"이라고 말했다. 바사리에 따르면, 미켈란젤로는 이 새로운 생각을 라우렌치아나 도서관에서 완벽하게 증명해 보였다.

> 창문의 아름다운 배치에서, 천장의 무늬에서, 현관홀의 경이로운 입구에서 그는 이를 완벽하게 증명해 보였다. 까치발, 감실, 처마 돌림띠는 섬세한 장식에서는 물론 전반적인 인상에서 우아함의 극치를 보여주었다. 그처럼 넓고 편리한 계단은 다른 곳에서 본 적이 없었다. 이 계단의 단을 설계할 때 미켈란젤로는 파격적인 변화를 시도했고, 세세한 부분에서도 일반적인 관습을 크게 벗어나 모두가 놀랐다.[15]

바사리가 칭찬을 아끼지 않은 계단은 지금 보아도 경이롭기만 하다. 미켈란젤로는 이 계단을 호두나무로 설계했지만, 그가 1534년 피렌체를 떠나고 25년이 지난 후인 1559년에야 피렌체의 조각가 바르톨메오 암마나티가 회색 화산암으로 제작했다. 검은 호두나무로 제작했더라면 방문객에게 열람실의 책상과 천장의 재질을 미리 맛보게 하는 효과를 거두었을 것이다. 그러나 회색 화산암으로 제작됨으로써 계단은 최소한 세 방향을 제시하는 난해한 통로를 통해 책의 세계에 들어서는 사람에게 어울리는 선택의 의무를 암시하고 있다. 그처럼 한정된 공간에서는 거의 불가능해 보이는 공간의 복잡성을 넌지시 알리는 것이다. 현관홀은 상당히 좁은 편이다. 하지만 미켈란젤로의 설계는 그곳이 무척 넓은 곳인 양 다루었다. 따라서 문 밖에서 계단이 세 곳으로 나뉘며 폭포처럼 떨어진다. 난간을 사이에 둔 계단의 발판은 굽은 형태로 하나같이 소용돌이 무늬로 끝마무리가 된 반면에, 난간이 없는 양쪽 계단의 발판은 직사각형이지만 바닥에 이르면 부드럽게 마름모꼴로 바뀐다. 공사가 시작되기 전, 미켈란젤로는 로마에서 바사리에게 보낸 편지에 계단의 원래 설계를 기억하지만 '꿈속에서' 기억하는 기분이라고 적었다. 이 계단은 라우렌치아나 도서관만의 특징이라 해도 과언이 아니다.

그러나 바사리가 정말 참신하게 생각했던 것은, 도서관의 형태에 대한 원시적인 개념의 완성이었다. 과거에도 도서관은 많았다. 최초의 도서관들 중 하나는 기원전 2300년까지 거슬러 올라간다. 1980년 시리아 에블라 왕궁 터에서 고고학적 발굴이 시행되었고, 도서관이었던 듯한 직사각형 방이 발굴되었다. 벽을 따라 설치된 목제 서가들에 가지런히 보관되었던 것으로 보이는 1만 5,000장이 넘는 토판도 발견되었다. 침략자들이 왕궁에 불을 지른 탓에 서가들도 불타면서 토판이 바닥에 무더기로 떨어진 게 확실했다.[16] 한편 2,500년 후에 똑같은 형식으로 지어진 페르가몬 도서관도 발견되었다. 발굴터를 보면, 도서관 형태는 일련의 방들로 이루어진 직사각형이었던 듯하다. 가장 앞쪽에 위치한 가장 큰 방은 만남의 공간이었고, 그 뒤의 세 방에는 문헌이 보관되었다. 독서가들은 방 앞에 마련된 콜로네이드로 둘러싸인 공간에서 두루마리를 읽었을 것으로 여겨진다. 로마에서 기원후 112년에 건설된 트라야누스 대광장의 도서관에서는 설계가 약간 바뀌었다. 직사각형이란 기본적인 형태는 유지되었지만 작은 방들로 나뉘지 않았다.[17] 미켈란젤로는 라우렌치아나 도서관을 설계하면서, 플라톤이나 베르길리우스 시대에 유행하던 설계 방식을 실용적으로 바꾸고자 했던 것이다.

미켈란젤로는 고대 세계의 모순되지만 상호 보완적인 두 이상을 추구하는 데 평생을 보낸 듯하다. 하나는 완벽을 향한 이상, 즉 그를 비롯한 르네상스 시대의 예술가들에게 작품 하나하나가 그 자체로 완벽한 것이란 인상을 심어준 그리스 예술의 작업법이었다. 다른 하나는 시간과 우연의 결과로 단편적으로만 남은 그리스 예술의 속성이었다. 르네상스 예술가들은 머리가 사라진 토르소와 조각만 남은 원기둥의 흔적에서 사라진 완벽함을 추적하면 그리스 예술의 속성을 찾아낼 수 있으리라 믿었다.[18] 이렇게 찾아낸 미학적 발견은 훗날 18세기에 고딕 복고 양식Gothic Revival에서 대대적으로 활용되었다. 라우렌치아나 도서관에서는 두 이상을 향한 염원이 읽혀진다.

르네상스 시대의 예술가들이 이루어낸 발견들 중에는 '황금분할'이 있다. 이 개념은 고대 그리스부터 알려졌고 그리스만이 아니라 로마의 건축에서도 사용되었지만, 그 비밀은 1479년에 이르러서야 수학자 루카 파치올리에 의해서 명확히 밝혀졌다. 레오나르도 다빈치가 삽화를 그려 그로부터 10년 후에야 출간된 책에서, 파치올리는 황금분할을 "작은 부분의 큰 부분에 대한 비율이 큰 부분의 전체에 대한 비율과 같게 분할하는 선"이라 정의했다.[19] 이런 비율 관계의 미학적인 완벽함은 수학적으로 설명되지 않아, 당시는 물론이고 오늘날에도 마법적인 힘을 지닌 아름다움으로 여겨진다. 물리적 균형 상태를 공식으로 표현할 수 없다는 걸 생각하면 그 이유가 쉽게 이해된다. 미켈란젤로가 설계한 열람실의 직사각형은 변들이 '황금분할'에 따라 이상적으로 분할되기 때문에 그리스 신전이나 로마 궁전 안뜰의 균형 잡

◀미켈란젤로가 설계한 라우렌치아나
  도서관의 웅장한 계단.

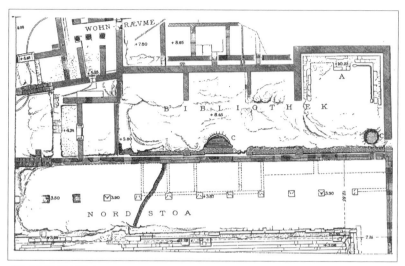

페르가몬 도서관의 평면도.

힌 아름다움에 경의를 표하는 동시에, 거대한 우주 또한 이상적인 비율로
분할되어 우리 인간의 눈을 즐겁게 해주는 듯하다. 약간 답답해 보이는 창
틀과 반복되는 소용돌이 무늬 및 복잡하면서도 역동적인 계단은 도서관의
모순된 속성까지 완벽하게 보여준다. 도서관은 우주에 대한 우리의 지식이
일정한 원칙에 따라 정리되고 우아하게 보관되는 절제된 공간이지만, 어떻
게 정리하고 분류하더라도, 또한 아무리 정밀하게 설계하더라도 완벽하게
아우를 수 없는 곳이 도서관이라는 사실을……

내 도서관에는 도서 목록이 없다. 하지만 한 권 한 권을 내 손으로 서가에
꽂았기 때문에 도서관의 구조만 떠올리면 모든 책의 위치를 어렴풋이나마
기억할 수 있다. 따라서 빛과 어둠은 내가 책을 찾는 데 별다른 영향을 미치지
않는다. 머릿속에 기억된 순서는 내 안에 심겨진 패턴으로, 도서관의 형태와
구분을 따른다.

7장

우연

도서관의 이상적인 역할은 센 강변의 헌책방 진열대,
즉 우연히 기막힌 보물을 찾아내는 것과 약간 비슷하다.
움베르토 에코, 「장미의 이름은 무엇인가?」

도서관은 질서와 혼돈이 공존하는 곳이기도 하지만 우연의 공간이기도 하다. 위치가 지정되고 번호가 매겨진 후에도 책들은 자체의 고유한 이동성을 잃지 않는다. 멋대로 내버려두면 책들은 의외의 형태로 모인다. 유사성, 연대순으로 정리되지 않은 계보, 공통된 관심사와 주제 등과 같은 비밀스런 규칙을 따르는 듯하다. 보이지 않는 구석에 방치되거나 침대 옆에 수북이 쌓인 채 언젠가 정리되고 분류되기를 기다리지만 한없이 미루어지기만 하는 책들에 담긴 이야기들은, 미국 소설가 헨리 제임스가 '개괄적 의도general intention'라 칭한 것을 중심으로 모인다. 그런데 개괄적 의도는 "진주를 잇는 실이고, 깊게 묻힌 보물이며, 카펫 밑에 들어간 도형"이기 때문에 독자들이 깨닫지 못하는 경우가 적지 않다.[1]

움베르토 에코에게 도서관은 우연히 마주친 벼룩시장과도 같은 곳이었다. 어느 일요일 아침, 이웃 동네에 '브로캉트brocante(고물 시장)'가 열린다. 오랜 역사를 자랑하는 파리의 벼룩시장처럼 허세를 부리지도 않고, 프랑스 전역에서 미리 정해진 날짜에 맞춰 열리는 골동품 시장처럼 권위를 내세우지도 않는다. 브로강트는 19세기의 커다란 가구부터 오래된 브로케이드나 레이스 조각까지, 이가 나간 도자기와 크리스털 그릇부터 녹슨 나사못과 정원용 연장까지, 또 조금은 솜씨가 부족한 유화와 익명의 가족사진부터 외눈박이 플라스틱 인형과 찌그러진 장난감 자동차까지 모든 것이 뒤범벅인 곳이다. 이처럼 온갖 것이 거래되는 브로캉트는, 로버트 루이스 스티븐슨이 어린아이의 눈으로 상상한 고대의 유적 도시를 떠올려준다.

> 어른이 되면 거기에 가리라
> 사막을 건너는 낙타 대상과 함께.
> 먼지로 뒤덮인 식당의
> 어둠에 불을 밝히고
> 벽에 걸린 그림들을 보리라
> 영웅들, 전투 장면들, 축제들.
> 한구석에서 옛 이집트 아이들이
> 가지고 놀던 장난감을 찾으리라.[2]

브로캉트에서 내 눈은 거의 언제나 우편엽서와 인쇄물과 달력, 특히 책을 담은 나무상자로 향한다. 때로는 그 지역의 역사, 뉴에이지의 비밀, 축산, 러브 스토리 등과 같이 분명한 색깔을 띤 책들이 펼쳐져 있기도 하지만, 대부분의 경우에는 닥치는 대로 쌓여 있다. 가죽 장정한 호메로스 18세기 번역판들과 제2차 세계대전 중에 출간되어 너덜너덜해진 조르주 시므농의 소설들, 서명이 남겨진 소설들(나는 '2×8유로'라 쓰인 상자에서 "여성들을 '수선'하

러 애써 기적적으로 성공한 글로리안에게"라고 쓰인 시도니 가브리엘 콜레트의 1947
년판 『셰리Chéri』를 찾아냈다), 오래전에 잊혀진 미국의 베스트셀러들…….

책들이 한데 모이는 이유는 수집가의 변덕, 공동체의 숭배, 전쟁과 무상
한 세월 때문이다. 또 부주의와 근심, 희박한 생존 가능성, 무작위로 선택되
는 고물 거래 때문에도 책들이 한데 모인다. 물론 이렇게 책을 모아 그럴듯
한 도서관의 형태를 갖추려면 수세기가 걸릴 것이다. 듀이가 지적했듯이, 모
든 도서관에는 나름의 질서가 있지만 모든 질서가 의도되고 논리적으로 구
조화되는 것은 아니다. 순전히 취향에 따라서, 또 우연한 만남과 선물이 모
여 만들어진 도서관들도 있다. 서아프리카 모리타니 중부의 아드라르 사막
에 자리잡은 오아시스 도시, 싱게티와 우아단에는 유구한 역사를 지닌 수
십 곳의 도서관이 아직 남아 있다. 향료를 짊어지고 지나가던 대상, 소금과
책을 짊어지고 지나가던 순례자들이 순간적으로 떠올린 생각에서 탄생한
도서관들이다. 15세기부터 18세기까지, 이 도시들은 메카로 가는 길에 누
구나 잠시 쉬어가는 곳이었다. 무역이나 안전을 이유로 이곳에 멈추었던 사
람들이 오랜 세월 동안 남긴 책들-그라나다와 바그다드, 카이로와 메크네
스, 코르도바와 비잔티움의 저명한 코란 학교들에서 발행한 저작들이 포함
된 보물들-이 이제는 몇몇 명문가의 사저에 보관되어 있다. 예컨대 싱게티-
황금시대이던 18세기에는 12곳의 모스크가 있었고, 주민수가 2만 5,000명
에 달했던 오아시스-에는 지금 3,000명 정도만 살지만, 대여섯 가문이 호기
심 많은 독서가를 위해 천문학·사회학·코란 주석·문법·의학·시학에 관한
1만 권 정도의 서적을 소장하고 있다.[3] 대다수의 책이 여행하던 학자들에게
얻은 것이거나 학구적이던 이 도시의 사서들이 옮겨 쓴 것이다. 이제는 사정

서아프리카 모리타니에 위치한 하보트 도서관의 열람실.

이 완전히 달라져, 학생들이 일부러 이곳까지 찾아와 서너 달을 지내며 도
서관 서가에 꽂힌 책을 베껴 쓰는 경우도 있다.

　우아단에서는 한 거지에 대한 이야기가 전설로 전해진다. 15세기 초, 누
더기를 걸친 거지가 굶주린 얼굴로 성문에 나타났다. 거지는 곧바로 모스
크로 보내져 먹이고 입혀졌다. 하지만 누구도 거지의 이름이나 고향을 알
아내지 못했다. 거지는 책에 파묻혀 시간을 보냈다. 입을 꾹 다물고 하루 종
일 책을 읽을 뿐이었다. 몇 달째 그런 행동을 되풀이하자, 이맘(이슬람 교단
의 지도자)도 인내심을 잃고 거지에게 "자기만의 비밀을 간직한 사람은 하늘
나라에서 환영받지 못할 거라고 경전에는 쓰여 있다. 모든 독서가는 책이라
는 삶에서 하나의 장(章)에 불과하다. 자기가 아는 것을 남에게 전하지 않으

면, 책을 산 채로 묻는 것이나 똑같은 짓이다. 너에게 그렇게 소중한 책이 그런 운명을 맞기를 바라는 것이냐?"라고 말했다. 마침내 거지가 입을 열고, 그의 앞에 놓여 있던 경전에 대해 자세히 논하기 시작했다. 그때서야 이맘은 그 거지가 누구인지 알았다. 그 거지는 세상이 귀를 막고 사는 데 절망해서, 배움이 존중받는 곳에 이를 때까지 침묵하겠다고 맹세한 저명한 학자였다.[4]

어떻게 시작되었는지 판단하기 어려운 도서관들도 간혹 있다. 기원후 336년, 이름이 알려지지 않은 한 불교 승려가 고비사막부터 타클라마칸 황무지까지 실크로드 순례길에 나섰다. 광활한 중앙아시아 지역으로, 두 세기 전에는 그리스의 지리학자 파우사니아스가 누에(비단벌레)를 뜻하는 단어를 빌려 '세레스의 땅'이라 불렀던 곳이었다.[5] 모래와 돌뿐인 그곳에서 승려는 수천 개의 광점이 무리를 이루며 부처의 형상을 빚어내는 걸 보았다(부처를 믿지 않는 사람들은 그 지역의 산기슭에 흩어진 황철광 조각들이 햇살에 반사된 것이라 설명해왔다). 승려는 그 형상을 찬미하기 위해 바위에 동굴을 파고, 회반죽을 바른 후에 부처의 일생을 벽에 그리기 시작했다.

그 후로 수천 년이 지나자 거의 500개의 동굴이 생겼는데, 그 안이 한결같이 정교한 벽화들과 점토를 이용해 정성스레 빚은 조각상들로 장식되었다. 중국 서부의 유명한 모가오(莫高) 굴은 이렇게 탄생했다. 독실한 불교 미술가들이 대를 이어가며 조각하고 그려낸 이 형상들은, 티베트와 중국에서 섬기던 부처의 추상적인 성화가 구상적인 종교로 변해가는 과정을 보여준다. 따라서 모험을 좋아하는 신들, 야심찬 왕들, 해탈한 승려들, 진리를 추구하는 영웅들에 대한 전설적인 이야기가 그림으로 표현되었다. 자연스럽게

▲ 실크로드 동쪽에 있는 둔황 석굴.

이 성역에는 다양한 이름이 붙여졌다. 모가오 굴, 다포(大佛) 동굴, 첸포둥(千佛洞), 둔황(敦煌) 첸포둥 등이 대표적인 예이다.[6] 11세기 언젠가는 5만 권에 달하는 소중한 필사본과 그림을 외국 침략자의 탐욕으로부터 보호하기 위해서 이곳 동굴 중 하나에 감추고, 동굴을 봉쇄했다. 그 동굴은 거의 700년 동안 어떤 방해도 받지 않은 "세세 최초이자 세계에서 가장 큰 종이 문서 보관소인 동시에, 당시 유일했던 불교 도서관"이었다.[7]

그러나 그 굴이 그 지역의 유일한 보관소였던 것은 아니다. 그곳에서 멀지 않은 곳에 둔황이란 고도(古都)가 있었다. 둔황은 기원전 4세기에 세워진 도시로, 동쪽으로는 황하 변의 뤄양(洛陽)으로부터 시작해 서쪽으로는 사마르칸트와 바그다드까지 연결되는 대(大)실크로드에서 가장 중요한 거점들 중 하나였다. 도시가 세워지고 200년쯤 지난 후, 중국 제국의 끝자락에 위치해 있다는 이유로 인해 둔황은 티베트인, 터키계 위구르인, 호탄 왕국, 탕구트인 등 많은 소수 민족이 탐내는 전략적 요충지가 되었다. 13세기 초에는 칭기즈 칸의 몽골인이 이곳을 점령했다. 두 거대한 사막을 사이에 둔 이 국경도시에 많은 문화가 모여든 까닭에, 페르시아의 호화로운 의상과 소아시아의 규격에 맞춘 듯한 딱딱한 양식, 인도의 다채로운 문화와 중국 공예의 전통, 추상적인 티베트 문화와 유럽의 구상 예술이 한지붕 아래에서 만나 뒤섞였다. 춤을 추는 형상들로 장식된 5세기의 수직적인 프리즈frieze는 폼페이에서 발견된 프리즈의 장식을 흉내 낸 듯하고, 싯다르타 왕자가 스승 비스바미트라에게 64개의 문자를 배운다는 이야기를 묘사한 3세기의 돌 부조에서 후광을 발하며 필기구를 들고 가부좌로 앉은 어린 소년의 모습은 스트라스부르의 노트르담 박물관에 전시된 10세기 독일 기도서 표지의 상아로 조각된 어린 그리스도의 모습과 조금도 다르지 않다. 또 세 마리 토끼가 원을 그리며 서로 뒤쫓는 모습을 묘사한 둔황의 6세기 천장 장식은 13세기에 건설된 영국 체스터 성당의 바닥 타일에서 그대로 발견된다. 마르코 폴로가 1274년에 방문한 오아시스 도시, 호탄에서 동쪽으로 꽤 떨어진 곳에서는 로마 검투사들의 모습이 묘사된 태피스트리가 발견되었다. 뤄부포(羅布泊) 근처 8세기 티베트 요새 안에 있던 불교 사원의 벽화에 그려진 날개 달린 천사들은 중세 유럽의 제단화를 떠올려준다.[8]

중국처럼 광활한 제국에서는 이런 문화의 뒤섞임이 오래전부터 확장 정책의 결과로 여겨졌다. 또한 중국인들은 피정복자를 침묵시키기보다는 피정복자의 성취와 문화를 받아들여 중국 문화를 더 풍요롭게 만드는 것이 정복자의 특권이라고 생각했다. 중국의 역사책을 살펴보면, 초나라의 항우와 한나라의 유방은 기원전 206년 진나라를 패망시킨 후에 중국 제국의 패권을 두고 다투었다. 항우와 그의 군대가 유방의 군대에게 포위당해 공격받던 어느 날 밤, 한나라 군사들이 그들의 고향 초나라의 노래를 부르는 걸 듣고 "그들은 초나라의 땅이 한나라 유방의 손에 완전히 넘어갔다는 걸 깨달았다."[9]

이처럼 취향과 전통이 다른 종족들은 멀리 떨어진 땅을 스쳐 지나가든 그 땅에 잠시 머무르든 간에 서로 영향을 미치고 변화시키며, 일상의 삶을 사는 과정에서 일어난 거래와 경험—덧없는 경험이나 교훈적인 경험, 실질적인 경험이나 공상적인 경험—을 기록했다. 이리하여 둔황은 소중한 필사본을 교환하는 장소이기도 했지만, 거의 2,000년 동안 그곳을 찾아온 수도자와 순례자, 군인과 상인이 끄적거린 낙서, 공문서와 사문서, 사적인 편지와 공적인 편지, 경전과 세속적인 장부, 일상사를 기록한 공책과 의례 준칙을 담은 두루마리 등 우리가 상상할 수 있는 모든 것이 쏟아지는 곳이기도 했다. 실크로드에서 이 지역을 찾는 발길이 뜸해지고 둔황이 매력을 상실한 후에도 그곳에 살던 사람들이 남긴 잔해들은 계속 축적되었다. 그러나 모가오 굴에 감추어진 필사본들과, 둔황의 버려진 주거지에 남겨진 자투리와 조각들은 사막의 모래에 묻혀 잊혀졌다.

1900년, 헝가리에서 태어났지만 영국으로 귀화해 인도 사무국에서 일한 믿기지 않는 이름의 고고학자, 마르쿠스 아우렐리우스 스타인(나중에 마크 아우렐 스타인으로 변경하였다)은 어떤 전설적인 지역과 관련해 드문드문 들려오는 이야기에 관심을 갖게 되었다. 그는 바위와 모래뿐인 수천 킬로미터의 험난한 길을 걸어 잊혀진 성소를 찾아 나섰다. 그리고 파우사니아스의 명칭(세레스의 땅)을 받아들여, 이 탐험의 결과를 발표한 보고서 하나에 '세린디아Serindia'라는 제목을 붙였다.[10] 스타인은 세린디아를 네 번 탐험했다. 영국 정부가 뒤늦게야 약간의 지원에 나섰지만, 스타인은 자력으로 필사본과 유물로 가득한 비밀의 굴을 찾아냈다.

중국 정부의 눈에 스타인의 탐험은 대영 박물관의 전시실을 채우기 위한 무차별적인 약탈을 무마하려는 변명거리로만 보였다. 그러나 스타인은 귀중한 필사본과 예술품만이 아니라, 사막 도시들에 살던 사람들이 쓰레기로 남긴 잡다한 것들까지 수집했다. 예컨대 망가진 쥐덫, 깨진 물컵 조각, 곡물을 보존하는 방법에 대한 지침 목록, 연회에서 술에 취한 걸 겸손하게 사과하는 글, 불시(佛詩)의 초고, 납치당한 자식의 안전한 귀환을 염원하는 기도

문 등은 그의 표현을 빌리면, "보물을 찾는 사람들에는 하찮은 것일 수 있겠지만 우리에게는 더할 나위 없이 소중한 가치를 지닌 것"이었다.[11]

모든 약탈물이 탐험을 통해 발굴된 것은 아니었다. 스타인은 발굴한 것보다 훨씬 소중한 필사본 수천 권을 왕원록이란 도교 선승에게 돈을 주고 구입해 영국으로 가져갔다. 왕원록은 지방 관리들의 환심을 사려고 많은 중요한 유물들을 그들에게 선물로 준 바 있었다. 스타인이 구입한 유물들 중에는 진귀한 것이 많았다. 초창기 중국 민화, 초창기의 천문도(중국에서는 황제가 천제(天帝)로 여겨졌기 때문에 천문도는 정치 운영도이기도 했다), 세계에서 가장 오래된 인쇄본으로 알려진 금강경 등이 대표적인 예이다. 현재 대영 박물관의 보관된 이 유물들은 인류의 역사에서 가장 진귀하고 가장 소중한 수집물에 속한다.

그런데 이 수집물은 무엇을 뜻하는 것일까? 달리 말하면, 후세의 독서가를 위해 밀봉된 동굴에 신중히 보존되었던, 철학과 천문학, 신학과 정치에 관련된 위대한 작품들, 그리고 편지 조각들, 선술집이나 벽돌을 쌓아올린 임시 변소의 유적에서 발견한 목록과 낙서 등의 공통분모는 무엇일까? 모리타니의 오아시스 도시, 싱게티와 우아단의 도서관들은 관리인들에 의해 정성스레 관리되어왔다. 그들은 도서관의 유지와 관리를 조상에 대한 의무라 생각한다. 모리타니의 도서관들과 달리, 세린디아의 보물들과 그곳에 버려진 유물들은 전문가의 손에 맡겨지지 않았고, 뒤늦게 멀리에서 온 외부인의 손에 떨어지고 말았다. 우연이 그것들을 한자리에 모았지만, 사막의 모래밭에서 구원받은 유물에서는 분명한 공통점이 찾아진다. 대영 박물관의 전시실에서, 또 영국 국립 도서관의 서가에서 우리 눈앞에 보이는 유물들은 어떤 야심찬 탐험가의 전리품이나 버려진 글들을 주워 모은 수집품, 잃

八部讚經先念淨口業真言

淨口業真言　一遍

唵　修唎　修唎　摩訶修唎　修修唎　薩婆訶

奉請青除災金剛
奉請辟毒金剛
奉請黃隨求金剛
奉請白淨水金剛
奉請赤聲金剛
奉請定除厄金剛
奉請紫賢金剛
奉請大神金剛

金剛般若波羅蜜經

如是我聞一時佛在舍衛國祇樹給孤獨園與大
比丘眾千二百五十人俱尒時世尊食時著衣持

어버린 문명의 불완전한 연대기, 혹은 오늘날 제국들을 향한 경고성 이야기로 여겨질 수 있다. 그러나 스타인의 모험은 구조 활동으로 해석될 수도 있다. 이 유물들 하나하나는 다른 유물과 아무런 관계도 없이 고유한 가치와 역할을 지녔던 때가 있었다. 그러나 한곳에 모일 때 이것들은 살아남은 존재들의 도서관, 먼 옛날에 사라진 역사에서 한몫을 담당했던 주체들의 도서관이 된다.

◀ 금강경.

8장

일터

내 마음이 가는 곳에 나는 머물 것이다.
로버트 루이스 스티븐슨, 「보통 도덕군자들(Lay Morals)」

내 책의 대부분이 보관된 큰방과 내가 작업하는 작은방은 적어도 나에게
는 큰 차이가 있다. 본래 도서관으로 마련된 큰방에서 나는 읽고 싶거나 참
조해야 할 책을 골라, 자리에 앉아 읽으면서 메모를 한다. 때로는 백과사전
을 들춰보기도 한다. 그러나 작은방인 서재에는 내게 더 화급하고 더 필요
하며, 더 친밀하다고 생각하는 책들이 놓여 있다. 너덜너덜한 『포켓판 옥스
퍼드 사전Pocket Oxford Dictionary』과 두 권짜리 『소형 옥스퍼드 영어 사전Shorter
Oxford』, 충실하고 실속 있는 프랑스어 사전 『로베르Robert』, 학창 시절부터 사
용한 에스파냐어판 『소형 라루스 사전Pequeño Larousse Ilustrado』, 불경한 손이 개
정한다면서 난도질하기 전에 발간된 1962년판 『로짓의 유사어 사전Roget's
Thesaurus』, 발터 킬리의 문학 사전인 『리테라투르 렉시콘Literatur Lexicon』, 로버
트 그레이브스의 펭귄판 『그리스 신화Greek Myths』⋯⋯. 이 책들은 나의 확장
처럼 느껴진다. 언제나 팔이 닿는 거리 내에 있으면서 언제나 도움을 주는
옛 친구와도 같다. 나는 이 책들이 없는 곳에서 일해야 했던 때가 꽤 있었는

데, 그때마다 눈이 멀고 목소리를 잃어버린 기분이었다.

서재에는 언젠가부터 내 책상의 한 귀퉁이를 슬그머니 자지한 부적들도 있다. 나는 글을 쓸 때 단어가 선뜻 생각나지 않으면 무심결에 그 부적들을 만지작거리며 다음 단어를 생각한다. 르네상스 시대의 학자들은 서재에 다양한 물건들을 두는 걸 권장했다. 공간에 변화와 조화를 동시에 주는 악기와 천문 관측기구, 이상하게 생긴 돌이나 형형색색의 조개껍질 등과 같은 자연물, 독서가의 수호성자인 히에로니무스의 초상화 등이 그러한 물건이었다. 내 책상에는 브라질 콩고냐스두캄푸에서 구한 말 모양의 활석, 부다페스트에서 구한 두개골 모양으로 조각된 뼈, 쿠마이 근처 시빌의 동굴에서 구한 조약돌이 놓여 있으니, 나는 그들의 권고를 부분적으로 따르고 있는 셈이다. 내 도서관이 내 삶의 일대기라면, 내 서재는 내 정체성을 결정짓는 곳이다.

생물학적으로 생각할 때 독서가의 아종(亞種)인 작가들이 글을 쓰는 데 필요한 자료들로 에워싸여 있는 방은 그들의 몸을 지켜주고 그들의 생각에 틀을 제공해준다는 점에서, 굴이나 둥우리처럼 동물의 보금자리와 비슷하다. 작가는 책들 사이에 침대를 놓고 한 권이든 여러 권이든 원하는 대로 책과 잠자리를 함께할 수 있다. 공인된 고전을 선택할 수도 있고, 지금껏 무시된 새로운 책을 읽을 수도 있다. 쓰던 글을 마무리 짓지 않은 채 내버려두고는, 책을 아무 데나 펼치고 그곳부터 읽기 시작할 수도 있다. 밤이면 베르길리우스의 표현대로 '소리 없는 달의 애틋한 침묵 아래' 자신의 목소리가 들리도록 크게 소리내어 글을 읽을 수도 있다. 르네상스 시대의 저명한 인문주의자 과리노 베로네제의 아들로 인도주의자 스승이던 바티스타 과리노는 글을 소리내지 않고 읽어서는 안 된다며, "낮은 소리로 중얼거리듯 책을 읽어서는 안 된다. 자신의 목소리를 듣지 못하면 자기도 모르는 사이에 여러 구절을 건너뛰어 읽을 수도 있기 때문이다. 크게 소리내어 읽으면 이해하는 데 적잖은 도움이 된다. 외부의 목소리처럼 들리는 것이 우리 귀를 자극해서 정신을 집중하게 해주기 때문이다"라고 주장했다. 과리노에 따르면, 말을 하는 것은 독서가의 소화력에 도움을 준다. "말을 하면 열이 올라 피가 묽어지고, 정맥을 말끔히 씻어내고 동맥을 활짝 열어주어, 음식을 흡수해 소화하는 혈관에 불필요한 습기가 남아 있는 걸 허용하지 않기 때문이다."¹ 단어의 소화도 마찬가지이다. 나는 글을 쓰려고 도서관 뒤에 마련한 한 귀퉁이, 아무도 내 목소리를 들을 수 없는 그곳에서 가끔 크게 소리 내어 읽는다. 글을 좀 더 깊이 음미하며 이를 내 것으로 더욱 공고하게 만들고 싶어서.

개인적인 공간이 속(屬)이라면, 그 공간 내에 자리 잡은 서재는 종(種)이다. 르네상스 시대에, 글을 쓰고 싶어 하는 사람에게 서재의 소유는 교육을 받고 세련된 취향을 지녔다는 증거로 여겨졌다. 한 채의 집에서 서재는 그 어떤 방보다 고유한 비밀을 지닌 방이며, 그 비밀은 서재의 주인이 죽은 후에도 한참 동안 사라지지 않을 것으로 생각되었다.² 책과 부적, 온갖 종류의 상징과 도구로 꾸며진 독서가, 혹은 작가의 서재는 성소와도 같은 곳이다. 물론, 신을 섬기는 성소가 아니라 행위를 섬기는 성소이다. 직업에 필요한 도구들 때문에 서재는 일터로 보인다. 서재의 질서 혹은 무질서는 일반 도서관의 조건을 따르지 않는다. 개인 도서관의 조건마저도 따르지 않는다. 서재는 더 큰 구조물, 즉 도서관의 축소판이 아니다. 서재가 존재하는 목적은 다르다. 서재는 자기 성찰과 공상을 위한 실리적인 공간이다. 사물에 깃든 힘을 믿고, 사전의 권위에 의지하는 공간이다. 스위스의 역사가, 야코프부르크하르트는 르네상스를 '개인의 개성이 눈뜬 시기'라고 정의했지만,[3] 르네상스 이전에도 옛 독서가들의 서재에서 개인의 개성이 눈뜬 예는 헤아릴 수 없이 많다. 그들은 현재와 무한한 과거 세대가 대화하는 자기만의 서가를 통해 배우고 성장하며 사색하고 성찰하는 공간을 창조해냈다. 그곳은 번잡한 사교적 삶에서 벗어나는 공간이었다. 기원전 1세기 안티움의 해변가 집에 마련한 서재에 앉아 키케로는 절친한 친구 아티쿠스에게 보낸 편지에서 "날씨가 고등어 낚시를 하기에 적합하지 않으면 책과 어울려 마냥 즐겁게 지내고 있네. 안티움에 꽤 많은 책을 장만해두었거든. 때로는 파도의 수를 헤아리기도 하지"라고 썼다.[4] 또 나중에는 "책을 읽고 글을 쓰는 일은 내게 위안거리라기보다 기분 풀이에 가깝네"라고 말하기도 했다.[5]

버지니아 울프는 1929년에 발표한 수필집 『자기만의 방A Room of One's Own』에서 '여성과 픽션'에 대해 설파했다. 여기에서 울프는 글을 읽고 쓰기 위한 자기만의 방을 향한 욕구에 대해 언급하며 "작가가 자신의 경험을 하나도 빼놓지 않고 온전하게 전달하고 있다는 느낌을 얻고 싶다면 우리 마음을 활짝 열어젖혀야 합니다. 자유가 있어야 하고 평화가 있어야만 합니다"라며 "바퀴가 삐걱대는 소리가 들려서도 안 되고, 빛이 깜빡거려서도 안 됩니다. 커튼도 완전히 닫혀 있어야 합니다"라고 덧붙였다.[6] 완전히 밤 같아야 한다는 뜻이다.

유명 작가들의 작업실은 우리의 호기심을 돋우는 기념물이다. 러디어드 키플링이 미국 버몬트에 지은 집, '나울라카'와 영국 로팅딘의 집에 꾸민 서재들은 주로 여행과 공업 기술을 다룬 책들로 채워져 있어, 그가 과학 기술에 관련된 정확한 문장과 단어에 관심이 많았음을 보여준다. 브뤼셀에 있는 에라스뮈스의 방에서는 길쭉한 사방형(斜方形) 창문을 통해 들어온 빛이, 그가 즐겨 편지를 주고받던 친구들과 동료들이 보내준 책들에 어른거린다. 스위스 뇌샤텔에 있는 프리드리히 뒤렌마트의 서재는 사방이 꽉 막힌 하얀 직사각형인데, 현대식으로 깔끔하게 장정한 책들로 방을 두른 책꽂이들은 그가 자신의 소설에서 시도한 빙빙 도는 미로를 떠올려준다. 파리 보주 광장에 있는 빅토르 위고의 저택은 직물을 벽에 바르고 부드러운 카펫을 깔아, 그의 멜로드라마 원고와 을씨년스런 풍경화 스케치가 금방이라도 출몰할 듯하다. 독일 니더작센 첼레에 있는 아르노 슈미트의 작고 볼품없는 방들을 꽉 채운, 곧 쓰러질 듯한 서가들에는 낯 뜨거운 영국 소설들(예컨대 슈미트가 독일어판으로 훨씬 낫게 개작한 에드워드 불워 리턴의 소설들)이 채워져 있다. 그 안에 놓인 작은 상자들은 슈미트가 주제별로 정리한 소규모 문서 보고서로, 그가 마분지 조각에 직접 손으로 옮겨 쓴 짤막한 발췌글들로 채워져 있는데, 이것을 바탕으로 그는 대표적인 걸작들을 탄생시켰다. 그 밖에도 세계 전역에는 옛 주인의 자취를 간직한 기념물로 보존되는 작업실과 도서관이 얼마든지 있다. 옛 주인이 언제라도 그곳을 다시 찾아와 평소에 앉던 의자에 앉아 낯익은 물건을 멍하니 쓰다듬거나, 자주 펼쳐보던 책을 꺼내들고 마음에 간직한 구절이 쓰인 페이지를 펼칠 것만 같다. 버림받은 도서관들은 그곳에서 작업하던 작가들의 그림자를 떨치지 못하고, 그들을 그리워하며 괴로워하는 듯하다.

『돈키호테』를 읽는 독서가가 에스파냐 바야돌리드를 여행한다면, 미겔 데 세르반테스가 1602년부터 이 소설의 1부가 출간된 1605년까지 살았던 집을 둘러보며 관음증에 버금가는 짜릿한 기분을 맛볼 수 있을 것이다. 그 집은 멜로드라마의 무대와도 같은 곳이다. 1605년 6월 27일 밤, 가스파르 데 에스펠레타라는 사내가 집으로 돌아가던 길에, 그 집 앞에서 가면을 쓴

괴한에게 공격을 당해 치명적인 상처를 입었다. 에스펠레타는 살려달라고 소리를 질렀다. 한 이웃이 먼저 뛰어나와 곧바로 세르반테스를 불러냈고, 그 둘은 에스펠레타를 한 유명한 여인의 집에 데려다주었다. 그런데 바야돌리드 시장은 세르반테스(혹은 그의 친척들 중 하나)를 그 공격의 주범이라 생각하고, 세르반테스와 그의 가족을 투옥하라는 명령을 내렸다. 그들은 무죄를 증명한 후 며칠 뒤에 석방되었지만, 역사가들은 세르반테스와 그 사건의 관계에 대해 오랫동안 논란을 벌였다. 그 집은 그 후에 정성스레 개축되었지만, 세르반테스의 소유가 아닌 물건들로 꾸며지게 되었다. 2층에 있는 서재에서만 몇몇 유품이 세르반테스의 소유였음을 보여주고 있을 뿐이다. 그의 딸 이사벨 데 세르반테스의 유언장에 기록된 '흑단과 상아'로 된 책상은 그의 것이 아니지만, 역시 같은 유언장에 언급된 '내가 지닌 가장 큰 책상, 호두나무로 만든 책상'은 세르반테스가 사용했던 것으로 여겨진다. 또요한 성자와 성모가 그려진 두 편의 그림, 구리 화로, 서류 보관함, 그의 작품에 언급된 책들이 꽂힌 책꽂이도 세르반테스의 소유였던 것이 분명하다. 이 방에서 세르반테스는 『모범 소설집 Novelas Ejemplares』에 실린 이야기 몇 편을 썼고, 친구들과 함께 '돈키호테'의 방향을 토론했던 것으로 여겨진다.[7]

『돈키호테』의 앞부분에서, 이발사와 신부가 기사를 광기로 몰아넣었다고 추측되는 책들을 기사의 서재에서 없애버리기로 결정하자, 가정부는 "이 책들 속에 들어 있는 요술쟁이가 한 놈이라도 나타나서, 자기를 세상 밖으로 몰아내려 한다고 화가 나서 우리한테 요술을 부리면 큰일이에요"라며 서재에 먼저 성수부터 뿌려야 한다고 고집을 부린다.[8] 책을 읽지 않는 사람들이 흔히 그렇듯이, 가정부도 책의 힘을 두려워하며 펼쳐보지도 않는다. 대부분의 독서가도 '우리가 곧 넘겨줘야 하는 책에는 귀신이 들린다'라는 미신

을 쉽게 떨치지 못한다. 작가
의 서재에서 쓰인 이야기들,
책상 위에 놓인 물건들, 서가
에 꽂혀 있는 정선된 책들 등
모든 것이 메아리처럼 울리고
거울에 반사된 무엇처럼 어른
거리며 의미와 애착을 자아내
는 까닭에, 서재의 주인은 세
상을 떠난 지 오래라도 그의
일부가 벽들 사이에서 여전히
살아 있는 듯한 착각을 우리
에게 심어준다.

버몬트에 위치한 집, '나울라카'의 서재에 서 있는 러디어드 키플링.

작가가 세상을 떠나기 훨씬 전부터, 작가의 혼령과 서재의 혼령이 뒤섞이
는 경우도 적지 않다. 호르헤 루이스 보르헤스는 1986년 제네바에서 죽음
을 맞았지만, 그전까지 오랫동안 부에노스아이레스에서 책들과 함께 살았
다. 그러나 50대 초반에 시력을 잃으면서 책을 읽을 수 없는 처지가 되었다.
그의 작은 아파트는 산 마르틴 광장 모퉁이 부근에 위치한 평범한 건물 6층
에 있었다. 문은 항상 가정부 파니가 열어주었다. 손님들은 파니의 안내를
받아 작은 현관을 들어선 후에, 커튼이 드리워진 복도를 지나 응접실로 들
어갔다. 어두컴컴한 현관에는, 보르헤스의 표현을 빌리면, '산책을 위해 집히
기를 끈질기게 기다리는' 서너 개의 지팡이가 세워져 있었다. 손님들이 응접
실에 들어오면, 보르헤스는 그들을 반갑게 맞으며 수줍고 힘없는 악수를 나

누었다. 오른쪽의 식당에는 레이스 천이 덮인 식탁에 등받이가 직각인 의자 넷이 놓여 있었고, 왼쪽의 창문 아래에는 해진 소파 하나와 두세 개의 안락의자가 있었다. 보르헤스는 소파에 앉으며, 손님에게는 안락의자에 앉으라고 권했다. 그가 앞이 보이지 않는 눈으로 허공의 한 점을 응시하며 말하면, 천식성 목소리가 그의 일상적 삶에 익숙한 것들로 가득한 방에 울려 퍼졌다. 그가 항상 사용하던 은색 머그잔과 할아버지에게 물려받은 마테 찻잔이 놓인 작은 테이블, 어머니가 처음 영성체를 받을 때 사용했다는 작은 책상, 붙박이장처럼 벽에 설치된 하얀 책꽂이 둘과 거기에 꽂힌 백과사전들, 검은 목재로 만든 나지막한 책장 둘 이외에, 그의 누이 노라 보르헤스가 수태고지를 묘사한 그림과 어딘지 모를 원형의 폐허지를 표현한 피라네시의 판화가 벽에 걸려 있었다. 짧은 복도 왼쪽 끝에는 어머니 침실과 그의 침실이 있었다. 어머니 침실은 오래된 사진들로 가득했는데, 그의 침실은 수도자의 그것만큼이나 소박해 철제 침대와 책장 둘과 의자 하나가 전부였다. 침실 벽에는 스위스 주들의 문장(紋章)이 새겨진 목판과 알브레히트 뒤러의 판화 〈기사와 죽음과 악마〉가 걸려 있었다. 보르헤스가 아름다운 소네트로 찬양하기도 했던 판화였다.

보르헤스가 우주를 책이라 칭하고 낙원이 '도서관의 형태'를 띨 것이라 말했다는 사실을 머릿속에 그리며,[9] 손님들은 책들로 가득한 공간, 책들로 넘치는 서가, 발 디딜 틈 없이 현관부터 막고 있을 인쇄물 더미, 예컨대 잉크와 종이의 정글을 기대했을 것이다. 그러나 그들은 책이 반듯하게 정돈된 아담한 아파트를 보았을 뿐이다. 보르헤스가 50대 중반일 때 당시 새파란 젊은 작가이던 마리오 바르가스요사가 찾아와서는 보르헤스에게 책으로 넘치는 화려한 집에서 살지 않는 이유가 뭐냐고 물었다. 그런 지적에 보르헤스는 화를 내며 그 철없는 페루 작가에게 "리마에서는 작가들이 그렇게 살지 모르지만, 여기 부에노스아이레스 작가들은 요란스럽게 구는 걸 좋아하지 않는다네"라고 따끔하게 말했다.

그러나 작은 책장들은 보르헤스의 자랑거리였다. 언젠가 그는 내게 "자네에게 비밀 하나를 말해주지. 나는 맹인이 아닌 척하며 눈이 보이는 사람처럼 책을 탐낸다네. 새로 출간된 백과사전도 당연히 탐나지. 백과사전의 지도에 그려진 강을 따라 내려가, 이런저런 항목에서 재밌는 글을 찾아내는 상상도 해본다네"라고 말했다. 그는 어렸을 때 아버지와 함께 국립 도서관에 갔지만 너무 수줍음을 타서 사서에게 책을 부탁하지 못하고, 개가식 서고에서 브리태니커 백과사전 중 하나를 집어 들고 아무 항목이나 펼쳐 눈이 빠져라 읽던 때를 즐겨 이야기했다. De부터 Dr까지 다룬 백과사전을 집어, 고대 켈트 족의 신앙인 드루이드교, 시리아와 레바논의 이슬람교 광신자인 드루즈파, 영국 시인 존 드라이든에 대해 알게 되는 행운을 누리기도 했다.[10] 그 때문인지 그는 알파벳 순서대로 정리된 백과사전의 행운을 믿는 습관을 결코 버리지 않아 가르찬티Garzanti 백과사전, 브록하우스Brockhaus 백과사전, 브리태니커 백과사전, 에스파사 칼페Espasa-Calpe 백과사전을 방문객에게 소리내어 읽도록 하며 많은 시간을 보냈다. 그러다 특별히 흥미로운 정보를 듣게 되면, 책 읽어주는 사람에게 그 부분을 쪽수와 함께 책의 뒷면에 기록해달라고 부탁하곤 했다.

거실의 나지막한 책장 둘에는 로버트 루이스 스티븐슨, 길버트 키스 체스터턴, 헨리 제임스, 러디어드 키플링의 책들 및 존 윌리엄 던의 『시간 실험An Experiment with Time』, H. G. 웰스의 과학 소설들, 윌리엄 윌키 콜린스의 『문스톤Moonstone』, 노란 마분지에 제본된 에사 드 케이로스의 소설들, 19세기 아르헨티나 작가들의 책들이 있었다. 제임스 조이스의 『율리시스Ulysses』와 『피네건의 경야Finnegans Wake』, 프랑스 소설가 마르셀 슈보브의 『상상적 생활 Vies Imaginaries』, 존 딕슨 카, 밀워드 케네디, 리처드 헐의 탐정 소설들, 마크 트웨인의 『미시시피 강의 생활Life on the Mississippi』, 아널드 베넷의 『생매장Buried Alive』, 아름다운 목판화로 삽화를 더해 문고판으로 출간된 데이비드 가넷의 『여우가 된 부인Lady into Fox』과 『동물원의 남자A Man in the Zoo』, 오스발트 슈펭글러의 『서구의 몰락Der Untergang des Abendlandes』, 에드워드 기번의 『로마제국 쇠망사Decline and Fall』, 에마누엘 스베덴보리와 아르투르 쇼펜하우어의 저서들을 비롯한 수학과 철학 서적들, 그리고 그가 무척 좋아하던 프리츠 마우트너의 『철학 사전Wörterbuch der Philosophie』도 있었다. 일부는 보르헤스가 청소년기부터 보물처럼 간직한 책들이었고, 영어와 독일어로 된 책들은 대부분 부에노스아이레스의 서점들—그러나 지금은 모두 사라진 미첼 서점, 로드리게스 서점, 피그말리온 서점에서 구입한 것이었다.

　침실의 두 책장 중 하나에는 시집들과 라틴아메리카에서 발간된 영국 및 아이슬란드 문학 전집이 있었다. 또 보르헤스가 "내가 아슬람이나 보르헤스가 되기 전, 노섬브리아와 머시아의 시대에 이제는 먼지로 변해버린 입술로 내뱉었던 거칠고 어려운 단어들"이라 칭했던 것들을 연구하는 데 필요했던 책들도 그 책장에 있었다.[11] 예컨대 영국의 민족학자 월터 윌리엄 스키트의 『영어 어원 사전Etymological Dictionary』, 고대 영어로 쓰인 영웅시 『몰던 전투The Battle of Maldon』의 주석판, 리하르트 마이어의 『고대 독일 종교사 Altgermanische Religionsgeschichte』가 이에 속했다. 다른 책장에는 아르헨티나 시인 엔리케 반츠, 하인리히 하이네, 후안 데 라 크루스의 시집들, 그리고 단테에 대한 연구서들이 꽂혀 있었다. 이상하게도 그의 서가에는 마르셀 프루스트, 라신, 괴테의 『파우스트Faust』, 밀턴, 그리스 비극들은 없었다(그가 자신의 글에서 그 책들을 언급했으니 틀림없이 읽었을 텐데도 불구하고).

그가 쓴 책들도 없었다. 그는 자신의 책의 초판본을 보고 싶어 하는 손님들에게, '완전히 잊어도 좋을' 이름이 인쇄된 책은 한 권도 지니고 있지 않다고 당당하게 말했다. 그에게 그 책들이 필요하지 않은 것은 사실이었다. 그는 기억하지 못하는 척했지만, 수십 년 전에 쓴 시까지 완벽하게 암송할 수 있었고, 때로는 기왕에 쓴 글들을 기억에서 수정하고 고쳐 말해 손님들을 놀라게 하기도 했다. 그가 세상을 떠난 직후, 미망인 마리아 코다마는 보르헤스의 이름을 내건 부에노스아이레스의 한 재단에 대다수의 책을 기증했다. 따라서 간혹 그의 이름을 기리기 위해 열리는 전시회에서 그런 책들을 구경할 수 있다. 주변에 아무것도 없이 썰렁하게 유리상자 안에 펼쳐져 공경받기는 하지만 누구에게도 읽히지 않는 책들, 다시 말해 그가 세상을 떠난 후 집에서 떨어져 나와 단어의 전달자가 아니라 장례용품으로 전락해버린 책들은, 죽으면서 식솔들을 무덤까지 데려갔던 옛 왕들의 배우자와 하인들과 똑같은 운명에 처한 듯하다.

서재는 그 주인, 즉 그곳을 독점적으로 사용하던 독서가에게 '에우테미아euthymia'를 준다. 세네카는 에우테미아가 '영혼의 행복'을 뜻하는 그리스어라고 설명하며, '트란킬리타스tranquillitas(평온)'로 번역했다.[12] 모든 서재는 궁극적으로 에우테미아를 갈망한다. 에우테미아는 방해받지 않는 기억이며, 글을 읽는 시간의 편안함이다. 요컨대 공동체원과 함께하는 날에도 갖는 혼자만의 시간으로, 우리가 책을 읽는 사적인 공간에서 추구하는 것이다. 윌리엄 블레이크는 말한다.

사탄도 찾아내지 못하고, 사탄의 감사원들도 찾아내지 못하는

순간이 매일 있다. 그러나 부지런한 사람들은

그 순간을 찾아내 배가하리라. 그 순간을 찾아내고

적절히 사용한다면 하루의 그 순간은 매일 새로워지리라.[13]

우리는 주로 개인적인 순간에 에우테미아를 추구하지만, 때로는 공공 도서관이라는 공공의 공간에서도 에우테미아를 맛볼 수 있다. 15세기 카이로의 맘무크 왕조 시대에는 자기만의 공간에서 연구하는 학자들도 있었지만, 경제적으로 여유롭지 못한 사람들은 학교와 모스크에 부속된 공공 도서관을 주로 이용했다. 그들은 책을 살 만한 경제적 여력이 없어 도서관의 책을 이용하거나, 도서관에서 원하는 책을 옮겨 써서 자기만의 것으로 삼아 암송하거나 여유를 갖고 연구했다. 13세기의 학자 이븐자마아는 학생들에게 가능하면 책을 구입하라고 충고했지만, 책을 서가에 꽂아두기만 하는 것보다 책의 내용을 마음에 새기는 것이 더 중요하다고 말했다. 글을 옮겨 쓰면 암기하는 데에 도움이 되고, 따라서 잉크와 종이로 된 도서관에 버금가는 도서관을 머릿속에 지니는 셈이므로 "학생들은 항상 잉크병을 갖고 다니며, 주변에서 듣는 유익한 말을 기록하려 애써야 한다"라고도 조언했다.[14] "암기된 것은 잊혀지고, 쓰인 것은 남기 때문에", 글로 쓰인 문헌이 암기된 글을 떠받쳐준다고 생각한 것이다.[15] 이븐자마아는 암기 기법이 건축 기법과 비슷하다고 생각했다. 암기를 습관화함으로써 독서가가 자기 취향에 맞게 자기만의 궁전을 지어 수집한 보물들로 꾸밀 수 있을 뿐 아니라, 신중하게 선택한 글들을 자기 것으로 삼을 수 있다고 생각했기 때문이다. 책을 암기하는 능력을 향상하기 위해서는 이쑤시개를 사용하고 하루에 21개의 건포

도와 꿀을 섭취하는 게 좋은 반면, 미나리과(科) 식물인 고수와 가지는 해롭다는 게 일반적인 정설이었다. 한편 이븐자마아는 "무덤의 비문을 읽거나, 줄지어 늘어선 낙타들 사이를 걷거나, 손가락으로 이를 튕기지 말라"고 충고했다.[16] 그런 행위들은 기억력에 나쁜 영향을 준다는 이유였다.

15세기 말, 니콜로 마키아벨리는 가장 좋아하는 책들로 기억력을 훈련하기 위해서 주로 밤에 서재에서 책을 읽었다. 독서가와 책의 관계를 가장 명확하게 결정해주는 특징인 친밀감과 여유로운 생각을 보다 잘 즐길 수 있는 때가 밤이라고 생각했기 때문이었다. 마키아벨리는 이렇게 말했다. "저녁이 되면 나는 집으로 돌아가 서재에 들어간다. 문간에서 낮에 일하면서 먼지를 뒤집어쓴 땀에 젖은 옷을 벗고, 궁전복으로 갈아입는다. 그 장중한 옷을 입고 나는 옛 현인들을 배알한다. 그들은 나를 반갑게 맞아준다. 그곳에서 나는 나만을 위해 차려진 음식을 맛본다. 그리고 그들에게 대담하게 말을 걸어 그들이 특정 방식으로 행동한 이유에 대해 묻는다. 그러면 그들은 내게 친절하게 대답해준다. 약 4시간 동안, 나는 세상을 잊고 고민거리를 기억하지 않으며, 가난을 두려워하지 않고 죽음에도 떨지 않는다. 나는 그렇게 글의 세계에 파묻힌다."[17]

9장

정신

심령적인 현상과 영혼의 움직임에 구체적인 형상을 주기 위해서 …….
아비 바르부르크, 「선집(Ausgewählte Schriften)」

마키아벨리처럼 나도 밤이면 책들 틈에 끼어 앉는다. 글은 주로 아침에 쓰지만, 독서등에서 흘러나온 빛의 삼각형이 도서관의 책꽂이들을 둘로 가라놓는 밤에는 무거운 침묵을 즐기며 책을 읽는다. 위쪽에 꽂힌 책들은 어둠 속에 사라지고, 아래쪽에 꽂힌 책들은 빛에 반짝이는 특권을 누린다. 이런 인위적인 구분은 어떤 책에는 빛을 주고 어떤 책은 어둠에 몰아넣지만, 순전히 내 기억에만 의존하는 또 다른 질서까지 이겨낼 수는 없다. 내 도서관에는 도서 목록이 없다. 하지만 한 권 한 권을 내 손으로 서가에 꽂았기 때문에 도서관의 구조만 떠올리면 모든 책의 위치를 어렴풋이나마 기억할 수 있다. 따라서 빛과 어둠은 내가 책을 찾는 데 별다른 영향을 미치지 않는다. 머릿속에 기억된 순서는 내 안에 심겨진 패턴으로, 도서관의 형태와 구분을 따른다. 점성가가 별들의 위치로 이런저런 이야기를 만들어내는 것과 크게 다르지 않다. 내 도서관은 내 머릿속에 담긴 배치를 나타낸다. 서가의 의도적이지만 임의적인 순서, 주제의 선택, 책 한 권 한 권에 대한 사사로

알비의 생트 세실 성당에 있는 프레스코 벽화 <최후의 심판>.

운 역사, 페이지들 사이에 남겨진 어떤 시대와 장소에 대한 흔적들……. 이 모든 것이 특정한 독서가를 가리킨다. 관찰력이 뛰어난 사람이면 에스파냐의 시인 블라스 데 오테로의 너덜너덜한 시집, 로버트 루이스 스티븐슨이 쓴 책들의 수, 탐정 소설에 할애된 널찍한 공간, 문학 이론에는 인색한 공간, 플라톤의 저서는 많지만 아리스토텔레스의 저서는 별로 없는 점 등에서 내가 어떤 사람인지 어렵지 않게 짐작할 수 있을 것이다. 이런 점에서 모든 도서관은 자서전적 성격을 띤다고 말할 수 있다.

프랑스 남부 알비에 있는 생트 세실 성당에는 '최후의 심판' 장면을 묘사한 15세기 말의 프레스코 벽화가 있다. 벽화의 윗부분에는 두루마리가 펼쳐져 있고, 그 아래에서는 되살아난 영혼들이 각자의 숙명을 향해 다가간다. 모두가 발가벗은 모습이고, 엄숙한 표정으로 가슴 언저리에 책을 펼치고 있다. 이 부활한 독서가들은 생명의 책에서 각자에 관련된 부분을 나누어받아 펼치고 있다.[1] 요한계시록에 쓰인 대로 죽은 사람들이 "책들에 기록된 대로 심판"을 받는 듯한 모습이다.[2] 이런 생각은 오늘날에도 여전히 유효하다. 우리가 소장한 책은 좋은 방향으로든 나쁜 방향으로든 우리가 어떤 사람인지 말해주는 증인이다. 우리가 소장한 책은 생명의 책에서 우리에 대해 할애된 부분이다. 따라서 우리 자신과도 같은 책에 의해서 우리는 심판받는다.

도서관이 그 주인의 면면을 반영한다는 사실은 서가에 꽂힌 책들의 제목만이 아니라, 그런 책들에서 연상되는 관계망에서도 확인된다. 우리는 어떤 경험을 발판으로 삼아 새로운 경험을 하고, 어떤 기억을 근거로 다른 것을 기억한다. 또 우리는 어떤 책에 영향을 받아 우리만의 책을 장만한다. 달리 말하면, 다른 책들에 영향을 받아 우리가 책을 구입하는 방향이 달라진다. 따라서 문학 사전을 제외하면 책들을 구입한 역사까지 어렴풋이 그려진다. 어쨌든 이제 나는 이런 모든 관계망을 완전하게 추적할 수 없고, 얼마나 많은 책이 서로 관련 있는지 기억하지도 못하고 알지도 못한다. 가령 캐나다 작가 마거릿 로런스의 아프리카 이야기들은 내 기억에서 이사크 디네센의 『아웃 오브 아프리카Out of Africa』를 떠올려주고, 이 소설은 다시 그녀의 『일곱 개의 고딕 소설Seven Gothic Tales』을 생각나게 해주며, 이 소설은 내게 디네센의 작품을 처음 소개해주었던 아르헨티나의 작가 겸 영화 제작자인 에드가르도 코자린스키와 보르헤스를 다룬 그의 책과 영화를 떠올려주고, 더 나아가면 로즈 매콜리의 소설까지 연결된다. 오래전 어느 날 오후 부에노스아이레스에서 코자린스키와 내가 소설들에 대해 이야기를 나누며, 상대가 매콜리를 안다는 것에 서로 놀란 기억이 있기 때문이다. 이처럼 한 방향으로 생각을 끌고 가면, 그 복잡한 망에서 다른 끈들을 잃기 마련이어서, 오비디우스의 『슬픔Tristia』부터 고향인 에스파냐에서 쫓겨나 북아프리카로 추방당한 아브드 알라만의 시까지 거의 무한한 거리를 거미처럼 이어갈 수 있을지 걱정된다. 이런 관계는 우연으로 치부할 문제가 아니다. 책들은 읽혀지는 순서에 따라 변한다. 『킴Kim』을 읽은 후에 읽는 『돈키호테』는 『허클베리 핀의 모험Huckleberry Finn』을 읽은 후에 읽는 『돈키호테』와 분명히 다르다. 여행과 우정과 모험에 대한 생각이 먼저 읽은 책에 어느 정도 영향을 받기 때문이다. 따라서 이런 만화경 같은 책들은 끊임없이 변해서, 다시 읽을 때마다 새롭고 다른 느낌을 안겨준다. 모든 도서관이 우리 마음처럼 자신의 모습을 비추며 매번 새로운 모습으로 끊임없이 변하기 때문에 고정된 도서관은 궁극적으로 기대하기 힘들다. 그러나 알찬 책들로 가득한 물리적인 도서관에 적용되는 엄격함이 정신의 도서관까지 옭아매지는 않는다.

이처럼 정신적으로 유동적인 도서관이 드문 것은 아니다. 이슬람계 도서관이 대표적인 예이다. 코란이 먼 옛날에 쓰이긴 했지만, 가장 오래된 아랍 문헌은 오랫동안 순전히 독서가의 기억에 의존했다. 예컨대 위대한 시인 아부 누와스가 815년 세상을 떠난 후에 그의 작품은 한 편도 글로 발견되지 않았다. 아부 누와스가 모든 시를 머릿속으로 외웠다는 뜻이었다. 따라서 필경사들은 위대한 시인의 시를 종이에 남기기 위해서, 그의 시를 들었던 사람들의 기억에 의존하는 수밖에 없었다. 기억의 정확성이 당연히 무척 중요하게 여겨졌고, 이슬람의 중세 시대에는 혼자만의 서재에서 책을 읽는 것보다 크게 소리 내어 읽고 들음으로써 책을 기억하는 게 낫다고 생각되었다. 그래야 텍스트가 눈을 통해서만이 아니라 정신을 통해 몸에 들어온다고 믿었기 때문이다. 작가들도 자신의 작품을 직접 쓰지 않고 조수에게 받아쓰게 했으며, 학생들도 선생이 크게 읽어주는 텍스트를 듣거나 자신이 선생 앞에서 읽는 식으로 배웠다. 이슬람 세계에서는 구전(口傳)만이 진정으로 적법한 것이라 믿었기 때문에, 기억이 가장 큰 도서관이라 여겨졌다(하지만 필사본이나 책이 학교와 모스크에 소중하게 보관되고 있었기 때문에 그런 물리적 형태가 없었던 것은 아니다).³ '도서관'과 '기억'은 어느 정도까지는 동의어였다.

그러나 아무리 꼼꼼하게 책을 읽더라도 기억된 텍스트는 변하기 마련이다. 텍스트는 조각나거나 크게 줄어들고, 때로는 한없이 길어지기도 한다. 내 정신의 도서관에서 셰익스피어의 『폭풍우The Tempest』는 영원히 잊지 못할 몇 구절로 줄어든 반면에, 멕시코 소설가 후안 룰포의 『뻬드로 빠라모Pedro Páramo』처럼 짤막한 소설은 내가 머릿속에 그리는 멕시코의 풍경 전체를 차지한다. 또 조지 오웰의 수필「코끼리를 쏘다Shooting an Elephant」에서는 두 문장이 내 기억에서 확대되어 종이에 인쇄된 예닐곱 페이지의 원문 전체가 머릿속에 보이는 듯하다. 반면에 지루하도록 긴 중세의 연애 소설『까맣게 타버린 가슴The Devoured Heart』은 제목만 겨우 기억할 수 있을 뿐이다.

내 서가를 채운 물리적인 도서관이나, 변덕스런 기억의 도서관이나 오랫동안 절대적인 힘을 유지하지는 못한다. 시간이 지나면서 두 도서관은 뒤섞이며 미로처럼 변한다. 그러나 심리학 용어로 '기억의 집착(어떤 생각이 거짓으로 판명된 후에도 진실로 믿으려는 정신적인 현상)'이라 불리는 일 때문에 자주 정신의 도서관이 종이와 잉크로 된 물리적인 도서관을 압도한다.

이처럼 변덕스럽고 연상에 의존한 듯한 도서관은 사전 정보가 없는 관찰자의 눈에는 책을 닥치는 대로 꽂아놓은 듯 보이지만, 실제로는 자기만의 논리적인 원칙에 따라 도서관을 얼마든지 정리할 수 있다. 내가 아는 한 적어도 그런 도서관이 과거에 하나 있었다.

독일 철학자 에른스트 카시러는 함부르크 대학교 철학 교수로 임명받은 지 얼마 되지 않아 기념비적인 걸작 『상징 형식의 철학Philosophy of Symbolic Forms』의 첫 권을 쓰고 있었다. 1920년 어느 날, 그는 바르부르크 도서관을 방문해달라는 요청을 받았다. 아비 바르부르크가 30년 전에 설립한 그곳은 당시에 무척 유명한 도서관이었다. 바르부르크의 우주관에 따라, 이 도서관에서는 철학과 천성학, 주술과 민속 신앙이 나란히 배치되었다. 또 예술 개론서들은 문학과 종교 서적들의 옆에 정리되었다. 한편 언어에 관한 입문서들의 옆에는 신학과 시학과 예술 관련 서적들이 놓였다. 카시러는 부관장 프리츠 작슬의 안내를 받아 도서관을 둘러본 후, "다시는 이 도서관에 오지 않겠습니다. 이 미로에 다시 들어가면 길을 헤매고 말 겁니다"라고 그에게 말했다.[4]

몇 년 후, 카시러는 당시의 혼란스러웠던 마음을 설명하며 "바르부르크 도서관은 책을 모아놓은 곳이 아니라 문제점의 소굴이었다. 내게 그런 당혹스런 기분을 안겨준 것은 주제 분류가 아니라, 도서관을 정리하는 원칙이었다. 그 원칙에 비하면 주제의 확장은 아무것도 아니었다. 예컨대 예술의 역사, 종교와 신화의 역사, 언어학과 문화의 역사가 나란히 배치되었을 뿐 아니라 서로 긴밀하게 연결되기도 했다. 결국에는 모든 주제가 하나의 이상적인 공간에 연결되었다"라고 말했다.[5] 아비 바르부르크가 1929년 세상을 떠난 후, 카시러는 타원형인 벽을 따라 정리된 도서관 열람실의 서가를 '마법사의 호흡'에 비유했다. 바르부르크가 자신의 복잡한 사고 구조에 따라 정

리한 책들이 카시러의 눈에는 프로
스페로스(셰익스피어의 희곡 『폭풍우』
의 주인공으로 마법의 책을 통해 마법을
쓴다_옮긴이)의 책처럼 보였던 것이다.

아비 바르부르크는 1866년 6월 13
일 함부르크에서 유대인 은행가의
장남으로 태어났다. 사진을 보면 조
그맣고 내성적인 사람이었던 것 같지
만, 검은 눈동자는 무척 인상적이다.
그는 언젠가 재미삼아 상상해서 작
성한 질문서에서 자신을 '때로는 사

▲ 책을 읽는 아비 바르부르크.

투리를 사용하는 검은 콧수염을 기른 작은 신사'라고 정의했다.[6] 그는 유대
교의 정통적 관습과 가족의 은행 사업을 물려받으라는 아버지의 요구에 적
응하지 못하고 오랫동안 불안증과 우울증에 시달렸다. 그리고 결국 책을 통
해 세상을 경험하는 데서 위안을 찾기 시작했고, 그리스와 로마의 초기 철
학, 르네상스 문화, 아메리카 원주민 문명 및 불교에 심취하게 되었다. 하지
만 한 학문이나 한 학파의 사상을 받아들이지 않고, 모든 면에서 절충주의
적인 관점을 취했다.

책과 이미지를 향한 그의 열정은 어린 시절부터 시작되었다. 그의 기억에
따르면, 여섯 살쯤에 발자크의 『결혼 생활의 작은 불행들』Petites misères de la vie
conjugale』에 실린 삽화들을 보고 지적인 삶을 향해 첫 발을 내디뎠던 듯하다.
『결혼 생활의 작은 불행들』은 눈물짓는 여자들과 화를 내는 남자들, 찡찡

거리는 아이들, 이를 재밌어 하는 하인들이 결혼한 부르주아 계급의 불행에 대해 멜로드라마 식으로 이야기하는, 가족의 삶을 묘사한 소설이었다. 그 후로 바르부르크는 그런 소설을 읽는 재미에 푹 빠졌는데, 책 속의 이야기가 꿈에도 나타날 정도였다. 2년 후에는 '아메리카 원주민에 대한 이야기'를 다룬 책들을 탐독하기 시작했다. 그는 당시를 회고하며 "그 책들에 담긴 모험들을 통해, 내가 어찌해볼 수 없는 우울한 현실에서 탈출할 수 있었다"라고 말했다. 분노와 좌절감과 같은, 그의 표현을 빌리면 '고통의 감정'을 겉으로 드러낼 수 없었던 바르부르크는 "낭만적인 잔혹성을 묘사한 소설들에서 탈출구를 찾았다. 그런 이야기는 그에게 현실의 잔혹성을 견디게 해준 예방주사였던 셈이다."**7** 형제자매의 증언에 따르면, 그는 언제나 책에 둘러싸여 지냈고, 눈에 띄는 것이면 작은 종이쪽지까지 읽었다. 심지어 족보까지 처음부터 끝까지 읽었다.

바르부르크는 책을 읽는 데만 욕심을 부리지 않고 책을 수집하는 데도 심혈을 기울였다. 열세 번째 생일을 맞았을 때 가족의 종교만이 아니라 아버지의 직업까지도 따르지 않기로 결심한 바르부르크는 동생 막스에게 장자권을 양도했다. 그는 장자로서 가족의 기업에서 일하는 특권을 양도하는 대신에, 그가 원하는 모든 책을 사달라고 제안했다. 당시 열두 살이던 막스는 형의 제안을 받아들였다. 그때부터 약속을 지킨 막스의 넉넉한 지원으로 구입한 많은 책들이 바르부르크 도서관의 밑바탕이 되었다.

책을 수집하는 바르부르크의 열정은 결코 무원칙하지 않았다. 초기부터 그의 독서 방향은 상당히 구체적이고 분명했다. 실제로 대부분의 사람이 과거를 돌이켜보고는, 처음에 읽던 책들이 나중에야 명확해진 관심사와 어렴풋이 관계가 있다는 걸 확인하고는 놀란다. 바르부르크는 스무 살에 본 대학교에 입학해서 처음으로 고트홀트 에프라임 레싱의 『라오콘: 미술과 문학의 경계에 관하여Laokoon』를 읽고서야, 자신이 어린 시절에 책을 읽으면서 느낀 감정을 그런대로 이해할 수 있었다.[8] 괴테도 거의 60년 전에 "레싱의 『라오콘』은 우리를 수동적인 사색에서 떼어놓고 자유로운 사고의 세계에 들어가게 해주었다. 따라서 『라오콘』이 우리에게 미친 영향을 이해하려면 젊어야만 한다. 회화와 시문학의 정점이 우리에게 완전히 달라 보여도 실상 그 근원은 무척 비슷하다는 근거하에 그 둘의 미학을 비교하던 고전적인 방식은 『라오콘』의 발표로 인해 잘못된 것이라 판명되며 단숨에 무너지고 말았다"고 말한 바 있었다.[9] 레싱의 고전적인 논문을 통해 젊은 바르부르크는 이미지와 글이란 다른 창조적 시스템을 탐구하려는 논증의 힘임을 깨달았고, 특히 각 세대가 고유한 상징 기호와 의미를 짝지어주는 전통적인 면을 나름의 이유로 되살린다는 생각에 고개를 끄덕였다. 그리고 그는 훗날 그런 전통적인 면을 '옛것의 생존, 순전히 역사적인 성격을 띤 문제'라고 칭했다.[10] 그 이후로 바르부르크는 무척 오래된 상징 기호들이 어떻게 다른 시대에 되살아나고, 그렇게 되살아난 기호들이 어떻게 서로 관계를 맺고 영향을 미치는가에 대해 연구하기 시작했다. 이런 지적 탐구에서 가장 핵심적인 단어는 '조화 가능성', 즉 연상을 통한 경험이었다.[11] 따라서 그가 평론가 에발트 헤링에게서 차용한 정의로 자신의 도서관을 설명한 것도 조금도 놀랍지 않다. 바르부르크에게 그의 도서관은 기억, 그러나 '유기체로서의 기억'이었다.[12]

바르부르크는 청소년기부터 책을 모으기 시작했다. 1909년 함부르크 하일비크 슈트라세의 새집으로 그때까지 모은 책을 옮겼을 때도 자기만을 위한 개인적인 도서관이었기 때문에 아주 독특한 분류 체계에 따라 책들이 정리되었다. 18세기 말과 19세기 초에 독일에서는 도서관을 정리하는 최적의 방법에 대한 논쟁이 뜨겁게 벌어졌다. 독서가를 한 분야에서 다른 분야로 차근차근 인도하기 위해서 주제를 계층적으로 분류해야 한다고 주장하는 쪽과, 보유한 서적의 규모와 구입 날짜를 바탕으로 정리해야 한다고 주장하는 쪽이 팽팽하게 다투었다(덧붙여 말하면, 후자는 중세의 일부 도서관에서 이용해 성공한 분류법이었다).[13] 바르부르크에게는 어느 쪽도 만족스럽지 않았다. 그가 원하는 유동성과 유기성은 주제별 분류와 연대기적 분류에서 얻을 수 없었다. 프리츠 작슬은 1943년에 발표한 논문을 통해 책의 생산이 급증하는 시대를 맞아 '마음대로 골라서 읽는, 학술적으로 훨씬 친숙한 방법'을 급속히 대체하고 있는 그런 기계적인 분류법에 대해 바르부르크가 어떻게 생각했는지 자세히 말해주었다. 작슬에 따르면, "바르부르크는 기계적 분류법을 위험하다고 생각하며……'좋은 이웃 법칙'에 대해 언급했다." 그에 따르면, 일반적으로 우리 귀에 익은 책은 당장에 화급한 책이 아니었다. 오히려 잘 알려지지 않은 책에 소중한 정보가 담겨 있지만, 제목만으로는 그런 사실을 짐작하기 힘들다. 따라서 "어떤 책이나 크고 작은 정보를 담고 있고 이웃에 놓인 책을 보완해주기 때문에 관련된 책을 한꺼번에 모아놓으면 학생들이 제목만으로도 인간 정신의 근본적인 힘과 역사를 인식하는 데 도움을 받을 수 있을 것이라고 바르부르크는 생각했다. 따라서 그에게 책은 단순히 연구·조사를 위한 도구가 아니었다. 관련된 것끼리 모아놓고 분류된 책들은 인간의 정신에서 변하지 않는 부분과 변하는 부분을 보여주는 것이었다."[14]

책만이 그런 것은 아니었다. 바르부르크는 이미지에 대한 뛰어난 기억력을 바탕으로 그림들의 복잡한 관련성을 맞추고 확대해서 단편적인 논문을 쓰기도 했다. 또한 골동품 목록을 살펴볼 때는 작은 카드에 눈길을 끄는 책이나 그림의 제목을 적고, 그의 표현대로 '걸쭉한 장어죽' 식으로 얽히고설킨 해석을 덧붙였다.[15] 그렇게 작성된 카드들은 복잡하면서도 가변적인 분류 방법에 따라 별도의 상자들에 정리되었다. 바르부르크를 아는 사람들은 '본능'을 거론하며, 당시 그가 일반적으로 분류되던 주제에 구애받지 않고 그의 관심을 끄는 중요한 서적들을 본능적으로 정리했다고 말한다. 달리 말하면, 그는 특정한 시기에 추구하던 생각의 흐름을 따라 서가에 꽂힌 책들을 본능적으로 (끊임없이) 재정리했다. 바르부르크가 생각하던 도서관은 연상의 집적(集積), 그 자체였다. 새로운 이미지나 텍스트가 무엇인가를 연상하도록 유도함으로써 결국 독서가를 출발점으로 되돌아가게 한다는 것이었다. 따라서 바르부르크에게 모든 도서관은 순환적이었다.

바르부르크는 열람실을 타원형으로 꾸민 자신의 도서관('바르부르크 문화과학 도서관')을 그리스 신화에 등장하는 기억의 여신이자 뮤즈 신들의 어머니인 므네모시네에게 헌정했다. 또한 인류의 역사는 개별적인 것이 아니라 일반적인 것이어서, 사회적 기억으로 새겨진 과거의 경험들을 글과 그림으로 표현하기 위한 끊임없는 시도가 이루어진다고 생각했다. 그 세대의 많은 학자와 마찬가지로, 바르부르크도 감정의 생리학적 이론을 제창한 독일 신경학자 리하르트 제몬의 이론에서 큰 영향을 받았다.[16] 제몬의 이론에 따르면, 기억은 살아 있는 물질과 죽은 물질을 구분하는 기준이다. 살아 있는 물질에 영향을 미치는 사건은 필연적으로 어떤 흔적(제몬은 이것을 '엔그램engram'이라 칭했다)을 남기고, 우리가 그 사건을 기억할 때 그 흔적은 활성화된다. 바르부르크의 생각에 이런 엔그램은 모든 문화의 중심에 살아 있는 순수한 상징이었다. 따라서 르네상스나 계몽시대 등 특정 시기가 이런 상징들 중 일부에 영향을 받고, 그런 상징들이 그 시대 문화와 예술의 형태와 양식을 구체화하는 이유에 대해 관심을 갖기 시작했다. 이런 활성화된 기억은 잊혀지지 않는 힘을 지니기 때문에, 바르부르크는 이런 기억을 '성인을 위한 유령 이야기'라 칭했다.[17]

그럼 도서관은 어떻게 된 것일까? 카시러가 프로스페로스의 서재에 비교한 도서관에서 바르부르크는 무엇을 상징하려 했던 것일까? 대부분의 도서관은 체계적으로 질서가 잡히고, 주제·숫자·알파벳을 이용해 일목요연하게 정리되었다는 느낌을 우리에게 안겨준다. 그러나 바르부르크의 도서관에서는 그런 체계성이 전혀 눈에 띄지 않는다. 나는 바르부르크 도서관의 열람실이 다시 지어졌다는 소식을 듣고, 함부르크로 달려가 타원형 열람실을 둥그렇게 두른 서가들을 살펴보았다(현재는 그의 장서 중 일부만이 전시되어 있다). 당혹감을 감추기 힘들었다. 그야말로 외국 도시 한복판에 떨어진 기분이었다. 도로 표시판이 틀림없이 뭔가를 가리키지만, 그 뜻을 도무지 헤아릴 수 없는 낯선 도시에 서 있는 듯했다. 서가들에 꽂힌 책들의 제목은 꼬리에 꼬리를 물며 어떤 관련성을 떠올려주었지만, 시작과 끝에서는 어떤 직접적인 관계도 짐작할 수 없었다. 머리를 굴리면 인접한 두 제목의 관련성을 생각해낼 수 있었지만, 그 이유가 너무 다양한 데다 억지스런 면도 있어 어떤 전통적인 체계─예컨대 L 다음에는 M이 오고, 2999 다음에는 3000이 오는 식의─와도 결부시킬 수 없었다. 내가 보기에, 바르부르크의 분류 방식은 시의 구성 방식과 비슷했다. 어떤 시에서 '둥그렇게 고리를 이룬 단어들이 환히 빛난다'라는 시구를 읽으면, 시인의 의도를 즉각적으로 완전히 이해할 수 있다. 독자에게 어떤 설명도 더 이상 필요하지 않다. 그 시구를 읽는 즉시, 선택된 단어와 운율을 통해 의미가 완전히 전달된다. 그러나 시인이 시의 본질에 관련해서 말로는 표현하기 힘든 직관으로부터 샘솟는 우회로와 구불구불한 길까지 전부 우리 앞에 제시하려고 한다면, 즉 모든 관련성을 빠짐없이 우리에게 보여주려고 한다면, 이해는 불가능해진다. 바르부르크의 도서관이 바로 그랬다.

그러나 바르부르크는 이런 관련성을 감추려 하지 않았을 뿐 아니라, 이것이 끊임없이 변하는 것이라고도 생각했다. 따라서 그는 도서관을 급작스러운 끊어짐이 없이 처음부터 끝까지 유동성을 유지하는 공간으로 설계했다. 어떤 의미에서 그의 도서관은 자신의 생각을 노골적일 정도로 솔직하게 드러내 보이는 동시에, 자신의 인식 세계가 이동하고 변하며 짝짓는 공간을 허용하려는 시도였다. 당시 대부분의 도서관이 표본을 바늘로 고정시키고 이름까지 붙인 곤충학자의 전시 선반과 비슷하다면, 바르부르크의 도서관은 유리관을 씌운 어린이용 개미 사육장인 셈이었다.

1914년 봄, 바르부르크는 동료들의 압력을 받아들여 자신의 도서관을 학자들에게 개방하기로 결정하고, 학생들이 함부르크에 유학 와서 공부를 계속할 수 있도록 장학제도도 마련했다. 14년 전에 동생 막스에게 조심스레 언급했던 생각을 이제 실천할 생각으로 프리츠 작슬과 그 가능성에 대해 논의했다. 바르부르크도 인정한 것처럼 그는 자신이 공들여 이루어낸 개인적인 지적 공간을 잃게 된다는 생각에 처음에는 도서관의 개방을 못마땅하게 여겼다. 그러나 인류의 복잡한 상징적 유산, 즉 '고대 세계의 내세'를 완성하려는 최종적인 목표를 위해서는 도서관의 개방이 반드시 필요하다는 사실을 받아들였다.[18]

그러나 제1차 세계대전의 발발로 바르부르크의 계획은 잠정적으로 중단되었다. 전쟁이란 혼란스럽고 암담한 현실을 맞아, 어린 시절부터 불안증과 우울증에 간헐적으로 시달리던 바르부르크는 자신의 정신 상태와 세상의 정세 사이에 암담한 관계가 있을 것이라 직관적으로 생각하기 시작했다. 그의 동료 중 한 사람이 "다른 사람들은 전혀 인식하지 못하던 지하의 진동을 그의 예민한 신경은 지진계처럼 훨씬 일찍 눈치 채고 있었다"고 말할 정도였다.[19] 바르부르크는 비합리적인 충동과 두려움에 대한 인간의 초기 상징적 표상들과 훗날 행해진 그런 표상들에 대한 예술적 표현들 간의 관계를 탐구했고, 그런 탐구가 자신의 정신적 고통인 불안감의 표출이라 생각했다. 또한 공포에 대한 인간 반응의 변천을 과학을 통해 역사적으로 추적함으로써 원시 시대부터 존재하는 공포라는 감정적 경험을 합리적으로 설명할 수 있으리라 믿고 싶어 했다. 하지만 과학이 겨자탄이나 죽음의 참호 같은 첨단 전쟁무기를 개발하는 데 더 큰 노력을 기울인다는 사실을 깨닫고 크게 실망했다.

'살더라도 나를 해치지 말라'는 부적 같은 말을 추가로 덧붙인 미완성의 유고에서,[20] 바르부르크는 "우리는 파우스트의 시대에 살고 있다. 과학자들이 마법과 수학 사이에서 갈등하며, 자아와 외부 세계 간의 간격을 좀 더 깊이 인식함으로써 성찰하는 이성의 세계를 정복하려 애쓰기 때문이다"라고 말했다.[21] 1918년 전쟁이 끝난 후에도 그는 별다른 위안을 얻지 못했다. 2년 후에는 그 자신과 외부 세계 사이의 간격이 완전히 사라진 것처럼 보였다.

1920년, 도서관을 학자들에게 개방할 계획을 앞두고 정신적 불안을 더 이상 견딜 수 없게 되자, 바르부르크는 스위스 크로이츨링겐에 있던 유명한 정신과 의사 루트비히 빈스방거의 병원에 입원했다. 이곳은 30년 전에 프리드리히 니체가 진료를 받은 병원이기도 했다.[22] 바르부르크는 1924년까지 그곳에 머물렀다. 당시 그는 "왜 운명은 창조적인 인간을 끊이지 않는 불안의 세계에 몰아넣는 것일까? 지옥이든 연옥이든 낙원이든 지적인 훈련을 받아야 할 곳을 왜 그에게 전적으로 맡기는 것일까?"라고 절규했다.[23]

치료를 받으면서 그는 사회로 복귀할 준비를 서서히 시작했다. 수많은 이미지와 단어로 산산조각 나고 흐트러진 마음을 추스르려 애썼다. 그 때문인지 그는 "하느님은 지엽적인 것들에 깃들어 계신다"라고 되풀이해서 말했지만, "나는 사소한 것들에서 죽어간다"라고 말했던 장 자크 루소처럼, 그가 과거에 추구했던 수많은 이미지와 생각의 끈들을 다시 모을 수 없음을 처절하게 느꼈다. 그러나 빈스방거 박사의 정성어린 치료 덕분에 바르부르크는 건강을 되찾기 시작했고, 1923년에는 그가 정신적으로 안정을 되찾았다는 걸 증명하면 퇴원할 수 있는지 묻기도 했다. 심지어 병원의 환자들을 상대로 강연을 하겠다고 제안해서, 4월 23일에는 그가 젊었을 때 북아메리카에서 직접 보았던 원주민들의 뱀 의식에 대해 강연하기도 했다. 당시 그가 짤막하게 기록한 일기를 보면, 뱀으로 된 머리카락을 가진 메두사의 눈과 마주치는 걸 피하려고 방패로 그 괴물을 비춰보며 죽인 영웅, 페르세우스에게서 자신의 모습을 보았던 듯하다. 바르부르크는 페르세우스가 중세시대에 영웅에서 단순한 검쟁이로 추락했지만, 르네상스 시대에 영웅적인 인간의 상징으로 다시 부활했다고 지적하기도 했다.[24]

아비 바르부르크는 1924년 병원에서 퇴원한 후에야, 작슬이 바르부르크 가문의 허락하에 도서관을 계획한 대로 연구소로 변형시킨 걸 알았다. 예상하고는 있었지만 그런 변화에 바르부르크는 크게 당황했고, 자신의 한 부분이 떨어져나간 듯한 기분을 맛보았다. 그는 당시에 쓴 한 통의 편지에서 '돌아온 바르부르크'라고 서명했다. 그러나 변화된 도서관은 '경외감을 불러일으키는 에너지'로 그를 채워주었다. 그는 곧 새로운 분위기에서 그가 사랑하는 책들에 둘러싸여 다시 일하기 시작했다.

바르부르크 도서관에 발을 들여놓는 사람에게 그의 창조물은 근본적으로 시각적인 특징을 띨 수밖에 없는 것으로 보인다. 서가의 형태, 그 안에 채워진 연상 관계에 있는 책들, 방 곳곳에 널린 그림과 사진 등 모든 것이 생각과 상징의 물리적 이미지에 대한 그의 관심을 증명해준다. 그의 모든 의문은 이미지에서 출발했다. 그는 독서를 통해 이미지들에 대해 깊이 사색했고, 책은 이미지들 사이의 침묵을 이어주는 글을 그에게 제공했다. 따라서 바르부르크의 어휘에서 핵심 단어인 기억은 무엇보다 이미지들의 기억을 뜻했다.

바르부르크가 얽히고설킨 연상을 통해 학자의 입장에서 평생 추적한 수많은 흔적들에 관련된 이미지들을 수집하려던 방대한 계획, 즉 그가 '므네모시네Mnemosyne'라 칭한 이미지의 연속체를 완성하려던 계획은 미완으로 끝나고 말았다. 아니, 미완으로 끝날 수밖에 없었다. 그러나 수집한 이미지들을 어떻게 배열했을까? 순서대로 연구하기 위해서 이미지들을 그의 앞에 어떻게 배치했을까? 그가 새롭게 떠올린 관심사나 연상 관계에 따라 이미지들의 순서는 언제든지 변할 수 있었다. 이 문제의 해결책은 프리츠 작슬의 머리에서 나왔다. 바르부르크가 함부르크에 돌아오자, 작슬은 세워놓은 칠판만큼 큰, 검은 삼베를 씌운 커다란 목판들을 바르부르크에게 보여주었다. 바르부르크는 이미지들을 목판의 천에 바늘로 꽂아 정리해두고, 원하면 언제라도 위치를 변경시킬 수 있었다. 그 커다란 목판들은 가변적인 순서를 지닌 끝없는 책의 '페이지'들을 뜻했기 때문에, 바르부르크가 말년에 행한 모든 행위의 중심이 되었다. 그는 목판들과 그 위의 이미지를 마음 내키는 대로 변경할 수 있었다. 따라서 목판들은 그의 사고 세계와 도서관을 물리적으로 표현한 그림이나 마찬가지였다. 그의 말을 빌리면, "이 이미지들과 단어들은 나 이후에 명료한 관계를 추적하려는 사람, 즉 본능적인 마법과 추론적인 논리 사이의 비극적인 긴장 관계를 극복하려는 사람들에게 길잡이 역할을 할 것이다. 이 이미지들과 단어들은 정신병 치유자들의 서고에 보관된 (불치의) 정신분열증 환자의 고백이다."[25] 실제로 작슬의 목판들, 즉 움직이는 페이지로 꾸며진 책을 통해 바르부르크는 잃어버린 개인적인 공간을 어느 정도 회복했고, 그 덕분에 그는 정신 건강을 회복할 수 있었다.

아비 바르부르크는 1929년 예순세 살의 나이로 세상을 떠났다. 그로부터 30년 후, 그의 글을 모은 두 권의 책이 독일에서 출간되었다. 고향에서도 오랜 진통 끝에 출간된 것이었다. 미완성이지만 무척 포괄적인 그의 글들은 그의 도서관을 보는 듯하다. 달리 말하면, 복잡하게 얽힌 그의 생각을 드러내고, 그의 남다른 정신세계를 보여주는 또 하나의 지도이다. 그는 자신의 직관이 과학 법칙으로 마무리되기를 바랐다. 요컨대 예술과 문학의 설렘과 두려움이 그 원인과 기능을 이해하기 위한 징검돌이라고 믿고 싶어 했다. 하지만 그는 욕망으로서의 기억, 지식으로서의 욕망이란 생각에 거듭해서 되돌아왔다. 그가 미완의 글 중 하나에서, "예술 작품은 관찰자를 향해 적대적으로 다가가는 것이다"라고 말한 이유도 여기에서 찾아진다.[26] 그의 생각에 그런 적대감은 길들여지지는 않는 것이었다(그는 파괴하지 않고는 무엇도 길들일 수 없다고 생각했다). 그러나 호기심과 존경심과 경외감으로 가득한 자신의 지적인 탐구 정신을 성실하게 드러낼 수 있는 공간을 만들려고 애썼고, 그 결과가 바로 그의 도서관이었다.

1933년, 히틀러가 독일 총리에 임명된 후, 바르부르크 도서관과 직원들은

영국으로 이주했다. 600상자가 넘는 책들, 가구와 비품이 바다를 건너 런던에 옮겨졌다. 나는 오랫동안 수집한 책들을 잔뜩 실은 배가 바다를 건너는 장면을 상상하는 것만으로도 즐겁다. 그 배에는 책 주인의 조그만 초상도 있었다. 육신은 세상을 떠났지만, 외국 땅에서 다시 꾸며질 도서관의 해체된 책들 틈에서 그는 여전히 살아 있는 독서가였다. 책들은 처음에 밀뱅크에 있는 사무용 건물에 보관되었다. 3년 후, 런던 대학교가 타원형 서가를 꾸미지 않는다는 조건으로 그 책들을 받아들이기로 합의했다. 그러나 1944년 11월 바르부르크 연구소가 런던 대학교 부속 연구소로 편입될 때까지 책들은 밀뱅크의 건물에서 하염없이 기다려야 했다. 바르부르크 연구소는 지금도 런던 대학교에서 제 역할을 하고 있지만, 그로부터 51년 후에 함부르크 하일비크 슈트라세에 위치한 바르부르크의 옛 집터에 똑같은 집을 지었다. 그리고 당시에 찍은 사진들을 바탕으로, 서가를 똑같은 모습으로 다시 꾸미고 책도 같은 방식으로 정리하려는 노력이 뒤따랐다. 이 덕분에 오늘날 그 집을 방문해서 잠시라도 열람실에 서 있으면, 바르부르크의 정신이 서가들 사이에서 여전히 살아 있는 듯한 기분을 만끽할 수 있다.

◀ 바르부르크의 '므네모시네' 목판.

10장

섬

노인은 언제나 크루소와 같은 사람이다.
프랑수아 모리아크, 「새 회고록(Nouveaux mémoires intérieurs)」

바르부르크 도서관이 바다를 건너 영국으로 옮겨가기 300여 년 전, 작은 도서관 하나가 남태평양의 무인도 해안에서 조난당했다. 1659년 10월 초의 어느 날, 로빈슨 크루소는 엉망으로 변한 배로 돌아가 이런저런 연장들과 남은 식량, 그리고 펜과 잉크와 종이 및 약간의 책과 같은 '별로 쓸모가 없는 물건들'을 해변으로 힘겹게 옮겼다. 그중 몇 권은 포르투갈어로 쓰여 있었고, 두 권은 '가톨릭교의 기도서', 세 권은 '아주 상태가 괜찮은 성경'이었다. 엉겁결에 목숨을 구한 크루소는 처음에는 굶어 죽을지도 모른다는 생각에 겁이 났지만, 연장과 식량으로 물질적인 욕구를 어느 정도 채우고 나자 배의 보잘것없는 도서관에서 읽을거리를 구할 생각까지 했던 것이다. 비록 자의는 아니었지만, 로빈슨 크루소는 새로운 사회의 건설자였다. 달리 말하면, 이 소설의 저자 대니얼 디포는 새로운 사회를 시작하기 위해서는 책이 반드시 필요하다고 생각했다는 뜻이다.

포르투갈어로 쓰인 몇 권의 책은 무엇이었을까? 무역선의 문고에 안성맞

◀ 로빈슨 크루소와 프라이데이.

춤인 책, 루이스 드 카몽이스의 『우스 루시아다스Os Lusiads』는 십중팔구 있었을 것이고, 유명한 안토니우 비에이라의 설교집도 있었을 것이다. 거기에는 크루소라면 야만인 프라이데이 형제들의 변명을 읽어냈을 '물고기에게 건넨 안토니우 성자의 설교'가 포함되어 있었을 것이다. 당시만 해도 신비로운 땅이었던 동양을 여행한 탐험가 페르낭 멘데스 핀투가 쓴 여행기인 『여행Peregrination』도, 뭐든 닥치는 대로 읽던 디포라면 몰랐을 리가 없다. 크루소가 일기를 쓰면서 날씨와 기분의 변화에 대해서는 충실하게 기록했지만 책에 대해서는 전혀 언급하지 않아, 그 책들이 무엇이었는지 정확히 말하기는 힘들다. 어쩌면 영어가 신사에게 필요한 유일한 언어라는 영국인의 확신 때문에, 크루소는 포르투갈어를 몰랐을 수도 있다. 이유가 뭐든 간에 크루소는 곧 책을 까맣게 잊고 지냈다. 약 30년이 지나 1687년 6월 11일 무인도를 떠나며 소지품 목록을 정리할 때도 그 문제의 책들에 대해서는 한마디도 하지 않았다.

그러나 크루소는 성경을 어떻게 사용했는지에 대해서는 우리에게 말해준다. 성경은 그의 행동 하나하나에 영향을 주었다. 그는 자신에게 닥친 고통의 의미를 성경으로 풀어냈고, 프로스페로스처럼 프라이데이를 유익한 하인으로 키워가기 위한 도구로 성경을 이용했다. 크루소는 "거룩하신 예수께서 왜 천사의 모습이 아닌 아브라함의 자손으로 세상에 오셨는지를 말해주었고, 그런 이유로 타락한 천사들은 구원받을 수 없다는 것도 아는 대로 설명해주었다. 또한 예수께서는 오직 이스라엘 집의 잃어버린 양에게로 오셨다는 이야기 같은 것도 들려주었다"라고 말하고는 "분명한 건 내가 무지한 프라이데이를 일깨우고자 사용한 방법들의 밑바탕은 지식이라기보다는 솔직함이었다는 것이다"라고 순진하게 덧붙였다.

크루소에게 성경은 교육 도구만이 아니라 예언의 도구이기도 했다. 난파당하고 얼마 지나지 않아 절망에 빠져 허덕이며, 자신에게 닥친 암담한 상황을 이해해보려고 크루소는 성경을 펼치고 "내가 너희를 버리지 아니하고 너희를 떠나지 아니하리리"라는 구절을 우연히 읽는다. 크루소는 그 구절이 특별히 자신의 눈에 뜨인 이유가 있을 거라고 생각한다. 아득히 멀리 떨어진 해안에서, 파괴된 기존 사회에서 건져낸 잡다한 것들—씨앗, 총, 하느님의 말씀—을 멍하니 바라보며 크루소는 새로운 사회를 건설하고, 그 중심에서 성경은 태고의 빛을 강렬하게 반짝인다.

　우리는 책을 기반으로 건설된 사회에서 살면서도 책을 읽지 않을 수 있고, 책이 액세서리에 불과한 사회에 살면서도 진정한 의미의 독서가가 될 수 있다. 예컨대 그리스인들은 사회 전반에서는 책을 소중히 생각하지 않았지만, 개별적으로는 부지런한 독서가들이었다.[1] 아리스토텔레스는 책을 직접 쓴 적이 없었지만 탐욕스런 독서가였다(오늘날 알려진 그의 책들은 제자들이 받아 적은 강의록이다). 그가 자신을 위해 마련한 도서관이 고대 그리스에서 최초의 도서관이었다는 주장도 있을 정도이다.[2] 소크라테스는 책이 우리의 기억력을 위협한다고 생각하며 책을 몹시 싫어했다. 따라서 자신의 생각을 글로 남길 생각은 꿈에도 하지 않았다. 하지만 유명한 웅변가 리카아스의 연설을 글로 읽고 싶어 했지, 파이드로스가 암송하는 걸 듣고 싶어 하지는 않았다.[3] 크루소는 선택의 여지가 있었더라면 십중팔구 책을 자신에게 읽어달라고 했을 것이다. 책을 중요하게 여긴 유대·기독교 사회에서 자란 탓에 크루소가 매일 하느님의 말씀을 읽기는 했지만, 그가 성경을 열심히 읽는 사람이었던 것은 아니다. 당시 인터넷이 있었다면 인터넷을 검색해 무인도에서 살아갈 방법을 찾았을 것처럼, 성경을 매일 들척거렸을 뿐이다. 성 아우구스티누스는 우리에게 하느님의 말씀을 자기의 것으로 승화시키라고 가르쳤지만, 크루소는 하느님의 말씀을 자기의 것으로 발전시키지 않았다.[4] 그는 성경을 읽는 사회적 관습을 받아들였을 뿐이다. 크루소가 밀레니엄의 말에 난파당했다면 난파선에서 성경이 아니라 노트북을 꺼냈을 것이라고 쉽게 상상할 수 있다.

　크루소와 열렬한 독서가였던 디포, 모두 책을 중요하게 여긴 사회의 구성원이었다. 그렇다면 그 둘을 무엇으로 구별할 수 있을까? 책을 중요하고 권위 있는 것이라 생각하지만 어떤 책에도 만족하지 못하거나 단 한 권의 상징성을 지닌 책에만 만족하는 사람과, 독자적으로 선택하여 개인적으로 의미 있는 책을 읽은 사람은 무엇으로 구별할 수 있을까? 전통적으로 고전이라 일컬어지는 책과, 우리가 본능과 감정과 오성을 통해 우리의 고전으로 삼은 책 사이에는 건널 수 없는 간극이 있다. 그 책이 전통적인 고전이어도 마찬가지이다. 우리는 고전을 읽으며 가슴앓이를 하거나 즐거워하고, 그 고전을 우리의 경험으로 해석해낸다. 또한 어떤 책이 여러 사람의 손을 거친 후에 우리 손에 들어와도 근본적으로는 우리가 그 책을 처음으로 찾아낸 사람이 되며, 그 경험은 모래밭에서 프라이데이의 발자국을 발견하는 것만큼이나 놀랍고 예기치 않는 경험이 된다. 괴테는 "호메로스의 노래에는 전통이란 이름으로 수천 년 동안 짓누르던 두려운 짐에서 우리를 해방시키는 힘이 있다"라고 말했다.[5] 모든 독서가에게는 그리스 전설에 등장하는 마법사 키르케의 동굴에 최초로 들어가는 사람이 되고 싶은, 율리시스가 자신을 하찮것없는 사람이라 칭하는 소리를 처음으로 듣고 싶은 비밀스런 바람이 있다. 이런 바람은 『오디세이아』를 난생 처음으로 펼치는 사람들에게 세대를 초월해서 허락된다. 이런 초야권(初夜權)이 우리가 흔히 고전이라 일컫는 책들의 불멸을 보장하는 것이다.

구약성경 전도서에서 자주 인용되는 "책을 많이 쓰는 것도 끝없는 일이고"라는 구절은 두 방향에서 해석된다.[6] 하나는 뒤에 이어지는 "공부를 많이 하는 것도 몸을 피곤하게 한다"는 구절을 같은 말의 되풀이로 보아, 도서관의 끝에 이르려는 불가능한 일 앞에서는 위축되기 마련이라고 해석하는 방법이다. 다른 하나는 환희, 즉 하느님의 자비심에 대한 감사의 기도로 해석하는 방법이다. 따라서 이런 해석에서는 연결어미 '이고and'를 '이지만but'으로 바꾸어 "책을 많이 쓰는 것도 끝없는 일이지만 공부를 많이 하는 것도 몸을 피곤하게 한다"라고 전체를 읽는다. 크루소는 첫 번째 방법을 선택한 반면에, 아리스토텔레스를 필두로 노스럽 프라이까지 그의 추종자들은 두 번째 방법을 선택했다. 메소포타미아의 독서가부터 시작해 무수한 독서가들이 '육신의 피곤'에도 불구하고 '많은 책'을 통해 끈질기게 길을 찾아 걸었다. 또한 모든 독서가가 과거에 누구에게도 읽혀지지 않은 것처럼 신기하고 참신하며 순수하게 여겨지는 글을 발견하는 기쁨을 누렸다. 도서관은 그런 기쁨으로 가득한 보물 상자이다.

물론, 이런 두 종류의 독서가만 있는 것은 아니다. 크루소―경전처럼 떠받드는 책 한 권과 거들떠보지도 않는 책들로 채워진 서가를 지닌 사람―의 반대편 끝에는 서가에 꽂힌 모든 책을 비난하는 독서가, 즉 어떤 해석에나 반드시 오류가 있다고 생각하는 독서가가 있다. 이런 독서가는 독서에서 책을 읽는 즐거움보다 트집거리를 먼저 찾으며, 주로 학계에서 일자리를 구한다. 기질 면에서 세관 공무원과 비슷하다.

1939년 어느 날 저녁, 부에노스아이레스에서 보르헤스와 그의 두 친구, 비오이 카사레스와 실비나 오캄포 부부는 불후의 꼼꼼한 검열 기준을 만들기로 합의를 보았다. 그들 셋은 절충주의적 독서가였다. 비오이와 실비나의 도서관(부에노스아이레스에서 가장 아름다운 공원 중 하나가 내려다보이는 19세기 아파트의 큼직하지만 허름한 방에 마련한 서재)에서 그들은 책들에 대해 이야기를 나누며, 귀감이 될 만한 구절들을 골라내 에스파냐어로 번역하고, 그들이 개인적으로 좋아하는 작가들을 열정적으로 옹호하는 반면에 싫어하는 작가들은 그만큼의 열정으로 조롱했다. 그들은 서로 부족한 부분들을 보완했다. 예컨대 보르헤스는 서사시와 철학적 환상소설을 좋아했지만, 비오이는 사회를 풍자하는 글과 심리소설을 좋아했고, 실비아는 서정시와 부조리 문학을 좋아했다. 따라서 그들 셋이 모이면 모든 형식, 모든 장르의 문학을 망라할 수 있었다.

때때로 그들은 합심해서 소설을 쓰기도 했다. 완성하지는 못했지만, 누구도 능가하지 못할 치밀한 묘사와 완전한 문체로 죽기 전에 명성을 얻은 어떤 작가의 작품을 찾아다니는 젊은 문학 애호가에 대한 소설이 대표적인 예이다. 여하튼 그 소설에서, 젊은이는 호소력 짙은 글을 찾아내지 못하자 그 작가의 고향을 찾아간다. 고인이 된 작가의 서류를 조사하는 과정에서 젊은이는 '문학에서 피해야 할 것들'이란 제목이 붙은 흥미로운 목록을 찾아낸다.[7]

- 심리적인 호기심과 모순: 자비 살인, 자기만족을 위한 자살.
- 어떤 책과 등장인물에 대한 의외의 해석: 돈 후안의 여성 혐오증 등.
- 확연히 다른 두 주인공: 돈키호테와 산초, 셜록 홈스와 왓슨.
- 『부바르와 페퀴셰』처럼 완전히 똑같은 두 인물이 등장하는 소설. 작가가 한 주인공의 특징을 고안해내면, 다른 주인공의 경우도 그에 맞먹을 정도의 특징을 고안해내야 한다.
- 디킨스의 소설에서 그렇듯이, 별난 습관으로 묘사되는 등장인물.
- 새롭거나 놀라운 것. 세련된 독서가는 일반적인 상식에서 벗어난 뜻밖의 것을 달갑게 생각하지 않는다.
- 시간과 공간의 안일한 취급: 포크너, 보르헤스 등.

- 진정한 주인공이 초원, 정글, 바다, 비, 주식시장인 소설.

- 어림도 없는 소리지만, 독자가 일체감을 느낄 수 있는 시, 상황, 등장인물.

- 격언이나 인용글로 자주 언급될 만한 문장: 이런 문장은 응집력 있는 책과 공존할 수 없다.

- 신화로 발전할 수 있는 등장인물.

- 혼란스런 열거.

- 풍부한 어휘. 동의어. 적절한 어휘. 정확성을 기하려는 시도.

- 생생한 묘사. 포크너의 소설처럼 세세한 부분도 놓치지 않은 정밀한 묘사.

- 배경, 주변 상황, 분위기. 열대의 뜨거운 열기, 취기, 라디오에서 들리는 목소리, 후렴처럼 반복된 구절.

- 날씨로 시작해서 날씨로 끝내는 방식. 가슴 아픈 오류. "바람이 불기 시작한다! 그래도 살려고 노력해야 한다!"

- 온갖 비유. 특히 시각적인 비유로 농사법, 선박 조종술, 은행업에서 끌어온 비유. 대표적인 예는 프루스트.

- 의인화.

- 다른 책들과 비교되는 책:『율리시스』와『오디세이아』.

- 메뉴판이나 사진첩, 도로 지도, 음악회 프로그램처럼 꾸민 책.

- 삽화를 그리고 싶은 욕구를 자극하는 것. 영화로 만들면 좋겠다는 욕구를 자극하는 것.

- 이질적인 것: 탐정소설에 등장하는 집안 장면. 철학적인 대화에 등장하는 연극적인 장면.

- 예측 가능한 것: 사랑 이야기에 나오는 애수와 에로틱한 장면. 탐정소설에 나오는 수수께끼와 범죄. 초자연적인 이야기에 나오는 유령.

• 허영심과 겸손함. 남색(男色)과 자살.

물론, 이 목록에서 열거한 것들을 그대로 지키면 어느 문학도 존재할 수 없다.

다행히 대부분의 독서가는 두 극단 사이에 존재한다. 우리 대부분은 문학을 존중하면서도 책을 멀리하지 않고, 책을 존중하면서도 문학을 멀리하지 않는다. 우리는 무척 중도적으로 처신한다. 도서관의 끝없는 서가에서 조심스레 발걸음을 내딛으며, 뚜렷한 이유도 없이 이런저런 책을 선택한다. 책표지, 제목, 저자의 이름 때문에, 누군가에게 듣거나 듣지 않았다는 것 때문에 어떤 책을 선택한다. 직감이나 문득 떠오른 생각, 혹은 실수로 어떤 책을 선택하기도 한다. 특별한 이야기나 등장인물을 발견할 수 있으리라는 생각에, 우리를 위해 쓰인 책이라는 믿음에, 반대로 우리를 제외한 모든 이를 위해 쓰인 책이라 생각하며 우리가 배제된 이유를 알고 싶어서 책을 선택하기도 한다. 또 뭔가를 배우고 싶은 욕심이나, 마음껏 웃거나 우리 자신을 잊고 싶은 욕심에서 책을 선택하기도 한다.

모두가 도서관을 이용하지는 않는다. 앞으로도 마찬가지일 것이다. 메소포타미아와 그리스, 부에노스아이레스와 토론토, 어디에서나 책 읽는 사람과 그렇지 않은 사람이 나란히 공존해왔고, 오히려 책을 읽지 않는 사람이 언제나 다수를 차지했다. 특정 계급을 위한 수메르와 중세 유럽의 기록실에서나, 민중이 주역으로 부상한 18세기의 런던, 21세기의 파리에서나 독서를 가장 중요한 것이라 여긴 사람의 수는 소수에 불과했다. 두 집단의 비율은 변하지 않는다. 변한 것이 있다면, 책과 독서의 기술에 대한 시선이다. 거기에 더해 좋은 책과 읽히는 책이 다시 뚜렷이 구분된다.

한 방문객이 과거로부터 우리의 문명화된 도시들을 오늘 찾아온다면, 그는 우리의 독서 행태를 보고 틀림없이 놀랄 것이다. 과거의 그 걸리버는 우리 사회에서 무엇을 볼까? 책이 수천 권씩 팔리는 거대한 상업의 성전, 즉 인쇄물이 충실한 독서가의 소비를 안내하기 위해 작은 단위의 범주로 분류되고 정리된 거대한 건물을 보게 될 것이다. 또 먼 옛날부터 그랬던 것처럼 독서가들이 서가들 사이를 헤집고 다니는 도서관도 보겠지만, 일부 책이 변형되어 전자 유령들을 끌고 다니는 가상 도서관도 만나게 될 것이다. 그 시간 여행자는 도서관 밖에서도, 예컨대 공원 벤치, 지하철, 버스와 전차와 기차, 아파트와 단독주택 등 어디에서나 책 읽는 사람을 만날 수 있을 것이다. 그래서 우리 사회를 책 읽는 사회라 생각한다면 그는 흡족한 기분으로 과거로 돌아갈 것이다.

그러나 실상은 그렇지 않다. 우리 사회는 책을 당연한 것으로 받아들이지만, 독서 행위—유익하고 중요하지만 위험하고 파괴적인 잠재력을 지닌 행위—는 취미로 받아들인다. 정확히 말하면, 효율성이 떨어지고 공익에 별다른 기여를 하지 못하는 심심풀이로 받아들인다. 과거의 방문객도 결국에는 깨달았겠지만, 우리 사회에서 독서는 부수적인 행위에 불과하다. 기억과 경험의 거대한 저장고인 도서관도 살아 있는 유기체가 아니라 불편한 창고로 여겨진다.

1960년대 말 세계에 충격을 안겨준 학생운동 시기에, 하이델베르크 대학교에는 교수들에게 "남의 말이나 인용하지 말라!"고 외치는 구호가 곳곳에 나붙어 있었다. 학생들은 독창적인 생각을 듣기를 원했다. 인용이 과거와 대화하며 현재에 의미를 부여하는 행위라는 사실을 망각한 것이었다. 인용은 바벨탑을 활용하고, 과거에 말해진 것에 대해 사색한다는 뜻이다. 그렇게 하지 않으면, 우리는 인간의 목소리라고는 들리지 않는 진공 상태에서 말하게 된다. 이런 이유에서, 발터 베냐민은 "역사를 쓴다는 것은 역사를 인용한다는 것"이라고 말했다.[8] '과거에 대해 쓰며 역사와 대화하라!' 이 말은 베냐민이 공감했던 인문주의자의 이상이었다. 구체적으로 말하면, 독일 신학자 니콜라우스 쿠자누스가 1440년에 처음 제기한 이상이었다. 쿠자누스는 『학식 있는 무지에 관하여On Learned Ignorance』에서, 지구가 우주의 중심이 아니며 외계의 공간은 하느님의 명령으로 제한되지 않고 무한할 수 있다는 가능성을 제시했다. 또 모든 것을 포괄하는 도서관처럼 온 인류를 받아들이는 반(半)유토피아 사회, 즉 정치와 종교가 파괴적인 힘을 포기하는 사회를 건설하자고 제안했다.[9] 누구에게도 속하지 않는 무한한 공간에 대한 막연한 의혹과, 풍요로운 과거는 모두의 것이라는 분명한 인식이 인문주의자들의 머릿속에 공존했다는 사실이 흥미롭기만 하다.

물론, 과거의 인식은 월드와이드웹의 정의와는 정반대이다. 웹은 모두가 공유하는 공간으로 정의된다. 웹에서는 과거라는 개념이 배제된다. 웹에서는 공용어가 영어라는 사실을 제외하면 국적도 없고, 정부들이 특정한 사이트에의 접근을 차단하는 방법을 고심하는 경우를 제외하면 검열도 없다. 세계에서 가장 작은 책(5제곱 밀리미터의 판에 새겨진 신약성경)[10]과, 세계에서 가장 오래된 다면 코덱스(기원전 5세기 에트루리아어로 순금으로 쓰인 6면의 코덱스)[11]는 그 안에 쓰인 글로는 진가를 알아볼 수 없고, 오로지 물리적인 모습으로만 제대로 평가될 수 있다. 모든 텍스트가 한결같이 똑같은 형태로 나타나는 웹의 세계에서 위의 두 책은 유령 같은 텍스트와 흔하디흔한 사진 이미지에 불과하다.

현재의 전자책까지 이어지는 전통, 즉 과거는 웹 사용자들에게는 무의미하다. 그들에게 중요한 것은 현재 펼쳐진 것이기 때문이다. 물리적인 면에서 시대를 초월하는 책과 비교할 때, 모니터에 불러낸 텍스트에는 역사가 없다. 전자의 공간에는 경계가 없다. 사이트—즉, 특정한 목적에 의해 자신이 정하는 고향`—`는 전자 공간에 세워지지만, 공간 자체를 제한하거나 소유하지 못한다. 물에 부은 물과 비슷한 셈이다. 웹은 즉각적이어서, 악몽처럼 현재만이 존재할 뿐 시간을 점유하지 못한다. 면적도 없고 부피도 없다. 언제나 현재여서 과거도 없다. 이런 웹이 모든 사용자의 고향이기를 원하며, 실제로 그렇게 선전된다. 웹의 세계에서는 모든 사용자가 어떤 상대와도 생각의 속도로 커뮤니케이션이 가능하다. 속도가 웹의 주된 특징이다. 가경자(可敬者) 비드 성자는 이 땅에 잠시 머물다 서둘러 사라지는 우리 삶을 슬퍼하며, 어두컴컴한 쪽으로 들어왔다 환히 밝혀진 식당을 지나 역시 어두컴컴한 반대편 끝으로 날아가는 새의 모습에 우리 삶을 비교했다.[12] 우리 사회라면 비드 성자의 탄식을 사치스런 자랑으로 해석하지 않을까 싶다.

전자 기술이 여가와 노동에 관련된 모든 분야에 존재하기 때문에 우리는 전자 기술을 만능이라 생각하며, 전자 기술이 책에 관련된 테크놀로지를 비롯해 다른 모든 테크놀로지를 조만간 대체할 것이라 말한다. 빌 게이츠가 어떤 종이책에서 가정한 '종이가 없는 미래 사회'는 역사가 없는 사회이다.[13] 웹에 존재하는 것은 한결같이 동시대의 것이기 때문이다. 예컨대 작가의 경우에는 워드프로세서 덕분에 메모나 머뭇거림, 수정, 초고 등의 흔적이 남지 않는다. 나치가 정권을 잡기 직전에 발터 베냐민은 "인간은 호메로스의 시대에 올림포스 산의 신들이 지켜보는 대상이었지만, 이제는 자신을 위한 관찰 대상이 되었다. 이런 자기 소외가 극단으로 치달아, 자기 파괴가 최고의 미학적 즐거움으로 여겨지는 실정이다"라고 지적했다.[14] 이런 자기 소외에 이제 우리는 자기 생각의 소외까지 더해, 우리 과거가 파괴되는 걸 지켜보며 즐거워한다. 우리는 자신이 빚어내는 창조물의 변화 과정을 더 이상 기록하지 않는다. 따라서 미래의 관찰자에게는 우리 생각이 완전히 성숙해서 탄생한 것처럼 보일 것이다. 아버지의 이마에서 성숙한 여인으로 태어났다는 아테나 여신처럼! 따라서 탄생할 때까지 과정의 기록이 잊혀질 것이기 때문에, 상투적인 줄거리는 아무런 의미도 갖지 못할 것이다.

1949년 1월 18일, 제임스 T. 맨건이란 미국인이 쿡 카운티 부동산 관리국에 계약서 한 장을 제출하며, 일리노이 주 법률가 단체로부터 공증을 받은 우주 전체의 소유권을 주장했다. 그 방대한 영토에 '셀레스티아'란 이름을 붙인 후, 맨건은 지구의 모든 국가에 자신의 주장을 알리며 달나라로 여행하려는 시도를 중지하라고 경고했다. 게다가 유엔에는 회원국이 되겠다는 청원서까지 제출했다.[15] 맨건의 야심찬 계획은 다국적 기업들에게 전해지며 한층 실리적인 방향으로 변한 듯하다. 다국적 기업들은 무척 효율적으로 운영된다. 다국적 기업들은 전자 기기 사용자들에게 각자의 키보드로 조절되는 세상의 모습을 보여준다. 즉 모든 것에 '접근'할 수 있고 동화에서처럼 손가락을 살짝 움직여서 모든 것을 가질 수 있는 세상을 보여준다. 자신들이 사이버 공간을 지배하는 위치에 있다는 착각 때문에 소비자로 전락하는 현상에 사용자들이 반발하지는 않겠지만, 자신에 대해서나 주변 세계 및 바깥 세계에 대해 깊이 학습하지는 못할 것이다. 또한 미국의 유명한 코믹 만화가 윌 아이스너는 2004년 창조적인 도구로서 웹의 유용성에 대해 언급하며, 웹이란 전자 매체를 처음 보았을 때 새로운 예술을 창조하는 마법의 도구가 될 거라고 생각했지만 최근에는 '소비자들이 싸구려 제품을 사려고 찾아가는 슈퍼마켓'으로 전락해버렸다고 비판했다.[16]

손의 능란한 움직임은 사색보다 속도를 강조하기 때문에 독서가는 웹에 접속할 때마다 복잡한 것보다는 간결한 것을 선택한다. 또한 장문의 논설과 정교하게 다듬어진 문서보다는 짤막한 뉴스와 단편적 사실을 더 선호한다. 또한 허튼 소리와 무익한 충고, 부정확한 사실과 하찮은 정보로 정교하게 다듬어진 의견이 희석됨에도 불구하고, 유명 인사와 조작된 통계를 내세워 그럴듯하게 포장한다.

그러나 웹은 유용한 도구이다. 웹이 우리가 살고 있는 세상을 피상적으로 다룬다고 비난할 이유는 없다. 웹의 장점은 정보의 간결성과 다양성에 있다. 전자 미디어는 집중적이고 깊이 있게 다룬 정보를 제공하지는 않지만, 실질적인 면에서 우리에게 많은 도움을 줄 수 있고 실제로 도움이 되기도 한다. 그러나 항상 도움이 되는 것은 아니며, 잘못된 정보에 대해 책임을 추궁할 수도 없다. 이런 이유에서 웹은 책처럼 인간의 범세계적인 과거를 담아내는 그릇이 될 수 없을 것이다. 책의 역할을 하도록 고안된 무한한 장치이고 도구이기는 하지만, 웹은 결코 책이 아니고 앞으로도 책과 같아질 수 없을 것이기 때문이다. 1971년부터 웹에 수만 개의 텍스트를 올려놓은 구텐베르크 프로젝트나 구글 프로젝트와 같은 야심찬 계획에도 불구하고, 웹은 어떤 의미에서도 보편적인 도서관이 될 수는 없다. 웹에 존재하는 텍스트의 다수가 복사본이고, 이마저도 서둘러 스캔하느라 철자의 오류를 제대로 점검하지 않아 신뢰할 수 없는 것이 많다. 2004년 영국 평론가 폴 두구드가 말했듯이, "비판적인 눈으로 잠깐 훑어보면⋯⋯많은 점에서 구텐베르크 프로젝트는 전통적인 도서관과 비슷하고, 이를 개량한 듯하지만, 보석과 쓰레기가 뒤섞여서 목사에게 똑같이 축복을 받고 한꺼번에 기증되는 교회 바자회에서 파는 책들과 비슷하다."**17**

웹은 휴게소도 아니고 집도 아니며, 키르케의 동굴도 아니고 이타카 섬 (율리시스의 고향_옮긴이)도 아니기 때문에, 이 세상을 여행하는 우리에게 잠자리와 양식을 제공해주지 않는다. 우리가 상실하는 것을 궁극적으로 책임져야 할 주체는 우리 자신이지, 우리가 이용하는 테크놀로지가 아니다. 우리가 의식적으로 기억보다 망각을 선택한다면 이는 결코 올바른 선택이 아니다. 그러나 우리는 능숙하게 변명을 늘어놓으며, 잘못된 선택을 합리화할 그럴듯한 이유를 꾸며낸다.

북아메리카 북부지역의 인디언 부족인 아브나키 족은 우나가메소크 Oonagamessok라는 특수 집단에 속한 신들이 암면 조각(岩面彫刻)을 관장한다고 믿었고, 백인들이 도래한 이후로 그들이 암면 조각에 관심을 기울이지 않아 신들이 분노하여 암면 조각이 점점 사라지는 것이라 설명했다.**18** 우리의 공통된 과거에서 암면 조각이 점점 사라지고 있는 이유도 비슷하다. 새로운 테크놀로지가 등장했기 때문이 아니라, 우리가 암면 조각을 더 이상 읽으려 하지 않기 때문이다. 게다가 우리는 새로운 테크놀로지의 장점을 받아들이기에 급급한 나머지, 서로 돕고 즐거움을 나누며 학습하기 위해서 수천 년 동안 축적한 공통된 어휘를 잃어가고 있다. 크루소도 알았듯이, 세상은 하나의 경이로운 것을 얼마든지 받아들일 수 있을 정도로 넓다. 오늘날 세계인이 된다는 것은 절충주의자가 된다는 것이다. 어떤 테크놀로지를 받아들이기 위해 다른 테크놀로지를 배척할 이유가 없다. 벽을 쌓는 성향은 자기만의 구역을 규정하는 출발점으로 삼는 데에 유용할 뿐이다. 벽 안에는 우리가 태어나고 꿈을 꾸며 자식을 낳고 죽는 침대가 있다. 그러나 벽 밖에는 모든 인간이 늙어가고 악몽과 질병에 시달리며, 결국에는 누구도 피할 수 없는 종말을 맞이하기 마련이라는 싯다르타의 해탈이 있다. 책은 이와 같은 이야기를 끝없이 되풀이한다.

새로운 테크놀로지를 사용하지 않고도 새로운 형태를 띤 도서관은 적지 않다. 1990년 콜롬비아 문화부는 책을 산간벽지까지 들고 가는 이동도서관 조직을 발족했다.[19] 보고타 인근 지역들에서는 버스를 이용한 이동도서관들이 1982년부터 운영되었는데, 콜롬비아 정부는 멀리 떨어진 시골 지역의 주민들에게도 똑같은 혜택을 주는 것이 중요하다고 생각했다. 이런 목적에서, 책을 당나귀 등에 싣고 밀림 지역과 산간 지역으로 옮기기 위해 간단히 짐꾸러미로 접을 수 있고 큼직한 서랍이 많이 달린 커다란 초록색 상자를 고안해냈다. 목적지에 도착하면 책들은 교사나 마을 원로에게 수 주 동안 맡겨진다. 그들이 실질적으로 사서 역할을 하는 셈이다. 주민들이 마음대로 책을 뒤적이고 고를 수 있도록 자루들은 펼쳐져 기둥이나 나무에 매달아 놓는다. 글을 읽지 못하는 사람들을 위해 사서 역할을 맡은 교사나 마을 원로가 때로는 책을 크게 읽어주기도 한다. 가족 사이에는 학교를 다닌 사람들이 그렇지 못한 식구들을 위해 책을 읽어준다. 인터뷰에서 한 마을 주민은 "덕분에 우리가 알지 못하던 것을 알게 되고, 그렇게 얻은 지식을 다른 사람들에게도 전해줄 수 있다"고 말했다. 정해진 기간이 지나면, 새로운 책을 담은 자루가 도착하고 이전의 자루를 수거해간다. 대부분의 책이 정수(淨水), 바느질 방법, 수의학에 관련된 입문서, 농업 관련 서적 등 기술 서적이지만, 소설을 비롯한 문학 작품도 적잖게 끼어 있다. 한 사서는 책들이 언제나 안전하게 반납된다면서 "제가 아는 한 책이 반납되지 않은 경우는 딱한 건밖에 없어요. 우리가 전달한 책 자루는 주로 실용서였지만, 그때는 에스파냐어 번역판 『일리아드』가 섞여 있었지요. 책 자루를 교환할 때가 되었지만 마을 사람들이 『일리아드』를 반납하지 않았어요. 결국 우리는 그 책을 선물하기로 결정했지만, 그 책을 굳이 간직하려는 이유가 뭐냐고 물었습니다. 호메로스의 이야기가 그들의 이야기와 딱 맞아떨어진다고 대답하더군요. 그 책은 미친 신들이 인간의 운명을 제멋대로 결정해서, 인간이 무엇 때문에 싸우는지도 모르고 언제 죽는지도 모른 채 싸우며 죽어가는, 전쟁으로 파괴된 나라에 대한 이야기였습니다"라고 덧붙였다.[20]

이 콜롬비아 산간벽촌의 독서가들은 인간의 존재가 두 방향으로 흐른다는 사실을 알고 있었다. 하나는 이름과 장소, 피조물, 별과 책, 의식(儀式)과 기억, 축제와 돌 등 우리가 흔히 세상이라 칭하는 것에서부터 매일 아침 거울 속에서 우리를 빤히 쳐다보는 얼굴로 흘러가는 것이다. 다른 하나는 그 얼굴, 즉 우리 눈에는 보이지 않는 중심을 에워싼 몸, 우리가 '나'라고 말할 때 우리를 가리키는 몸에서부터 타자(他者)이며 바깥에 존재하는 모든 것을 향해 흘러가는 것이다. 개인적으로 우리가 누구라는 의식에 공동체의 차원에서는 집단의 일원, 즉 시민이라는 의식이 더해질 때, 우리 삶은 의미를 갖는다. 그 의미를 글로 표현한 것이 바로 도서관에 꽂힌 책들이다.

우리가 주변 세계를 글로 표현하고, 미래의 독서가를 위해 그 글을 꾸준히 보존하는 한 도서관은 살아남아 계속 존재할 것이다. 지금까지 많은 것이 글로 쓰였고, 앞으로도 많은 것이 계속 글로 쓰일 것이기 때문에, 우리가 어리석은 존재라 할지라도 우리에게 깨달음의 기회를 주는 이 작은 기적을 포기하지는 않을 것이다. 책이 우리 고통을 덜어주지 못할 수도 있다. 책이

콜롬비아 시골 지역의 '당나귀 도서관'.

우리를 악에서 보호해주지 못할 수도 있다. 책을 읽어도 우리는 무엇이 좋은 것이고, 무엇이 아름다운 것인지 모를 수 있다. 책이 죽음이라는 공통된 운명에서 우리를 지켜주지 못하는 것은 확실하다. 그러나 책은 우리에게 무수한 가능성을 제시한다. 변화의 가능성, 깨달음의 가능성……. 잘 쓰인 책이라도 이라크나 르완다의 비극을 덜어줄 수 없지만, 엉터리로 쓰인 책이라도 운명적으로 맞는 독자에게는 통찰의 순간을 허락할 수 있다. 로빈슨 크루소는 말했다. "내 이야기를 접하게 되는 모든 사람들은 그런 일이 이상하다고 생각하지는 않을 것이다. 사람들은 직접 겪은 경험으로 잘 안다. 인생을 살아가면서 어떻게든 피해보려고 애썼던 끔찍한 불행이 막상 겪어보면 바로 자신을 구원하는 길이었던 경우가 얼마나 많은가! 그리고 그런 상황만으로도 스스로 빠져 있던 고통에서 다시 소생할 수 있을 때도 많다." 물론 정확히 말하면, 이는 크루소의 말이 아니라, 무수한 책을 읽은 독서가인 디포의 말이다.

역사서와 연대기와 연감은 우리에게 성장이란 환상을 심어주지만, 그런 것은 없다는 증거도 우리에게 거듭해서 주어진다. 변화는 분명히 있고, 변천도 있다. 그러나 좋은 방향을 향한 변화이냐, 나쁜 방향을 향한 변화이냐는 전적으로 시대 상황과 관찰자에 따라 달라진다. 독서가로서 우리는 질투심 많은 소수가 비밀을 독점하던 소중한 재주를 배우는 시대에서 벗어나, 인간미라고는 없는 금전적 이익과 기계적인 효율성을 우선시하는 원칙에 종속되어버린 능력—게다가 각국의 정부는 거의 관심을 두지 않는 능력—을 당연하게 여기는 시대에 살고 있다. 또한 우리는 지금까지 가치 기준을 무수히 바꿔가며 살아왔고, 앞으로도 가치 기준을 바꿔갈 것이다. 우리는 이런 변덕스런 흐름에서 벗어날 수 없다. 이런 변덕은 인간 본성의 본질인 듯하기 때문이다. 그러나 우리를 확실하게 아는 것, 또 언젠가는 우리 능력이 반드시 필요한 것으로 인정받을 때가 다시 오리라는 확신을 마음에 품고 우리는 꿋꿋하게 버틸 수 있다. 로빈슨 크루소의 도서관, 즉 성서만이 있는 도서관은 우상, 즉 버팀목이었을 뿐 아니라 새로운 사회를 건설하는 데 반드시 필요한 도구였다. 달리 말하면, 그가 우주에 질서를 부여하기 위한 도구였다.

사도 바울은 예수의 얼굴을 본 적이 없는 유일한 사도였지만, 그가 만난 사람들, 특히 성서를 갈급하는 사람들에게 "그리스도께서 내 안에서 말씀하신다는 증거를 찾으시는 겁니까?"라고 대담하게 말했다. 그는 하느님의 말씀을 읽었기 때문에, 예수를 만난 적은 없었지만 하느님의 말씀이 자신 안에 자리 잡았다는 걸 알았다. 요컨대 글을 읽는 능력이 글에 담긴 비밀을 배우려는 사람들에게 허락하는 작은 신성(神性)을 통해, 바울은 자신이 성서, 즉 육신화된 말씀이 되었다는 걸 알았던 것이다. 경건한 삶을 살았던 에세네Essene파도 똑같이 생각했다. 그들은 오래전에 남긴 사해 두루마리Dead Sea Scrolls에서 "우리는 몸이 영원하지 않은 재료로 만들어졌으며, 썩는다는 것을 안다. 그러나 영혼은 영원하며 결코 소멸되지 않는 것도 안다"라고 말했다. 나는 이 두루마리에서 '영혼'이란 단어 뒤에 '책'이란 단어를 덧붙이고 싶다.

책이 우리 고통을 덜어주지 못할 수도 있다. 책이 우리를 악에서 보호해주지 못할 수도 있다. 책을 읽어도 우리는 무엇이 좋은 것이고, 무엇이 아름다운 것인지 모를 수 있다. 책이 죽음이라는 공통된 운명에서 우리를 지켜주지 못하는 것은 확실하다. 그러나 책은 우리에게 무수한 가능성을 제시한다. 변화의 가능성, 깨달음의 가능성…….

11장

생존

저는 예술에 의지해 살았습니다.
사랑에 의지해 살았습니다.
살아 있는 영혼을 해친 적이 한 번도 없습니다.
그런데 왜, 주님,
왜 저를 이렇게 벌하시는 겁니까?
베르디, 「토스카(Tosca)」 제2막.

사해 두루마리처럼, 또 먼 옛날의 독서가 손에서부터 우리에게 전해진 모든 책이 그렇듯이, 내 책들 하나하나에도 생존의 역사가 있다. 내게 이야기를 들려주려고 불이나 물에서, 혹은 시간의 흐름에서, 무심한 독서가와 검열관의 손에서 탈출한 책들이다.

수년 전 베를린 벼룩시장의 좌판에서 나는 딱딱한 검은 천 표지로 장정된 얄팍한 책 한 권을 우연히 발견했다. 별다른 서명은 없었다. 속표지에는 'Gebet-Ordnung für den Jugendgottesdienst in der jüdiβchen Gemeinde zu Berlin Sabbath-Nachmittag〔베를린 유대인 공동체 청년 예배용 기도서(안식일 저녁)〕'란 제목이 깔끔한 고딕체로 쓰여 있었다. 기도문 중에는 '우리의 왕, 독일 왕국의 카이저, 빌헬름 2세를 위하여'와 '황후이자 여왕이신 아우구스테 빅토리아를 위하여'라는 내용이 있었다. 1908년 베를린에서 율리우스 기텐펠트가 인쇄한 여덟 번째 판으로, 노이에 프리드리히 슈트라세 69번지, 지금은 존재하지는 않는 '클로스터 슈트라세가 시작되는 모퉁이'에 있던 'C.

1908년 베를린에서 인쇄된 독일어 기도서.

보아스 나흐프 서점'에서 구입한 책이었다. 책 주인의 이름이라 생각할 만한 표식은 찾아낼 수 없었다.

그 책이 인쇄되기 1년 전, 독일은 헤이그 평화 회담에서 제안된 군비 축소를 거부했다. 다시 수개월 후에는 독일 제국의 총리이자 프로이센 총리이던 베른하르트 폰 뷜로가 수용법을 공포하면서 독일인의 폴란드 정착이 허용되었다. 이 법이 폴란드 지주에 불리하게 악용된 적은 거의 없었지만, 이로 인해 독일이 폴란드 내에서 영토권을 주장할 수 있었고, 그로 말미암아 1940년 6월 아우슈비츠에 강제수용소를 설치할 수 있었다. 『기도서』의 원주인은 열세 살, 정확히 말하면 성인식을 치르고 회당의 기도에 참석할 수 있는 연령이 되었을 때 이 책을 샀거나 선물 받았을 것이다. 그가 제1차 세계대전에서 살아남았다면, 1933년 제3제국이 탄생할 때 서른여덟 살이었을 것이다. 그때 그가 베를린에서 살았다면 십중팔구 베를린의 많은 유대인들과 함께 폴란드로 강제 이송되었을 것이다.[1] 강제 이송 당하기 전에 그는 기도서를 누군가에게 주었거나, 어딘가에 감추었을 것이고, 그게 아니면 그가 모았던 다른 책들과 함께 집에 두고 폴란드로 떠났을 가능성도 있다.

나치스가 유대인 도서관들을 약탈하고 파괴하기 시작한 후, 폴란드 비야와 포들라스카에 있던 숄렘 알레이헴 도서관의 관장은 '조만간 독서가가 남아나지 않을 것'이라 생각했지만, 한 동료와 함께 매일 책을 은닉처로 최대한 실어 나르기로 결정했다. 보름 후에 장서들은 비밀 다락방으로 전부 옮겨졌다. 전쟁이 끝나고 한참이 지난 후에야 그 장소는 역사학자 투비아 보르지코프스키에 의해 발견되었다. 보르지코프스키의 판단에 따르면, 도서관장의 행동은 "구해진 책이 누군가에게 필요할 거라는 고민 끝에 행해진 것이 아니었다."[2] 그것은 오로지 기억을 구하겠다는 마음에서 비롯된 행동이었다. 유대교 신비주의자들은 인간의 운명이 기억을 어떻게 읽느냐에 따라 달라지는 게 아니라 기억을 읽을 수 있느냐 없느냐 하는 가능성에 따라 달라진다고 믿었다.

1933년 5월 10일 저녁, 베를린 대학교 맞은편 운터 덴 린덴 광장에서 책이 불태워졌다. 책이 나치스의 분명한 표적이었던 것이다. 히틀러가 총리에 임명되고 5개월이 지나지 않아, 요제프 괴벨스 선전부 장관은 하인리히 만, 슈테판 츠바이크, 프로이트, 에밀 졸라, 마르셀 프루스트, 앙드레 지드, 헬렌 켈러, H. G. 웰스 등과 같은 작가들의 책을 공개적으로 불태움으로써

"독일 민족의 영혼이 다시 소생할 것이며, 그 불꽃은 구시대의 최종적인 종말을 알릴 뿐 아니라 새로운 시대를 환히 밝혀줄 것이다"라고 선언했다.[3] 새로운 시대는 서점이나 도서관에서 수천 종의 책을 판매하고 유통하는 행위를 금지했다. 권위를 인정받았기에 거실 책꽂이에 꽂혀 있던 책들과 이들을 즐기던 독서 행위가 갑자기 위험한 것이 되었다. 금서 목록에 오른 책들을 개인적으로 소장하는 것도 금지되었다. 많은 책이 압수되고 파괴되었다. 유럽 전역에서 공공 도서관을 비롯해 개인 도서관까지 수백여 유대인 서고가 불태워졌다. 한 나치스 기자는 1939년 루블린에 위치한 예시바(유대교 학문을 가르치던 고등 학문 기관_옮긴이)의 유명한 도서관이 파괴되는 현장을 희희낙락하며 보도하기도 했다.

> 폴란드에서 가장 큰 교육기관으로 알려진 탈무드 아카데미의 파괴는 우리에게 무척 특별한 자부심을 안겨주었다……우리는 탈무드 도서관에 쌓인 책들을 건물 밖으로 던졌다. 그리고 그 책들을 장터로 옮겨 불을 질렀다. 불길은 20시간 동안 계속되었다. 루블린의 유대인들이 모여들어 비통하게 울었다. 그들이 울부짖는 소리에 우리는 침묵할 수밖에 없었다. 그러나 우리는 군악대를 동원했고, 군사들의 우렁찬 함성으로 유대인들의 울음소리를 지워버렸다.[4]

그러나 나치스는 상업적인 목적과 보관해두고 연구할 목적으로 많은 책을 남겨두었다. 1938년 나치스의 핵심 이론가이던 알프레트 로젠베르크가 '유대인 문제'를 연구하는 연구소를 설립해서 유대인들의 문헌―세속적인 문헌과 종교적인 문헌 모두―을 보관하자고 제안했고, 2년 후에 유대인 문제

연구소Institut zur Erforschung der Judenfrage가 프랑크푸르트 암 마인에 문을 열었다. 필요한 자료를 확보하기 위해서 로젠베르크는 히틀러의 허락을 얻어, 독일에서 내로라하는 사서들로 구성된 특수임무팀, '로젠베르크 라이히스라이터 특수부대Einsatzstab Reichsleiter Rosenberg, ERR'을 창설했다.[5] 폴란드 브로츠와프와 오스트리아 빈의 랍비 신학교, 프랑크푸르트 시립 도서관의 히브리·유대국, 로마의 랍비 학교, 헤이그의 스피노자 연구소, 레인스뷔르흐에 있는 스피노자의 집, 케리도·페하쥐스·피셔베르만을 비롯한 네덜란드 출판사,[6] 암스테르담의 국제 사회과학 연구소, 암스테르담 이스라엘 신학교, 포르투갈 이스라엘 신학교, 암스테르담 대학교의 로젠탈 도서관, 그리스 볼로스의 랍비 모셰 페샤 도서관, 리투아니아 빌뉴스의 스트라 도서관(창립자의 손자는 도서 목록의 작성을 도우라는 명령을 받고는 자살했다), 헝가리의 여러 도서관(부다페스트에 '유대인 문제'를 연구하기 위한 유사한 연구소가 설립되었다), 덴마크와 노르웨이의 도서관들, 폴란드의 수십여 도서관(특히 바르샤바 회당과 유대인 연구소 도서관)에서 압류한 책들이 연구소에 보관되었다. 이 방대한 도서관들에서 로젠베르크의 수하들은 필요한 책을 골라내고, 나머지 책들을 불살라버렸다. 1943년 2월, 연구소는 도서관 자료의 선별을 위해 "유대교의 역사와 문화와 성격을 다룬 모든 문헌, 그리고 유대인 저자가 히브리어와 이디시어가 아닌 다른 언어로 작성한 책들은 모두 프랑크푸르트로 이송하라. 그러나 최근 요컨대 1800년 이후에 히브리어나 이디시어로 쓰인 문헌은 피괴히리. 이 원칙은 독일어로 쓰인 기도서 및 종교 서적에도 해당된다"라는 지시를 내렸다.[7] 한편 많은 토라 두루마리들에 대해서는 "가죽을 장정에 사용할 수 있을 것이다"라고 덧붙였다. 덕분에 내가 가지고 있는 이 기도서는 기적적으로 불태워지지 않았다.

이 지시가 내려지고 7개월이 지난 후인 1943년 9월, 나치스는 아우슈비츠를 확장해 인근 비르케나우의 자작나무 숲에 '가족 수용소'를 설치했다. 비르케나우 수용소에는 '31호'라고 불린 분리된 구역이 있었다. 어린아이들만을 수용하는 구역으로, 동부지역에 강제 이송된 유대인들이 살해당하지 않는다는 걸 세상에 보여주는 증거물로 설립한 것이었다. 그러나 아이들은 그곳에서 6개월 정도를 머문 후에 어른들과 똑같은 운명을 맞았다. 게다가 대외 선전이란 설립 목적을 다한 후에 '가족 수용소'는 완전히 폐쇄되었다.[8]

31호 구역에는 500명의 아이들이 수용되었고, 몇몇 유대인 수감자가 '카운슬러'로 지명되었다. 엄중한 감시에도 불구하고 예상과는 달리 31호 구역에는 아이들의 비밀 도서관이 있었다. 물론 규모는 무척 작았다. H. G. 웰스의 『세계 문화사A Short History of the World』, 러시아어 교과서, 해석 기하학 교과서를 비롯해 8권이 전부였다. 다른 수용소에서 이송된 아이가 새로운 책을 몰래 갖고 들어와, 장서의 수가 9~10권으로 늘었다. 하루가 저물면 약품과 음식 등 그 밖의 소중한 물건과 함께 책들도 나이가 꽤 된 여자 아이에게 맡겨졌고, 그 아이는 매일 밤 장소를 옮겨가며 그것들을 감추었다. 독일 제국 전역에서 추방된 책들(예컨대 웰스의 책들)이 강제 수용소 도서관에서 때때로 발견되는 이유가 여기에 있다.

비르케나우 어린이 도서관에 물리적인 책은 8~10권에 불과했지만, 입말을 통해 전달되는 무형의 책들도 있었다. 카운슬러들은 감시의 눈을 피할 수 있을 때마다 어렸을 때 읽었던 책들의 내용을 아이들에게 전해주었다. 또 카운슬러들은 담당 구역을 바꾸었는데, 그때마다 다른 카운슬러가 다른 아이들에게 머릿속의 책을 읽어주었다. "도서관에서 책을 반납하고 또 대출받는 현상"과 다를 바가 없었다.[9]

비르케나우 강제수용소에서 살아남은
생존자들.

나치스가 가한 견디기 힘든 상황에서 그런 지적인 삶이 어떻게 계속될 수
있었는지 상상하기 힘들다. 바르샤바 게토에서 지내면서 하자르 부족 동맹
체에 대한 글을 쓴 역사학자 이츠하크 쉬퍼는 적절한 도서관에 앉아 자료를
찾을 수 없었을 텐데 어떻게 그런 글을 썼느냐는 질문에 "역사를 쓰는 데에
는 머리가 필요하지 엉덩이가 필요한 건 아니다"라고 대답했다.[10]

독서라는 일상적인 습관도 끊이지 않고 계속되었다. 경이롭기도 하지만
소름이 끼칠 정도이다. 그런 악몽 같은 상황에서 사람들은 빅토르 위고의
장발장, 톨스토이의 나타샤가 주인공인 책들을 꾸준히 읽었고, 그런 책들로
도서 신청 카드를 채웠고, 늦게 반납했다는 이유로 연체료를 물었다. 또한
현대 작가의 장점을 다룬 책을 읽거나, 하이네의 리듬감 있는 시를 읊조렸
나. 독서, 즉 책을 읽는 의식은 저항의 행위가 되었다. 이탈리아 심리학자 안
드레아 데보토가 말했듯이, "모든 것이 금지됐기 때문에 모든 것이 저항으
로 여겨질 수 있었다."[11]

베르겐 벨젠 집단 수용소에서는 토마스 만의 『마의 산The Magic Mou-ntain』이

수용자들 사이에서 은밀히 나돌았다. 한 소년은 "하루 중 가장 바쁜 시간에 그 책을 누군가에게 건네받았다. 내게 허락된 시간을 기억하자, 마음이 바빴다. 곧 조용한 구석을 찾아가 한 시간 동안 책을 읽었다"라고 당시를 회상했다.[12] 폴란드 출신의 또 다른 소년은 공포와 실의로 가득했던 시대를 회상하며 "그 책은 내게 가장 좋은 친구였다. 그 책은 나를 배신하지 않았고, 절망에 빠진 나를 위로해주었다. 내게 혼자가 아니라고 말해주었다"라고 말했다.[13]

영국 소설가 그레이엄 그린은 피해자의 편에 서서 싸우고, 피해자의 시야를 회복시키며, 깨달음의 단계에 이르렀느냐를 판단할 기준이 될 본보기를 제시하는 것이 작가의 의무라고 생각한 사람답게, "여느 희생자에게나 충성을 다해야 한다"고 말했다.[14] 내 서가에 꽂힌 책들의 저자들은 어떤 사람이 자신의 책을 읽을 줄 몰랐겠지만, 그들의 책에 담긴 이야기들은 독자에게 아직 일어나지 않은 사건들을 예견하거나 암시한다.

희생자의 목소리는 무척 중요하기 때문에, 압제자들은 희생자들을 침묵시키려 애쓴다. 오비디우스의 시 속에 등장하는 겁탈당한 필로멜라와 셰익스피어의 『타이터스 앤드러니커스Titus Andronicus』에 등장하는 라비니아의 경우처럼 희생자의 혀를 자르거나, 칼데론 데라바르카의 『인생은 일장춘몽Life Is a Dream』에서 국왕이 세기스문도에게, 샬럿 브론테의 『제인 에어Jane Eyre』에서 로체스터 씨가 미친 부인에게 그랬듯이 희생자를 아무도 보이지 않는 곳에 감추어 희생자의 목소리를 억누른다. 마거릿 애투드의 『시녀 이야기The Handmaid's Tale』처럼 희생자들의 증언을 일축함으로써 그들의 목소리를 죽일 수도 있다. 현실 세계에서 희생자들은 '사라진다.' 가택에 연금되거나, 감옥이나 고문실에 보내지고, 신뢰성을 의심받는다. 내 서가에 꽂힌 책들은 욥부터 『오셀로Othello』의 데스데모나까지, 『파우스트』의 그레첸부터 『신곡』의 프란체스카까지 거울처럼 사실대로는 아니지만(아우슈비츠 수용소에서 외과 의사로 근무한 독일인 요한 파울 크레머는 일기에 "이곳의 상황에 비교하면 단테의 지옥도 거의 코미디이다"라고 썼다[15]), 은유적 방식으로 이야기해준다. 이런 책들은 1930년대 독일의 웬만한 식자층 서고에 꽂혀 있었겠지만, 이런 책들에서 어떤 교훈을 얻느냐는 전적으로 다른 문제이다.

서구 문화에서 가장 전형적인 희생자는 트로이의 공주 폴릭세나이다. 그리스 신화에 등장하는 트로이 왕 프리아모스와 왕비 헤카베의 딸인 폴릭세나는 아킬레우스와 결혼할 운명이었지만, 그녀의 오빠 헥토르는 그 결혼을 반대한다. 아킬레우스는 폴릭세나를 훔쳐보려고 아폴로 신전에 몰래 잠입하지만, 발각되어 살해당한다. 오비디우스에 따르면, 트로이가 함락당한 후 아킬레우스의 영혼이 승리한 그리스인들에게 나타나, 폴릭세나 공주를 그에게 제물로 바쳐달라고 요구한다. 따라서 공주는 아킬레우스의 무덤으로 끌려가고, 거기에서 아킬레우스의 아들 네오프톨레모스에게 죽임을 당한다. 폴릭세나는 원인 제공자도 아니고, 어떤 죄도 범하지 않았다. 그녀가 죽는다고 특별히 이익을 볼 사람도 없었다. 그야말로 대답할 수 없는 질문으로 독자를 괴롭히는 백지일 뿐이다. 따라서 폴릭세나는 완벽한 희생자라 할 수 있다. 아킬레우스가 그렇게 요구한 이유를 찾아내고, 제물의 요구를 수락한 이유를 합리화하고, 아킬레우스의 아들이 폴릭세나의 가슴에 찌른 칼을 변명하려고 그럴듯한 전후관계를 꾸며냈다. 그러나 폴릭세나의 죽음이 당연하다고 생각할 만한 근거는 어디에서도 찾아지지 않는다. 모든 희생이 그렇듯이, 그녀의 희생도 부당했다.

내 도서관은 폴릭세나에게 가해진 부당한 짓을 증언해준다. 내 도서관에 떠도는 가공의 유령들은 한때 튼튼한 몸을 지녔던 무수한 원혼에게 목소리를 빌려준다. 그 목소리는 문학에서 굳건하게 한자리를 차지하는 주제인 복수를 원하는 아우성이 아니다. 우리를 하나의 사회 집단으로 정의하는 비판이 공동체적 차원에서 건전한 의미를 지니려면—다시 말해 우리 모두가 똑같은 인간임을 인정하며 희생자에게 가해지는 비난이 사회 전체에 가해지는 비난으로 보이려면, 어떤 비판이든 건설적이고 교훈적이어야 한다고 외치는 목소리이다. 영국 속담에서 말하듯이, 정의는 행하는 것만으로는 충분하지 않고 정의가 행해지고 있다는 것이 사람들의 눈에 구체적으로 보여야 한다. 정의는 개인적인 차원에서 만족을 얻는 것이 아니다. 정의는 사회 전체에 배우겠다는 자기 치유적 욕구를 북돋워주어야 한다. 정의가 행해질 때, 겉으로 변덕스럽게 보이는 신 앞에서도 희망을 품을 수 있다.

마르틴 부버가 수집한 하시디즘Hasidism의 전설에서는 하느님을 심판대에 세운 한 남자에 대해 이야기한다. 그렇잖아도 힘들게 살던 폴란드 갈리치아 유대인들의 삶을 더욱 힘들게 하는 법령이 오스트리아 빈에서 공포되었다. 그 남자는 하느님이 유대인들을 희생자로 전락시켜서는 안 되며, 그들이 하느님을 위해 자유롭게 일할 수 있도록 해주어야 한다고 주장했다. 랍비 법정은 그의 주장을 심각하게 고려해보기로 결정하고, 그들이 고민하는 동안 원고와 피고를 물러나 있게 하려고 "원고는 밖에서 기다릴 겁니다. 하지만 우주의 주인이신 당신에게는 물러나 있으라고 말하진 않겠습니다. 당신의 영광은 동시에 어디에나 존재하니까요. 하지만 당신이 우리 판단에 영향을 미치는 건 허용하지 않겠습니다"라고 말했다. 그리고 랍비들은 눈을 감고 깊은 생각에 잠겼다. 그날 저녁 늦게, 랍비들은 그 남자를 불러 "당신의 주

장은 정당했다"라는 그들의 판결을 알려주었다. 바로 그 시간에, 문제의 법령이 폐기되었다.**16**

폴릭세나의 세계에서는 결과가 그다지 행복하지 않다. 하느님, 여러 신들, 악마, 자연, 사회제도, 프리뭄 모빌레primum mobile(프톨레마이오스의 천문학에서 이야기하는 원동력) 등 어떤 것도 잘못이나 책임을 인정하지 않는다. 따라서 내 도서관은 다음과 같은 똑같은 질문들을 거듭해서 제기한다. 누가 욥에게 그처럼 큰 고통과 상실을 안겨주는가? 사뮈엘 베케트의 『행복한 날들Happy Days』에서 땅으로 점점 파묻히는 위니는 누가 책임져야 하는가? 에밀 졸라의 『목로주점L'assommoir』에서는 누가 제르베즈 마카르의 삶을 가차 없이 파괴하는 것인가? 로힌턴 미스트리의 『적절한 균형A Fine Balance』에서 주인공들을 괴롭히는 사람은 누구인가?

고문자와 살인자, 무자비하게 권력을 휘두른 독재자, 후안무치할 정도로 순종적인 관료는 자신이 저지른 끔찍한 범죄가 적나라하게 고발당해도 '왜?'라는 질문에 거의 대답하지 않는다. 인류의 역사가 증명해주는 사실이다. 그들은 무표정한 얼굴로 죄를 인정하지 않는다. 그들의 차가운 얼굴은 그들이 과거에 저지른 행위에 대해 섣불리 결론을 내리지 말라는 저항으로 보인다. 그러나 내 도서관의 책들을 통해 나는 그들의 미래를 상상해볼 수 있다. 빅토르 위고에 따르면, 지옥은 사람에 따라 다른 모습을 띤다. 카인에게 지옥은 아벨의 얼굴이고, 네로에게 지옥은 아그리파의 얼굴이다.**17** 맥베스의 지옥은 방코의 얼굴이고, 그리스 신화에 나오는 마녀 메데이아에게 지옥은 자식들의 얼굴일 것이다. 한편 프랑스의 소설가 로맹 가리는 어떤 나치스 장교가 자신에게 살해당한 유대인 광대의 유령에게 끊임없이 시달리

는 모습을 꿈꾸었다.[18]

내 책들 사이의 신기한 관련성에서 짐작할 수 있듯이, 시간이 여러 세기를 가로질러 끝없이 흐르며 동일한 주제를 반복하고 똑같은 현상을 목격한다면, 모든 범죄와 배신 및 악행의 진실이 결국에는 밝혀질 것이다. 카르타고는 모든 이야기가 끝난 줄 알았지만, 내 도서관 문턱을 넘어서는 순간, 흩뿌려진 로마의 소금에서 다시 일어선다. 돈 후안은 엘비라의 고뇌에 다시 맞닥뜨리고, 브루투스는 카이사르의 유령을 다시 만난다. 이때 가해자는 시간의 순환을 피할 수 없는 까닭에 희생자에게 용서를 빌어야만 할 것이다.

도서관 덕분에 나는 이런 실현할 수 없는 희망을 품을 수 있다. 그러나 희생자들의 입장에서는 가해자들의 행동을 굳이 용서해주거나 변명해줄 이유가 없다. 닉 카이스토르는 아르헨티나 군부 독재 시절에 '행방불명된 사람들'에 대한 보고서인 『다시는 없어야 한다Nunca más』의 영어판 서문에서, 궁극적으로 우리에게 전해진 이야기는 생존자들의 보고에 불과하다는 사실을 우리에게 일깨워주며, "수천 명의 사망자를 표식도 없는 무덤으로 몰아넣은 잔혹한 행위에 대해서 우리는 그저 추측할 수 있을 뿐이다"라고 말했다.[19]

삶 자체가 비인간적일 때 우리가 어떻게 일상적인 삶을 인간답게 영위할 수 있을지 의문이기는 하다. 굶주림과 질병, 구타와 학살이 만연된 상황에서도 우리가 사랑하는 작은 것을 위해서 생존 전략을 고민하며 예절을 갖추고 친절을 베푸는 교양 있는 삶을 계속 꾸려갈 수 있을까? 수천 권의 책들 중 구해낸 한 권의 책을 위해서, 수천 명의 독서가들 중 살아남을 한 명을 위해서, 또 종말을 맞을 때까지 욥의 하인처럼 "나만 홀로 피하였으므로 주인께 아뢰러 왔나이다"라고 소리칠 목소리를 위해서 극한적인 상황에서도 문명인답게 살아갈 수 있을까? 인류의 역사를 돌이켜보면, 승리자의 도서관은 힘의 상징이 되고 공식적인 목소리의 저장고가 되지만, 우리 머릿속에는 잿더미로 변한 도서관의 목소리가 맴돈다. 희생자의 도서관은 버려지고 파괴되었지만 "어떻게 그런 짓이 가능할 수 있었을까?"라고 끊임없이 묻는다. 내 기도서도 이렇게 묻는 도서관의 일부이다.

유럽 십자군 원정대는 40일 간의 포위 끝에, 마침내 1099년 7월 15일 예루살렘을 점령했다. 그 후, 십자군은 무슬림이면 남녀노소를 가리지 않고 무차별적으로 학살했고, 유대인들은 회당에 가두고 산 채로 불태워 죽였다. 구사일생으로 예루살렘을 탈출해 다마스쿠스에 도착한 아랍인들의 품에는 가장 오래된 성전(聖典)들 중 하나인 '오스만 코란Uthman Qur'an'이 있었다. 그들은 그 책 안에 자신의 운명이 예언되어 있기 때문에(알라의 말씀은 과거, 현재, 미래 전부를 관통한다), 그들이 코란을 올바로 읽을 수 있었다면 그들에게 닥친 사건의 결과를 미리 알았을 거라고 믿었다.[20] 이런 유형의 독서가들에게, 역사는 '세상을 향해 펼쳐진 신의 의지'에 불과하다.[21] 우리는 도서관에서 배우고, 책을 읽음으로써 올바르게 질문하는 법을 터득한다. 그러나 우리가 책에서 반드시 답을 찾아낼 수 있는 것은 아니다. 전해 들은 목소리와 상상으로 창조해낸 이야기를 통해서, 책은 우리가 직접 고통받지 않아 알지 못하는 것을 기억하게 해줄 뿐이다. 고통 자체는 희생자의 몫일 뿐이다. 이런 점에서 모든 독서가는 아웃사이더이다.

단테는 지옥에서 나와 레테 강을 거슬러 올라가며 회상한다. 고통받은 영혼들의 목소리가 그의 귓가에 들리지만, 그 영혼들이 스스로 인정한 죄 때문에 벌 받는 것이라는 사실을 안다.[22] 단테의 저주받은 영혼들과 달리, 지금도 우리 곁을 떠나지 못하는 영혼들은 아무런 죄도 없이 죽어간 사람들이다. 그들은 그저 살아 있다는 이유만으로 고문받고 살해당했다. 어쩌면 그조차도 이유가 아닐 수 있다. 하기야 악행에 무슨 이유가 있겠는가? 토마스 만의 『마의 산』에든 평범한 기도서에든 본질적으로 담아서는 안 될 내용이라면 어떻게 이를 효과적으로 담아낼 수 있겠는가? 세상은 책의 여백을 항상 초월하지만 우리는 한 단락이나 한 행으로 한정된 순간을 볼 뿐이라면, 그러니까 윌리엄 블레이크의 표현대로 "시적인 이야기들에서 숭배할 거리를 선택"할 뿐이라면, 책을 읽는 사람에 불과한 우리가 세상의 순환과 시간을 어떻게 완전히 이해할 수 있겠는가? 따라서 우리는 '우리가 그 불가능한 목표에 다가가는 데 책이 도움을 줄 수 있을까?'라는 질문으로 다시 돌아가게 된다.

어쩌면 도움이 될 수도 있다. 1944년 6월의 어느 날, 체코 테레지엔슈타트 게토의 장로로 비르케나우 수용소로 끌려간 야콥 에델슈타인은 수용소 건물에서 기도용 숄로 어깨를 감싸고, 내 기도서와 비슷한 책을 통해 오래 전부터 외워두었을 아침 기도를 시작했다. 그러나 기도를 시작하자마자, 프란츠 회슬러 친위대 중위가 건물 안으로 들어와 에델슈타인을 데리고 나갔다. 1년 후, 에델슈타인과 함께 수감되었던 요슬 로센사프트는 당시 상황을 다음과 같이 회상했다.

갑자기 문이 벌컥 열리고 회슬러가 세 명의 친위대원을 거느리고 거만하게 들어왔다. 회슬러는 야콥의 이름을 크게 불렀다. 그러나 야콥은 미동조차 하지 않았다. 회슬러가 더 크게 소리쳤다. "나를 기다리게 하는 건가? 서

두르란 말이야!" 야콥이 천천히 돌아서서 회슬러를 똑바로 바라보며 말했다. "전능하신 하느님께서 내게 허락한 이 땅에서의 마지막 순간에는 내가 주인이지, 자네가 아닐세." 그러고는 다시 벽을 보고 돌아앉아 기도를 마저 끝냈다. 그런 뒤에 야콥은 기도용 숄을 천천히 접어 다른 수감자에게 건네고는 회슬러에게 말했다. "이제 준비됐네."[23]

▲ 야콥 에델슈타인의 초상.

테레지엔슈타트 게토의 도서관 스케치, 알프레트 베르겔 그림, 1943년 11월 27일.

악몽 같은 상황에서 사람들은 빅토르 위고의 장발장, 톨스토이의 나타샤가 주인공인 책들을 꾸준히 읽었고, 그런 책들로 도서 신청 카드를 채웠고, 늦게 반납했다는 이유로 연체료를 물었다. 또한 현대 작가의 장점을 다룬 책을 읽거나, 하이네의 리듬감 있는 시를 읊조렸다. 독서, 즉 책을 읽는 의식은 저항의 행위가 되었다. 이탈리아 심리학자 안드레아 데보토가 말했듯이, "모든 것이 금지됐기 때문에 모든 것이 저항으로 여겨질 수 있었다."

12장

망각

잃어버린 것은 파괴될 수도 없고, 줄어들 수도 없다.
프란체스코 페트라르카, 「자신의 무지에 대하여(On His Own Ignorance)」

닉스(밤의 여신)가 카오스의 자식이라면, 레테 강, 즉 망각은 카오스의 손녀, 즉 닉스와 에리스(불화의 여신)의 섬뜩한 결합으로 태어난 자식이다. 베르길리우스는 서사시 『아이네이스^Aeneid』의 제6권에서, 레테 강을 지하 세계로 가는 영혼들이 다시 태어날 수 있도록 과거의 자아를 잊게 해주는 강이라고 상상했다.[1] 따라서 레테 강은 우리에게 과거의 경험과 행복만이 아니라, 편견과 슬픔마저 잊게 만든다.

내 도서관의 책들을 나는 절반쯤 기억할 뿐, 절반은 거의 기억하지 못한다. 게다가 요즘에는 기억력이 예전만 못해서, 어떤 구절을 어디에서 읽었는지 기억해보려 해도 기억이 가물가물하다. 어떤 책은 내 경험에서 완전히 사라져 기억나지도 않고 보이지도 않는다. 반면에 특별한 이유도 없이 제목이나 이미지, 심지어 몇몇 구절까지 기분 좋게 머릿속에서 맴도는 책들이 있다. '1890년 어느 봄날 저녁'이라고 시작하는 소설이 뭐지? 시바의 여왕 다리에 털이 있는지 확인하려고 솔로몬 왕이 거울을 사용했다는 이야기를 어디에서 읽었을까? 꽉 막힌 복도에서 새들이 날갯짓하는 장면만 생각하는 특이한 책 『암흑 속으로의 비행Flight into Darkness』을 누가 썼더라? '헛간이던 그의 도서관'이란 구절을 어떤 소설에서 읽었을까? 불이 밝혀진 촛불과 크림색 종이 위로 굵은 크레용들이 표지에 그려진 책이 뭐였지? 내 도서관 어딘가에 이 질문들에 대한 대답이 있지만, 그곳이 어딘지는 까맣게 잊어버렸다.

내 도서관을 방문하는 사람들은 내게 곧잘 모든 책을 읽었느냐고 묻는다. 그 질문에 나는 모든 책을 펼쳐본 것만은 확실하다고 대답한다. 규모가 어떻든 간에 도서관에 있는 모든 책을 읽어야 할 필요는 없다. 앎과 무지, 기억과 망각이 적절하게 균형을 이룰 때 독서가는 이익을 얻는다. 1930년 오스트리아의 소설가 로베르트 무질은, 빈의 왕립 도서관에서 일하며 그 거대한 도서관에 소장된 모든 책의 제목을 기억하는 충직한 사서를 주인공으로 한 소설을 썼다. 소설 속에서 사서는 한 방문객에게 "내가 어떻게 이 모든 책에 정통한지 알고 싶습니까?"라고 묻고는 "솔직하게 말씀드리면 내가 여기에 있는 책을 한 권도 읽지 않았기 때문입니다!"라고 대답했다. 그리고 "좋은 사서가 되는 비결은 모든 책에서 제목과 목차 이외에 어떤 것도 읽지 않는 겁니다. 책 자체에 빠지면 도서관의 역할에 대해서는 무감각하게 됩니다……그런 사서는 전체를 볼 수 없을 겁니다!"라고 덧붙였다. 이 말을 듣고 방문객은 울어야 할지 담배를 펴야 할지 알 수 없었지만, 도서관 안에서 이두 가지가 금지되어 있다는 것만은 잘 알고 있었다.[2]

나는 아직 읽지 않았고 앞으로도 읽을 가능성이 없는 책을 보아도 별다른 죄의식을 느끼지 않는다. 내 책들에 무한한 인내심이 있다는 걸 알기 때문이다. 내가 죽는 날까지 내 책들은 내 손길이 닿기를 기다릴 것이다. 내가 그들 모두를 아는 척이라도 해야 한다고 요구하지도 않고, 아일랜드의 작가

플란 오브라이언이 상상한 '프로페셔널한 책 관리자'가 되라고 내게 강요하지도 않는다. 오브라이언이 상상한 프로페셔널한 책 관리자는 탐욕스레 책을 모으지만 읽지는 않는다. 그저 적절한 수수료를 받고 책을 '관리'해서 생계비를 버는 사람이다. 구체적으로 말하면, 책을 읽은 것처럼 보이기 위해서 여백에 앞뒤가 맞지 않는 주석을 써넣고, 한 번도 펼쳐보지 않은 책 사이에 연극 프로그램 표 같은 것을 책갈피로 끼워 넣는 대가로 입에 풀칠을 하는 사람이다.[3]

영국의 역사학자 에드워드 기번은 기원후 3세기 로마 황제 고르디아누스 2세의 충실한 도서관과 혼잡한 하렘에 대해 언급하며 "22명의 공인된 첩과 6만 2,000권의 책이 갖추어진 도서관만으로도 그의 다채로운 성향이 입증된다. 그가 남겨놓은 유산을 통해서도 도서관과 하렘이 대외적 과시가 아니라 필요했기 때문에 갖춘 것임을 짐작할 수 있다"라고 말했다.[4] 물론, 정신 나간 천재가 아니면 누구도 6만 2,000권이 갖추어진 도서관을 섭렵해 찰스 그릴리 애벗부터 울리히 츠빙글리까지 그 모든 책을 하나씩 통독하며 기억에 담을 생각은 꿈에도 하지 않을 것이다. 설령 그 목표가 성취 가능한 것이더라도! 고르디아누스 2세는 그로부터 1,600년 후에 새뮤얼 존슨이 말한 '주마간산 독서법cursory mode of reading'을 사용했을 것이다. 존슨도 일정한 방식에 따라 엄격하게 책을 읽지 않았다. "도련되지 않은 부분에 담긴 내용이 도련된 부분에 담긴 내용보다 고약하리고는 생각하지 않는다"라고 말했지만, 도련된 부분만을 읽고 도련되지 않은 부분을 자르지 않은 채 남겨둔 책들도 적지 않았다. 그는 책을 반드시 끝까지 읽어야 한다거나, 처음부터 읽어야 한다고도 생각하지 않았다. "중간부터 읽기 시작해서 계속 읽고 싶은 마음이 생기더라도 처음부터 읽기 시작할 이유는 없다. 처음부터 시작하면 읽고 싶은 마음이 사라질 수도 있다"라고 말할 정도였다. 또 일단 읽기 시작하면 끝까지 읽어야 한다는 충고는 '이상한 충고'라며, "우연히 알게 된 어떤 사람과 평생지기가 되겠다고 결심하는 편이 낫지 않은가!"라고 말했다. 특별한 책을 찾아 헤맬 이유는 없다. 우연히 눈에 띄는 책을 펼치고 읽어라. 요컨대 존슨은 행운이 학식만큼이나 훌륭한 카운슬러라고 생각했던 것이다.

존슨을 집요하게 파고들며 그의 전기를 쓴 제임스 보즈웰은 "존슨은 어렸을 때 형이 아버지 가게의 선반 위쪽에 놓인 커다란 책 뒤에 사과를 감추었다고 생각하고는 선반을 기어 올라갔다. 사과는 없었다. 그 커다란 책은 페트라르카의 책이었는데, 존슨은 어떤 책의 서문에서 그 책이 학습의 동기를 북돋워준다고 언급된 걸 본 적이 있었다. 그래서 호기심을 억누르지 못하고 그 자리에 앉아 상당 부분을 읽었다"라고 말했다. 나도 이런 우연한 만남에서 행복을 만끽한 적이 한두 번이 아니다.

내 도서관에서 잊혀진 책들은 조용히 지낼 뿐 주제넘게 나서지 않는다. 하지만 잊혀졌다는 사실 때문에 그 책들에서 다시 읽는 시들과 이야기들은 완전히 새롭게 느껴진다. 나는 전에는 한 번도 펼친 적이 없었던 것처럼 책을 펼치고, 기막히게 감동적인 구절을 만난다. 그 구절을 절대 잊지 않아야겠다고 다짐하며 책을 닫지만, 내가 젊고 더 똑똑했을 때, 예컨대 열두 살이나 열세 살쯤에 그 구절에 대해 표식해두었던 흔적을 면지(面紙)에서 발견한다. 레테 강이 내게 아무런 잘못이 없다고 다독거려주지는 않지만, 로저 애크로이드를 누가 살해했는지(애거사 크리스티의 『애크로이드 살인사건』을 말한다_옮긴이) 몰랐고, 안나 카레니나의 운명에 눈물을 흘렸던 소년 시절로 되돌아가게는 해준다. 나는 첫 단어부터 다시 시작하지만, 내가 진정으로 다시 시작할 수 없다는 걸 안다. 내가 과거에 이미 맛보았던 느낌을 잃어버려, 상처가 아문 후에 새로 돋는 피부처럼 다시 그 느낌을 되살려야 한다는 기분이 밀려온다. 고대 그리스에서는 뱀이 레테 강의 상징물이었다.

그러나 재발견을 막으려고 망각을 시도하고 망각을 뚜렷한 목표로 삼는 도서관들이 있다. 앞에서 언급한 검열 받은 도서관들, 거만한 관료주의가 팽배한 도서관들, 학계에서 옳다고 생각하는 자료만을 집중적으로 구입하는 학술 도서관이 대표적인 예로, 이런 도서관들은 어둠 속에 숨어 다니는 부류라 할 수 있다. 독일 학자 하랄트 바인리히는 망각의 가치를 다룬 재밌는 책에서, 과학적이라 포장된 정신 상태가 때로는 미리 결정된 배제 기준과 일치한다고 지적한다. 예컨대 노벨상 위원회가 수상자를 결정하는 기준이 되는 출판물들은 다음과 같이 망각을 강요하는 네 가지 규칙을 따른다.

1. 영어 이외의 언어로 출판된 책은……잊어라.
2. 상을 받은 출판물과 다른 형식으로 발표된 출판물은……잊어라.
3. 권위를 인정받은 학술지들, 예컨대 X, Y, Z 중 하나에 발표되지 않은 출판물은……잊어라.
4. 발표된 지 50년이 넘은 출판물은……잊어라.[5]

책 읽기가 우리에게 인간의 공통된 경험을 일깨워주는 수단이라면, 진체주의 정부가 글에 담긴 기억을 억누르려는 것은 당연한 일이다. 이런 상황에서는 모든 독자가 망각하지 않으려고 애쓴다. 2001년 카불에 폭격이 있은 후, 여러 독재 체제에서 힘겹게 살아남은 사서 겸 서적상 샤 무하마드 라이스는 자신의 경험을 한 기자에게 털어놓았다.[6] 그는 30년 전에 서점을 시작했고, 검열관들의 눈을 그럭저럭 피했다. 그는 10세기 페르시아의 유명한 시인 피르다우시의 장편 서사시 『왕자(王子)의 서(書)The Book of Kings』에서 읽은 "큰 위험을 맞닥뜨리면 때로는 늑대처럼 때로는 양처럼 행동하라"는 구절에서 책을 위해 저항하겠다는 영감을 얻었다고 말했다. 샤 무하마드는 독단적인 공산주의 체제하에서는 붉은 색으로 책을 장정했고, 탈레반의 우상 파괴적 지배하에서는 살아 있는 생명체를 형상화한 이미지들을 종이로 풀칠해 덮어버렸다. "하지만 공산주의자들은 내 책들을 불태워버렸습니다……그 후, 탈레반이 내 책들을 다시 불태워버렸지요"라고 그는 탄식한다. 마침내 경찰들까지 그의 서점에 들이닥쳐 책들을 빼앗아 장작더미 위에 쌓자, 샤 무하마드는 더 이상 참지 못하고 문화부 장관을 찾아가 "당신들은 내 책들을 불태웁니다. 어쩌면 나를 죽일 수도 있습니다. 하지만 당신들이 결코 없애지 못할 것이 있습니다"라고 말했다. 문화부 장관은 그것이 무엇이냐고 물었다. 샤 무하마드는 "아프가니스탄의 역사입니다!"라고 대답했다. 그가 목숨을 잃지 않은 게 기적이었다.

미국에서 흑인의 책 읽는 권리를 억압하려는 시도는 노예제도 초기부터 있었다. 노예의 저항을 근본적으로 차단하기 위해서는 노예들을 문맹의 늪에 가둬두어야 했다. 노예가 글을 배우면 노예제도 폐지를 주장하는 정치·철학·종교적 주장을 알게 되어 주인에게 저항할 거라는 염려가 뒤따랐다. 따라서 성경을 읽으려고 글을 배운 노예들까지 죽음에 처해지는 경우가 비일비재했다. 노예들은 개종해도 성경에 대한 지식을 백인 주인의 눈을 통해서만 얻을 수 있었다.[7] 흑인 교육자 부커 T. 워싱턴은 "노인들의 가장

아프가니스탄 카불의 서적상, 샤 무하마드 라이스

큰 꿈은 죽기 전에 글을 배워 성경을 읽는 것이었다. 이런 꿈을 실현하려는 50~70대 노인들이 야간학교에 자주 띄었다"고 말했다.[8]

모든 백인이 노예가 글을 배우면 필연적으로 폭동을 일으킬 거라고 믿었던 것은 아니었다. 노예들이 성경을 스스로 읽기 시작하면 오히려 온순하고 순종적인 하인이 될 거라고 생각한 백인들도 많았다. 미국 성서공회가 1860년대 말 해방 노예들에게 성경을 나눠주기 시작한 후에도, 교육은 지적인 자유를 위한 수단이 아니라 '공화국에 위험을 안겨줄 수 있는 열등한 자들로부터의 위협을 완화하기 위해 반드시 필요한 도구'로 활용해야 한다고 생각한 백인 교육자들이 많았다.[9]

▲ 부커 T. 워싱턴의 초상.

미국 남부에서 도서관은 20세기 초에야 흑인들에게 개방되었다. 테네시 멤피스에 있던 코시트 도서관이 최초였다. 코시트 도서관은 흑인 아이들을 위한 학교인 르무안 인스티튜트에 사서와 상당한 책을 제공했다.[10] 북부 지역에서는 공공 도서관이 더 일찍 흑인들에게 문호를 개방했지만 금지된 영역을 허물었다는 두려움이 1950년대 말까지 팽배했다. 제임스 볼드윈은 어린 시절 5번가와 42번 거리가 만나는 모퉁이에 서서 뉴욕 공립 도서관의 본관을 지키는 돌사자를 보며 감탄한 적이 있었다. 건물이 너무 웅장해 보여 그는 감히 들어설 엄두를 내지 못했다. 미로처럼 복잡한 복도와 대리석 계단에서 길을 잃고 원하는 책을 찾지 못할까 두려웠다. 볼드윈은 당시를 아득히 먼 옛날 다른 사람이 그런 당혹감에 빠진 것처럼 회상하며, "안에는 모두가 백인이었다. 그들은 그가 큰 건물과 많은 책을 처음 경험한다는 걸 알았던지 동정의 눈길로 그를 쳐다보았다"라고 썼다.[11]

망각은 여러 방향에서 도서관에 강요된다. 전쟁과 이전이 대표적인 예이다. 1945년 제2차 세계대전이 끝난 직후, 러시아 장교가 폐허로 변한 독일의 한 기차역에서 나치스가 약탈한 러시아 책과 문서로 가득한 나무상자들을 발견했다. 러시아 작가 일리야 예렌부르크에 따르면, 그 책들은 유명한 투르

멤피스 코시트 도서관의 모습이 담긴 그림엽서.

게네프 도서관에서 약탈한 것이었다. 『아버지와 아들Fathers and Sons』을 쓴 투르게네프가 1875년 망명한 학생들을 위해 파리에 세운 도서관으로, 러시아 작가 니나 베르베로바는 투르게네프 도서관을 '망명지에 있는 러시아 최대의 도서관'이라 칭한 바 있었다.[12] 하지만 그 도서관에 보관되었던 책들은 이제 사라지고 없다.

이디시어로 시를 쓴 라헬 코른은, 그녀의 표현에 따르면, '캐나다에서 조난된 기분으로' 삶의 대부분을 보냈다. 그녀는 폴란드 동(東)갈리치아의 고향에서 망명한 후 '모든 소지품을 가라앉는 배에 두고 떠나야 했던' 사람의 기분으로 살았다. 그러나 그녀는 '강요된 망각'에 저항했다. "조국을 어쩔 수 없이 떠나야 할 때에는 머릿속에 기억한 것을 제외하고 모든 도서관이 사라진다. 기억한 것만을 되풀이해서 읽고 또 읽어야 한다. 그래도 머릿속으로 읽는 까닭에 페이지가 떨어져 나가지는 않는다." 훗날 그녀의 딸은, 그들이 몬트리올에 정착한 직후부터 어머니가 매일 밤 푸시킨, 안나 아흐마토바, 만델스탐의 시를 반복해서 암송하라고 명령했기 때문에 그들의 시를 잠자리 기도문처럼 외우게 되었다며, "때로는 어머니가 우리를 바로잡아 주었고, 때로는 우리가 어머니를 바로잡아 주었다"고 회상했다. 망명 생활을 하던 코른에게는 그렇게 머릿속에 담긴 텍스트만이 유일한 도서관이었다.[13]

때로는 도서관이 계획적으로 사라지기도 한다. 2003년 4월 바그다드의 국립 문서보관소, 고고학 박물관, 국립 도서관이 샅샅이 뒤져지고 약탈당했지만, 영미 연합군은 멀뚱히 보고만 있었다. 몇 시간 만에 인류 최초의 역사 기록이 망각의 늪에 빠져들었다. 6,000년 전에 기록된 현존하는 최초의 문서를 비롯해 사담 후세인 심복들의 약탈도 견뎌냈던 중세의 연대기, 종교유산부에 보관되었던 아름다운 코란들 등 모든 것이 사라졌다. 거의 영원히![14] 아랍의 저명한 서예가들이 아름다운 내용만큼이나 아름다운 서체로 꾸민 필사본들도 사라졌다. 10세기 이라크의 서적상 이븐알나딤이 낮 시간을 하찮은 흥밋거리를 읽으면서 보내서는 안 된다는 뜻에서 저녁 이야기라고 불렀던, '아라비안나이트' 같은 이야기들을 모아놓은 책들도 사라졌다.[15] 오스만 제국이 바그다드를 지배하던 시대를 기록한 공식 문서들은 잿더미로 변했다. 1258년 몽골군이 바그다드를 정복하고는 도서관들을 가득 채운 책들을 티그리스 강에 던져 강물마저 검게 변하게 했던, 암울한 시간을 견뎌냈던 책들도 끝내 사라지고 말았다.[16] 앞으로는 누구도 과거의 위험한 여

바그다드 국립 도서관과 국립 문서보관소의 약탈 현장.

행과 시간의 덫에 갇힌 아름다운 도시들에 대해 꼼꼼하게 기록한 서신의 시대를 연구하지 못할 것이다. 또 14세기 이집트 학자 아흐마드 알칼카샨디가 남긴 『밤눈이 어둔 사람들을 위한 새벽Dawn for the Night-Blind』 같은 서적을 앞으로는 누구도 뒤적이지 못할 것이다. 알칼카샨디는 14권으로 이루어진 이 책들 중 한 권을 통해 아랍 문자 하나하나가 어떠한 서체로 쓰여야 하는가를 자세히 설명했다. 쓰인 글은 결코 잊혀지지 않는다고 믿었기 때문이었다.[17]

약탈이 있은 지 수개월 만에 상당수의 유물이 이라크에 반환되었지만, 인터폴과 유네스코 및 국제박물관 협의회를 비롯한 문화 단체들의 노력에도 불구하고 2004년 말 현재 도난당한 서적과 자료와 공예품의 상당량을 아직 되찾지 못했다. 바그다드 고고학 박물관 관장 도니 조지 유하나 박사는

"약탈당한 유물의 50퍼센트 이상이 아직 행방이 묘연하다. 이라크만이 아니라 인류 전체에 큰 손실이다"라고 말했다.[18]

　이탈리아 역사학자 루치아노 칸포라는 도서관과 책이 사라지는 과정만이 아니라, 그런 소멸에 대한 인식 과정까지 역사적으로 기록할 필요성을 역설했다.[19] 기원전 1세기의 그리스 역사학자 디오도로스 시켈로스가 그리스 철학자 테오폼포스의 마케도니아 필립 왕 원정기에 대해 언급하면서, 원정기는 원래 58권으로 이루어졌지만 '안타깝게도 5권이 행방불명이다'라고 기록했다는 사실을 예로 들어, 칸포라는 디오도로스가 시칠리아 섬에서 거의 평생을 지냈기 때문에 테오폼포스가 말한 문제의 5권은 지역 도서관, 정확히 말하면 시칠리아 섬에 있던 타오르미나 역사 도서관에 없다는 걸 뜻했던 것이라는 설명을 덧붙였다. 그로부터 800년 후, 콘스탄티노플 총대주교로 『비블리오테카Bibliotheka』, 즉 '도서관'이란 제목으로 백과전서를 편집한 포티우스는 "우리는 테오폼포스의 『연대기Chronicles』를 읽지만, 아쉽게도 53권밖에 남아 있지 않다"라고 말했다. 디오도로스가 언급한 사라진 5권은 포티우스의 시대까지도 다시 발견되지 않았다. 이는 달리 말하면, 소멸의 인식이 어떤 작품에 대한 역사의 일부가 된다는 뜻이다. 이렇게 할 때, 사라진 책이 운명적으로 겪어야 하는 망각을 조금이나마 상쇄할 수 있는 듯하다.

　글이 기록하려는 것을 잊으려는 충동과 마찬가지로, 글은 살아남는다는 믿음 또한 바그다드 고고학 박물관에서 도난당한 최초의 점토판만큼이나 오래된 것이다. 기억을 보존하고 전달하는 능력, 남의 경험을 통해 배우는 능력, 또 세상과 자신에 대해 아는 바를 공유하는 능력은 책이 우리에게 부여하는 힘인 동시에 위험의 원인이 되기도 하며, 그렇기 때문에 우리는 책을 소중히 간직하면서도 이를 두려워하기도 한다. 4,000년 전, 메소포타미아에 살던 우리 조상들은 이런 관계를 이미 알고 있었다. 함무라비 법전-기원전 18세기 바빌로니아의 함무라비 왕이 길쭉한 검은 돌기둥에 새긴 법령들로 현재는 루브르 박물관에 소장되어 있다-은 발문에서 글이 보통 사람에게 무엇을 뜻할 수 있는지 구체적으로 설명해준다.

▲ 함무라비 법전이 쓰인 돌기둥.

강한 사람이 약한 사람을 학대하는 걸 막기 위해서, 고아와 과부를 공평하게 대우하기 위해서……나는 돌기둥에 소중한 말을 새겨두었다……인간이 현명하게 처신하며 이 땅에서 질서를 유지하고자 한다면, 내가 이 돌기둥이 쓴 글들을 마음에 새기기 바란다……억압받는 시민에게 이 비문을 크게 읽는 것을 허락하라……돌기둥이 그에게 그의 사례를 설명해줄 것이고, 그가 〔법의 말씀에서〕 기대하던 것을 깨닫게 된다면 그의 마음이 편안해질 것이다.[20]

13장

상
상

종이에 글을 쓰는 것이 어려운 만큼이나, 책을 꿈꾸는 것은 쉽다.
발자크, 「고미술품 진열실(Le cabinet des antiques)」

도서관 바로 밖에 있는 내 정원에는 커다란 회화나무 두 그루가 서 있다. 여름에 친구들이 찾아오면, 우리는 그 나무들 아래에 앉아 이야기를 나눈다. 가끔 낮에 그 나무들을 찾는 경우도 있지만, 대부분의 경우엔 밤에 그곳을 찾는다. 도서관 안에서는 책들 때문에 대화에 집중할 수 없어, 우리는 대화를 나누다 말고 금세 침묵에 빠져든다. 그러나 밖에서, 별들 아래에서 나누는 대화는 방해를 덜 받는 데다 강렬한 자극까지 더해져 이야기의 나래를 마음껏 펼치게 된다. 어둠에 잠겨 밖에 앉아 있는 것만으로도 대화를 자유롭게 하는 데 도움이 되는 듯하다. 어둠은 말을 재촉하고 빛은 침묵을 요구한다. 영국 소설가 헨리 필딩이 『아멜리아Amelia』에서 설명하듯이, "'타체 tace'는 양초를 뜻하는 라틴어이다('tace'에서 '말 없는'을 뜻하는 'tacit'가 파생되었다_옮긴이)."[1]

따라서 최초의 어둠에서 가장 먼저 탄생한 것은 빛이 아니라 말이란 전설이 생겼다. 탈무드 전설에 따르면, 하느님이 세상을 창조하려고 앉자 22

개의 알파벳 문자가 하느님의 장엄한 왕관에서 내려와 자기들을 통해 세상을 창조해달라고 간구했다. 하느님은 문자들의 부탁을 받아들였다. 하느님의 허락하에 문자들은 어둠에서 하늘과 땅을 창조했고, 그 후에 성지를 꿰뚫고 온 세상을 밝히는 첫 빛을 땅의 중심으로부터 끌어냈다.[2] 영국의 작가 토머스 브라운 경이 우리에게 전해주는 바에 따르면, 우리가 밝다고 생각하는 빛은 하느님의 그림자일 뿐이다. 하느님의 강렬한 광채는 말로는 표현하기 힘들 정도로 밝기 때문이다.[3] 모세는 하느님의 뒷부분조차 눈이 부셔 제대로 보지 못했다. 따라서 어둠에 잠긴 시내산으로 돌아간 뒤에야 이스라엘 백성에게 하느님의 십계명을 읽어주었다. 요한 성자는 문자들과 빛과 어둠의 관계를 "태초에 말씀이 계시니라"는 한 문장으로 완벽하게 요약해주었다.

요한 성자의 이 말은 독서가의 경험을 한마디로 요약한 것이기도 하다. 도서관에서 책을 읽어본 사람이면 누구나 알겠지만, 책에 쓰인 글을 읽으려면 빛이 필요하다. 어둠과 글과 빛은 선순환을 이룬다. 글은 빛을 있게 하고, 빛이 사라지는 걸 한탄한다. 빛에서 우리는 글을 읽고, 어둠에서 우리는 이야기를 나눈다. 웨일스의 시인 딜런 토머스는 아버지에게 생명의 끈을 놓지 말라고 격려하며, 죽어가는 그에게 "분노하십시오, 사그라져가는 빛에 분노하십시오"라고 울부짖었다.[4] 오셀로도 번민에 사로잡혀, 촛불과 생명의 빛을 구분하지 못하고, 그 둘이 똑같은 것이라 생각하며 "우선 이 촛불을 끈 다음에 생명의 불을 *끄자*"고 말한다.[5] 글은 읽혀지기 위해서 빛을 요구하지만, 빛은 말을 방해하는 듯하다. 토머스 제퍼슨이 18세기 중엽 뉴잉글랜드에 아르강 석유등을 소개한 후로, 저녁 식탁에서의 대화가 옛날 촛불로 불을 밝히던 시절보다 활기차지 못하게 된 것으로 전해진다. 말솜씨가 뛰어난 사람들이 책을 읽으려고 각자의 방으로 서둘러 돌아갔기 때문이었다.[6] 부처

가 "주변이 너무 밝다"며 말문을 닫은 이유도 여기에 있는 듯하다.[7]

글은 실질적인 이유에서도 빛을 만들어냈다. 메소포타미아 사람들은 어둠이 내린 후에도 글을 계속 읽고 싶어 했고, 로마인들은 저녁 식사 후에도 서류를 읽고 싶어 했다. 저녁 기도를 끝내고 골방과 서재에 들어간 수도자와 학자, 일찌감치 침실을 찾은 대신과 귀부인, 또 소등령이 내려진 후에도 책을 읽으려고 담요 밑에 숨어든 아이들……이 모두가 나름의 이유로 어둠을 밝힐 빛이 필요했다. 마드리드 고고학 박물관에는 폼페이에서 발굴한 기름등이 전시되어 있다. 기원후 79년 베수비오 산이 폭발해 죽음을 맞기 전까지 대(大)플리니우스가 그 기름등의 불빛을 빌려 책을 읽지 않았을까 싶다. 캐나다 온타리오 주 스트라트퍼드에 사는 누군가의 집에는 셰익스피어 시대의 것으로 추정되는 촛대가 있다(주인의 말이 맞다면). 맥베스가 그 촛대에 꽂힌 초의 짧은 삶을 자신의 운명처럼 여겼던 것은 아닐까. 라벤나에서 추방당해 글을 읽던 단테, 포르루아얄 수도원에서 글을 읽던 라신, 로마의 스탕달, 런던의 토머스 드퀸시에 빛을 밝혀주던 등불은 책갈피 사이에서 큰 소리로 외치던 글에서 태어났다. 그 등불들은 또 다른 빛의 탄생을 돕는 빛이었다.

빛에서 우리는 타인의 창조물을 읽고, 어둠에서 우리는 우리만의 이야기를 만들어낸다. 나는 두 그루의 회화나무 아래에 친구들과 함께 앉아, 결코 쓰이지 않을 책을 무수히 만들어냈다. 우리는 종이에 꼭 옮길 이유가 없는 이야기들로 도서관을 채웠다. 보르헤스는 언젠가 "소설 줄거리를 상상하는 것은 즐거운 일이다. 하지만 소설을 실제로 쓰는 작업은 과장이다"라고 말했다.[8] 보르헤스는 보이지 않는 도서관의 공간을 힘들여 쓰지 않은 이야기

부에노스아이레스 국립 도서관 집무실에 앉아 있는 호르헤 루이스 보르헤스.

들로 채워가는 걸 좋아했다. 그러나 그는 쓰지도 않은 이야기에 서문과 요약과 서평을 가끔 쓰기도 했다. 그는 젊은 시절부터 조만간 시력을 상실하게 되리라는 것을 알았던 까닭에, 결코 인쇄되지 않을 복잡한 이야기를 꾸미는 습관을 키웠다고 말했다. 점점 시력이 약해지는 질병을 아버지로부터 물려받았기 때문에, 의사는 그에게 어둑한 곳에서는 책을 읽지 말라고 신신당부했다. 기차로 여행하던 어느 날, 보르헤스는 어떤 탐정소설에 푹 빠져 땅거미가 내리는데도 책에서 눈을 떼지 못했다. 목적지를 조금 앞두고 기차가 터널에 들어갔다. 기차가 터널을 나왔을 때, 그의 눈에는 어렴풋한 색깔이외에 어느 것도 보이지 않았다. 존 밀턴이 지옥이라 생각한 '눈에 보이는 어둠'과 똑같았다. 그 후로 보르헤스는 그 어둠 속에서 평생을 살며 이야기를 기억하거나 상상했고, 부에노스아이레스 국립 도서관과 집에 있는 자기만의 조그만 도서관을 머릿속으로 고쳐 지었다. 삶의 전반기에 빛에서 조용히 읽고 글을 썼다면, 후반기에는 어둠에서 다른 사람에게 글을 받아쓰게 하고, 또한 글을 읽어주게 했다.

1955년 쿠데타가 일어나 페론 장군의 독재 정권을 전복한 직후, 보르헤스는 국립 도서관 관장직을 제안받았다. 보르헤스의 오랜 친구로 문학잡지 『수르Sur』의 편집장이던 빅토리아 오캄포의 머리에서 나온 생각이었다. 보르헤스는 맹인을 도서관장으로 임명하는 건 '무모한 계획'이라 생각했지만, 기이하게도 예전에도 맹인이 도서관장을 맡은 적이 두 번이나 있었다는 사실을 기억해냈다. 호세 마르몰과 폴 그루삭이었다. 보르헤스가 도서관장으로 임명될 가능성이 세간에 언급되자, 보르헤스의 어머니는 아들에게 건물을 보러 국립 도서관까지 걸어가자고 했다. 그러나 보르헤스는 미신에 불과하다며 "정식으로 임명받은 후"에 가겠다고 어머니의 요청을 거절했다.[9] 며칠 후, 보르헤스는 정식으로 임명받았다. 보르헤스는 그날을 자축하기 위해서, 그에게 '책과 밤'을 동시에 안겨준 '하느님의 기막힌 아이러니'에 대한 시를 썼다.[10]

보르헤스는 국립 도서관장으로 18년을 재직하고 은퇴했다. 그는 관장직을 무척 즐겁게 수행했고, 생일을 맞으면 언제나 도서관에서 자축연을 벌였다. 높은 천장이 채색된 백합과 황금색 별로 장식되고 벽이 나무로 대진 집무실에서 그는 주로 작은 탁자에 앉았다. 그의 뒤로 놓인 화려하고 커다란 둥근 책상은 조지 클레망소 프랑스 수상의 책상을 본떠 제작한 것으로, 보르헤스는 그 책상이 지나치게 과시적이라 생각했다. 그는 집무실에서 시와 소설을 받아쓰게 했고, 비서들 중 자원자에게 책을 읽어주게 했으며, 친구와 학생과 기자를 만났고, 영미문학 연구 그룹의 모임도 가졌다. 따분하고 관료적인 도서관 일은 부관장이던 호세 에드문도 클레멘테에게 떠맡겼다.

보르헤스가 발표한 단편과 수필에서는 글로 쓰지 않고 머릿속으로 생각한 책들이 가끔 언급된다. 하나의 줄거리를 기하학적으로 발전시켜 무한한 줄거리를 만들어내는 가공의 인물 허버트 쾌인(수필 같은 픽션의 주인공)이 쓴 많은 공상 소설, '뭄바이의 변호사 미르 바하두르 알리'가 쓰고 실제 인물인 필립 게달라와 세실 로버츠가 서평을 쓴 것으로 추정되며 런던에 사는 역시 실제 인물인 빅터 골란츠가 도로시 세이어스의 서문을 덧붙여 『알모따심이라 불린 남자와의 대화: 움직이는 거울과의 게임The Conversation with the Man Called Al-Mu'tasim: A Game with Shifting Mirrors』으로 제목을 바꾸어 출판한 『알모따심에로의 접근The Approach to Al-Mu'tasim』, 허버트 애쉬가 죽기 직전에 브라질로부터 등기 소포로 받은 『틀뢴의 첫 백과사전First Encyclopaedia of Tlön』의 제11권, 야로미르 흘라디크가 미완성으로 두었지만 처형당하기 전에 하느님이 허락한 오랜 시간 동안 머릿속으로 완성한 희곡 『적들The Enemies』, 그리고 (보르헤스가 우리에게 남긴 말에 따르면) 국립 도서관장직에서 은퇴하기 직전까지 갖고 있었으며 책등에 '성서'와 '뭄바이'란 단어가 쓰여 있던 무한한 두께를 지닌 8절판 크기의 책 등이 대표적인 예이다.[11]

상상의 책에 대한 생각은 옛날에도 있었다. 1532년 알코프리바 나지에 Alcofribas Nasier(작가 '프랑수아 라블레François Rabelais'의 철자를 바꿔 만든 이름)란 정체불명의 작가가 쓴 『딥소드인들의 왕이며 위대한 거인 가르강튀아의 아들인 유명한 팡타그뤼엘의 놀랍고도 무서운 공적과 업적The horrible and frightening deeds and accomplishments of the much renowned Pantagruel, King of the Dipsods, son of the great giant Gargantua』(이하 『팡타그뤼엘』로 표기)이란 책이 출간되었다.[12] 둘째 권의 7장에서, 팡타그뤼엘은 오를레앙에서 충분히 수업을 쌓은 후에 파리를 방문해서 그곳의 대학들을 둘러보기로 결심한다. 하지만 대학보다는 생 빅토르 수도원이 그의 관심을 끌었다. 수도원에 경이로운 책들로 가득한 '웅장하고 화려한' 도서관이 있었기 때문이다. 라블레가 다섯 페이지에 걸쳐 우리를 위해 꼼꼼하게 나열한 목록을 보면, 그곳에는 다음과 같은 경이로운 책들이 있었다.

▶ 프랑수아 라블레의
『거인 가르강튀아』

법률의 앞주머니

악덕의 석류

참회의 겨자 단지

좋은 생각의 삼발이

성직자들의 간식거리

로마로 가는 순례자들의 안경

소송 대리인들의 소동

교황의 노새가 정해진 시간에만 먹이를 먹는다고 주장하는 사람들에 대한 작가들의 반박

과부들의 반들반들한 엉덩이 혹은 껍질 까진 엉덩이

궤변론자들의 농담

약제사들의 관장약

라드네퀴 발당스가 쓴 천박함의 거울

재판장들의 올챙이배

가르강튀아는 유토피아에서 아들 팡타그뤼엘에게 보낸 충고의 편지에서, "우리가 죽음을 피할 수 없는 존재이기는 하지만 우리를 일종의 영원한 삶에 이를 수 있게 해주는 재능을 올바로 활용하라"고 아들에게 용기를 북돋워주며 "세상은 아는 것이 많은 사람들, 박학한 교사들, 그리고 널찍한 도서관들로 가득하다. 내가 보기에는 플라톤의 시대에도, 키케로의 시대에도, 파피니아누스의 시대에도 지금처럼 연구에 편의를 제공하지는 못했던 것 같다. 또 내 눈에는……요즘에는 강도, 교수형 집행인, 해적, 바텐더, 마부 등등 지극히 하찮은 사람들조차 내 시대의 박사나 설교자보다 더 박식한 것 같다"고 덧붙였다. 라블레가 창조해낸 도서관은 문학에 등장하는 최초의 '상상의 도서관'이다. 그 도서관은 (라블레가 존경한 에라스뮈스와 토머스 모어의 전통을 따라) 학계와 수도원을 조롱하는 곳인데, 독자에게 방약무인한 제목 뒤에 감추어진 줄거리와 논쟁을 상상하는 재미를 준다는 점이 더 중요하다. 가르강튀아와 관련된 수도원들 중 하나인 텔렘 수도원에 라블레는 'Fays ce que voudra(원하는 대로 행동하라)'는 표어를 새긴다. 생 빅토르 수도원에도 표어를 새겼다면 'Lys ce que voudra(원하는 대로 읽어라)'가 아니었을까 싶다. 나는 내 도서관의 출입문에 이 표어를 써두었다.

라블레는 1483년 혹은 1484년에 시농 근처에서 태어났다. 지금 내가 살고 있는 곳에서 멀지 않은 곳이다. 그의 집은 '점쟁이의 집'이란 뜻으로 '라 드비니에르'라 불렸는데, 원래의 이름은 투렌 지방의 방언에서 '기러기'를 뜻하는 '크라방cravant'에서 비롯된 '라 크라방디에르(기러기의 집)'였다. 기러기는

▶ 프랑스 시농에 있는
라블레의 집.

옛날에 미래를 예언하는 데 사용됐기 때문에 라블레의 집 이름은 기러기의
마법력을 강조하는 뜻에서 '라 드비니에르'로 바뀌었던 것이다.[13] 라블레의
집과 주변 풍경, 그리고 내 정원 끝에서도 보이는 11세기에 세워진 미르망드
탑을 비롯해 많은 기념물과 여러 도시가 모험극의 무대가 되었다. 『팡타그
뤼엘』은 출간된 지 수개월 만에 4,000부가 팔렸다. 이 성공에 용기를 얻은
라블레는 거인들의 무용담을 계속 쓰기로 마음먹었다. 따라서 2년 후에는

『팡타그뤼엘의 아버지, 위대한 가르강튀아의 경이로운 생애The Very Horrific Life of the Great Gargantua, Father of Pantagruel』(이하 『가르강튀아』로 표기)와 여러 권의 모험극을 연이어 발표했다. 1543년 교황청은 라블레의 책들을 금서로 지정하며, 공식적으로 그의 책을 유죄로 판결하는 포고령을 내렸다.

라블레는 라틴어와 그리스어, 이탈리아어와 히브리어, 아랍어뿐만 아니라 프랑스어에서도 적잖은 방언을 알았다. 또 신학과 법학, 의학과 건축학, 식물학, 고고학과 천문학을 공부했다. 그는 800개의 새로운 단어와 수십여 개의 관용어구를 창안해 프랑스어를 한층 풍요롭게 만들었는데, 그 대다수가 캐나다 동부 지역에서 아직도 사용된다.[14] 라블레가 상상한 도서관은 생각의 흐름을 멈추고 기록할 수 없을 정도로 역동적인 정신 활동의 산물이었고, 그가 빚어낸 가르강튀아의 서사적 모험담은 독자에게 어떤 순서로 읽어도 괜찮고 어떤 의미라도 끌어낼 수 있게 해주는 에피소드들의 범벅이었다. 요컨대 라블레는 창작하는 사람이 이야기를 일관되고 논리적으로 끌어갈 의무는 없다고 생각한 듯하다. 디드로가 나중에 명확히 했듯이, 이야기에서 어떤 논리적 일관성을 찾는 것은 독자의 몫이며, 이런 점에서 독자는 자유로운 존재라 할 수 있다. 과거의 학술 도서관들은 고전 작품에 대한 전통적인 해석이 당연히 옳다고 생각했다. 그러나 라블레는 동시대의 인문주의자들과 마찬가지로, 권위가 곧 지성이란 가정에 의문을 제기했다. 가르강튀아가 아들 팡타그뤼엘에게 "양심이 없는 지식은 죽은 영혼에 불과하다"라고 말한 이유도 여기에 있다.

프랑스의 역사학자 뤼시앵 페브르는 라블레 시대의 종교적 신앙에 대한 연구에서, 라블레를 16세기의 관점에서 접근해보려 했다. 따라서 페브르는 "라블레는 정신적으로 어떤 사람이었을까? 취하도록 마시고 저녁마다

음담패설을 써대는……교양 없는 사람이었을까? 고대의 아름다운 문장들로 머릿속을 가득 채운 인문학자나 박식한 의사는 아니었을까?……아니면 더 좋게 생각해서, 테오도뤼스 베자와 루이 르 카롱처럼 위대한 철학자였을까?"라고 의문을 제기하고는 "우리 조상들은 우리보다 운이 좋았다. 그들은 상반된 두 이미지를 두고 하나를 선택하지 않았다. 그들은 좋은 이미지와 그렇지 않은 이미지, 둘 모두를 한꺼번에 받아들였다"고 결론지었다.[15]

라블레는 모든 것에 의문을 품는 탐구욕과 자신이 확실한 진리라고 생각하는 것에 대한 굳은 믿음을 동시에 지닌 인물이었다. 그는 어리석은 사람들의 독단적인 주장을 철저하게 조사했고, 자명한 이치라 여겨지는 것을 직접 확인하고 판단했다. 그는 학자로서 읽었던 책들, 요컨대 과거의 지혜로 채워진 책들에서 해답을 구하지 못한 의문이나 글로 쓰이지 못한 논문의 답을 찾으려 했던 것이다. 따라서 라블레의 경우, 연구와 사색에서 잊혀지고 간과된 주제들을 다룬 상상의 도서관이 양피지와 종이로 이루어진 구체적인 도서관의 밑바탕이 되었다고 말할 수 있다. 우리는 그가 유럽을 떠돌던 20년 동안 항상 가지고 다녔다는 책 상자, 즉 그의 '휴대용 도서관' 속에 어떤 책들이 있었는지 알고 있다. 그를 끊임없이 종교재판의 위험에 빠뜨렸던 그 상자에는 히포크라테스의 『잠언Aphorism』, 플라톤과 세네카와 루키아노스의 저작들, 에라스뮈스의 『우신 예찬In Praise of Folly』, 토머스 모어의 『유토피아Utopia』, 그리고 당시 폴란드에서 발간된 코페르니쿠스의 『천구의 회전에 관하여De revolutionibus』가 있었다.[16] 그가 팡타그뤼엘을 주인공으로 쓴 책들은 불경스런 모습을 띠었는데, 사실 이 책들의 내용에 암묵적으로 동의하는 해설이었다.

러시아의 문학 평론가 미하일 바흐친은 라블레가 상상한 책들은 예전부

죽음의 신에게서 영감을 받는 토머스 브라운 경의 모습을 묘사한 그웬 라베라트의 목판화.

터 풍자적인 기도서와 희극적인 복음성가의 형태로 전례가 있었다면서, "중세의 풍자적인 시문(詩文)은 종교와 교회 조직과 학문의 부정적이고 불완전한 면을 집중적으로 다루었다. 이런 풍자 작가들은 모든 것을 예외 없이 해학적으로 다루었다. 웃음은 진지함만큼이나 보편적인 것이어서 역사와 사회를 비롯해 세상에서 만들어진 모든 개념을 아우르기 때문이다. 따라서 풍자 작가들의 시문은 세상을 포괄하는 이야기라고 할 수 있다"고 말했다.[17]

라블레의 『가르강튀아』가 발표된 후, 이를 모방한 책들이 16~17세기에

잇따라 출간되었다. 잉글랜드 내전 동안 주로 정치 풍자로 출간된, 상상의 도서관들에 소장된 도서 목록들이 특히 유명했다. 1653년 존 버컨헤드가 쓴 것으로 추정되는 『비블리오테카 팔리아멘티Bibliotheca Parli- amenti(국회 도서관)』가 대표적인 예로, 『신의 작품; 크롬웰이 인류 전체를 좌지우지하기 때문에 신으로 여겨질 수 있다는 것을 우리 인간에게 증명하는 담론Theopoeia, a discourse shewing to us mortals, that Cromwel may be reckoned amongst the gods, since he hath put off all humanity』이란 상상의 책이 여기에서 언급된다.[18] 같은 해에는 토머스 어쿼트 경이 『가르강튀아와 팡타그뤼엘Gargantua and Pantagruel』을 영어로 처음 번역해 소개했고, 박학다식한 토머스 브라운 경은 라블레를 흉내내서 『지금 살아 있는 사람은 거의 보지 못했거나 아예 본 적이 없을 비범한 책, 고문서, 그림과 약간의 희귀본이 소장된 닫힌 박물관 혹은 감추어진 도서관Musaeum Clausum, or, Bibliotheca abscondita: containing some remarkable Books, Antiquities, Pictures and Rarities of several kinds, scarce or never seen by any man now living』이란 소책자를 발간했다. 이 '닫힌 박물관 혹은 감추어진 도서관'에는 이상한 책과 희한한 물건이 많았다. 예컨대 오비디우스가 토미스에 추방당했을 때 그리스어로 쓴 알려지지 않은 시, 키케로가 영국 섬에 대해 쓴 편지, 에스파냐에서 출발한 한니발의 이탈리아 원정기, 미트리다테스 왕이 쓴 꿈에 대한 논문, 여덟 살 난 소녀가 히브리어·그리스어·라틴어로 쓴 글의 모음집, 그리고 공자(孔子)의 에스파냐어 번역본 등이 있었다. 토머스 브라운 경은 '잘생긴 신체장애자의 얼음처럼 무표정한 얼굴'과 '줄 위에서 춤을 추는 코끼리와 그 위에 서 있는 흑인 난쟁이'를 희한한 물건의 예로 들었다.[19] 그 시대에 팽배하던 믿음을 조롱하려는 의도가 분명했지만, 약간 과장된 면이 없지 않아 라블레의 해학에는 훨씬 미치지 못했다. 이는 상상의 도서관조차 학계의 권위와 허세에서 벗어

가즈 힐의 도서관에 앉아 있는 찰스 디킨스.

나지 못할 수 있다는 걸 보여준 예였다.

도서관이란 공간과 책 제목은 실제로 존재했지만, 그 안의 책들은 상상으로만 존재한 예도 있었다. 찰스 디킨스는 많은 책을 모아 가즈 힐Gad's Hill(디킨스가 어렸을 때 꿈꾸었던 집으로 1870년 세상을 떠나기 12년 전에 결국 구입했다)에 멋진 도서관을 꾸몄다. 가짜 책들이 여러 줄로 늘어선 판벽 뒤로 출입문이 감추어져 있었다. 이 책들의 등에 디킨스는 전거가 의심스런 온갖 제목을 장난스럽게 적어 넣었다. 루크 핸서드의 『개운한 수면을 위한 안내서Guide to Refreshing Sleep』 1권부터 19권, 퍼시 셸리의 『굴Oysters』, 톰 섬 장군General Tom

Thumb(빅토리아 여왕 시대 서커스단의 유명한 난쟁이. 원래는 영국 민담에서 아버지 엄지손가락만 한 아이를 가리킨다_옮긴이)의 『현대전 Modern Warfare』, 엄처시하에 살았다는 소크라테스가 쓴 결혼 생활 입문서, 10권으로 구성된 『웰링턴 공작이 소장한 조각상 목록Catalogue of Statues to the Duke of Wellington』 등이

▲ 폴 마송의 초상.

눈에 띄는 예이다.[20]

　프랑스 소설가 시도니 가브리엘 콜레트는 30대와 40대에 발표해 독자들을 분개시킨 자서전적인 이야기들 중 하나에서 친구인 폴 마송이 작성한 상상의 도서 목록에 대해 이야기한다. 마송은 프랑스 식민지에서 치안판사를 지낸 사람으로 국립 도서관에 일했으며, 라인 강변에서 에테르에 적신 면화로 코를 막아 의식을 잃고 얕은 물에 빠져 죽은 괴짜였다. 콜레트에 따르면, 마송은 해변가에 있던 그녀의 별장으로 찾아와 주머니에서 만년필과 작은 카드를 주섬주섬 꺼냈다. 며칠 후 콜레트가 "뭐하는 거예요?"라고 묻자, 그는 "일하는 거요. 밥벌이를 해야지. 얼마 전부터 국립 도서관 도서 목록을 작성하는 부서에서 일하게 됐소. 그래서 도서 목록을 작성하는 거요"라고 대답했다. 콜레트는 놀라서 "와, 순전히 기억만으로 목록을 작성하는 거예요?"라고 물었다. 마송은 대답했다. "기억으로? 그렇게 해서 좋을 게 뭐겠소? 더 잘해야지. 도서관을 둘러보니까 15세기에는 라틴어와 이탈리어로 쓰인 책이 별로 없더군요. 나중에 행운과 학식이 공백을 메울 때까지, 반드시 쓰였어야 할 흥미로운 책들의 제목을 내가 미리 작성해놓는 거요. 적어도 이 정도의 제목을 지닌 책들이라면 목록의 권위를 더해줄 수 있을 거

요……." 콜레트가 "하지만 그 책들이 진짜로 존재하는 건 아니잖아요?"라고 걱정하자, 마송은 가볍게 손을 저으며 "내가 어떻게 모든 걸 다 하셨소?"라고 대수롭지 않게 말했다.[21]

상상의 책들은 자료 조사와 글을 쓰는 노력 없이도 창조의 즐거움을 주기 때문에 그런 책들로 이루어진 도서관도 우리를 즐겁게 해준다. 그러나 상상의 책은 두 가지 이유에서 우리를 곤혹스럽게 한다. 첫째로는 책을 수집할 수 없기 때문이고, 둘째로는 책을 읽을 수 없기 때문이다. 이 그럴듯한 책은 모든 독서가에게 '닫혀' 있다. 상상으로 창조된 책은 어떤 책이나 키플링이 젊은 은행 직원 찰리 미어스의 결코 쓰이지 않은 이야기에 붙인 '세상에서 가장 아름다운 이야기'란 제목을 자기 것으로 삼을 수 있다.[22] 이런 상상의 책을 찾아내려는 노력은 언제나 무위로 끝나지만, 그래도 항상 독서가의 마음을 설레게 한다. 공포 소설광이라면 하워드 필립스 러브크래프트가 크툴루 신화에서 언급한 악마의 입문서, 『네크로노미콘Necronomicon』과 만나는 날을 꿈꾸지 않을 사람이 있겠는가?[23] 러브크래프트에 따르면, 『알아지프(Al Azif)』는 기원후 730년에 압둘 알하즈레드란 사람에 의해 다마스쿠스에서 쓰였는데, 950년에 테오도로스 필레타스가 이 책을 그리스어로 번역해 『네크로노미콘』이란 제목을 붙였다고 한다. 그러나 유일하게 남아 있던 판본을 미카엘 케룰라리오스 총대주교가 불태워버렸다. 1228년 올라우스가 원본(지금은 소실됨)을 라틴어로 번역했다.[24] 라틴어 판본은 아컴에 있는 미스카토닉 대학교 도서관에 보관되어 있는 것으로 추정되는데, 이 도서관은 "식민 시대부터 시작해 수세기 동안 조금씩 수집한 금지된 필사본과 책이 상당한 것으로 알려진 도서관"이다. 금서에는 『네크로노미콘』 이외에 "폰 융츠트의 『말로 다할 수 없는 밀교 집단Unaussprechlichen Kulten』, 델레트 백작의 『구울 족의 종교 의식Cultes des Goules』, 루드비그 프린의 『벌레의 미스터리De Vermiis Mysteriis』, 『루리에 문서R'lyeh Text』, 7권으로 구성된 『흐산 족의 비밀의 책Seven Cryptical Books of Hsan』, 『돌 성가Dhol Chants』, 『이보르의 책Liber Ivoris』, 『켈라이노 단장(斷章)Celaeno Fragments』 및 이와 유사한 많은 책들이 있다. 하지만 상당수가 단편적으로만 존재하며 세계 전역에 흩어져 있다.”[25]

상상의 도서관이라고 모두 상상의 책으로만 채워지지는 않는다. 『돈키호테』 1부에서 이발사와 신부가 불살라버린 도서관, 조지 엘리엇의 『미들마치Middlemarch』에서 에드워드 카소봉 씨의 학술적인 도서관, 조리 카를 위스망스의 『거꾸로A rebours』에서 에셍트의 나른한 도서관, 움베르토 에코의 『장미의 이름The Name of the Rose』에서 무시무시한 수도원 도서관……이 모든 도서관은 한결같이 탐나는 곳이다. 돈과 시간이 넉넉하면 그런 꿈의 도서관은 얼마든지 구체화될 수 있다. 쥘 베른의 『해저 2만리Twenty Thousand Leagues under the Sea』에서 네모 선장이 아로낙스 박사에게 보여준 도서관은 19세기 중엽 프랑스에서 문학을 사랑하는 부자라면 누구라도 꾸밀 수 있는 도서관이었다(물론 아로낙스 교수가 직접 가져온 두 권은 제외해야 한다. 그중 한 권은 상상의 책, 『거대한 해저Les grands fonds sous-marins』였다). 네모 선장은 “옛날과 요즘의 거장들이 쓴 대표작이 모두 있지요. 말하자면, 호메로스에서 빅토르 위고까지, 크세노폰에서 미슐레까지, 또 라블레에서 조르주 상드까지 인간이 역사·시·소설·과학 분야에서 이루어낸 가장 아름다운 창조물들을 모두 갖추었습니다”라고 말했다.[26] 여기서 언급된 모든 책은 실존하는 책이다.

나무와 종이로 이루어진 현실의 도서관과 달리, 상상의 도서관에는 책만 있는 것이 아니다. 네모 선장의 보물 창고는 두 가지 수집물로 더욱 아름답게 빛난다. 하나는 그림들이고, 다른 하나는 당시 유럽 학자들의 표현대로

말하면 '진기한 물건'들이다. 셰익스피어의 『뜻대로 하세요As You Like It』에서 공작은 "나무가 속삭이는 말, 흐르는 강물에 잠긴 책, 돌에 새겨진 설교, 모든 것에서 좋은 것"으로 도서관을 꾸며 종이와 잉크가 전혀 필요하지 않았다.[27] 콜로디의 소설, 『피노키오의 모험Pinocchio』의 19장에서 피노키오는 돈 많은 부자라면 무엇을 할 수 있을까 상상의 나래를 펴며, "달콤한 과일, 케이크, 파네토니(건포도나 설탕에 절인 과일을 넣고 만든 케이크_옮긴이), 아몬드 비스킷, 크림을 듬뿍 넣은 웨이퍼로 가득한" 도서관이 있는 아름다운 궁전을 갖고 싶어 한다.[28]

물질적인 실체가 없는 도서관과 우리가 언제라도 손에 쥘 수 있는 책과 종이가 있는 도서관의 차이가 모호할 때도 있다. 실제로 존재하는 책이지만, 새뮤얼 테일러 콜리지가 '불신의 자발적인 보류'라 칭한 것에서 탄생했기 때문에 상상의 산물이라 여겨지는 책들로 꾸며진 도서관의 경우가 그러하다. 핀란드 북부 도시, 오울루의 주립 사료 보관소에 있는 산타클로스 도서관이 대표적인 예다. 이 도서관에서 가장 오래된 장서는 16세기의 것으로 추정된다. 1950년 이후로 핀란드 우정공사의 '산타클로스 우편과'는 매년 180개국 이상에서 받는 약 60만 통의 편지에 답장을 해주는 업무를 처리하고 있다. 1996년까지는 답장을 마친 편지를 파기했다. 그러나 핀란드 우정공사와 지방정부가 맺은 협약에 따라, 1998년부터 오울루 주립 사료 보관소는 주로 12월에 집중적으로 쏟아지는 편지들 중에서 괜찮은 편지를 선별해 보존하고 있다(어린아이들만 편지를 보내는 것도 아니다). 그런데 오울루가

◀ 네모 선장의 도서관, 『해저 2만리』 초판본의 삽화.

그 일을 맡도록 선택된 이유는 무엇일까? 그것은 산타클로스가 이 지역에 있는 코르바툰투리(귀 모양의 산)에 살고 있다는 핀란드의 전설 때문이다.[29]

이보다 더 별난 이유로 상상의 도서관이란 범주에 포함될 만한 도서관들이 있다. 300여 명의 직원이 50만 권가량의 책을 싣고 세계 전역을 항해하는, 세계에서 가장 오래된 여객선에 있는 둘로스 복음 도서관과 프랑스 남부 즈네투즈에 있는 초소형 도서관이 여기에 속한다. 특히 즈네투즈 도서관은 면적이 9제곱미터에 불과한 오두막으로, 상수도도 없고 전기도 들어오지 않는다. 문학과 음악을 좋아해서 작은 마을에 책을 읽고 교환할 수 있는 장소를 오랫동안 꿈꾸었던 농부, 에티엔 뒤몽 생 프리스트가 세운 세계에서 가장 작은 도서관이다.

그러나 모든 도서관이 꿈과 염원에서 탄생하는 것은 아니다. 악몽의 세계에도 도서관은 있다. 1945년 봄, 미국 101공수사단 병사들이 독일 바이에른 주 베르히테스가덴 근처의 소금 광산에서 아돌프 히틀러 개인 장서의 일부를 찾아냈다. 책들은 슈나프 나무 상자에 아무렇게나 쑤셔 넣어져 있었는데, 상자에는 독일 총통의 문장이 찍혀 있었다.[30] 어처구니없는 곳에서 발견된 이 장서들 중에서 워싱턴의 의회 도서관, 정확히 말해서 제퍼슨 빌딩의 3층에 보관할 가치가 있는 책은 1,200권에 불과했다. 총통의 장서표가 찍히거나 히틀러의 서명이 있는 책이었다. 언론인 티머시 라이백도 지적했지만, 제3제국의 역사학자들은 이 전리품들을 별로 중요하게 생각하지 않았다. 히틀러의 개인 도서관에는 약 1만 6,000권의 책이 보관되었던 것으로 추정된다. 7,000권가량이 군대의 역사에 관련된 책이었는데, 예술을 다룬 책도 1,000권이 넘었다. 당시 인기 있던 소설도 거의 1,000권에 달했고, 그리스도교 영성을 다룬 논문과 포르노 소설도 적지 않았다. 그러나 고전

히틀러의 개인 장서표.

이라 할 만한 소설은 열 손가락에 꼽혔다. 『걸리버 여행기Gulliver's Travels』, 『로빈슨 크루소Robinson Crusoe』, 『톰 아저씨의 오두막Uncle Tom's Cabin』, 『돈키호테Don Quixote』, 그리고 히틀러가 가장 좋아했다는 카를 마이의 모험소설들이 있는 수준이었다. 베르히테스가덴 근처의 소금 광산에서 미국 의회 도서관으로 옮겨진 책들 중에는 프랑스 채식주의자 마이아 샤르팡티에의 요리책과 시안화수소산의 활용 가능성을 설명하는 화학에 대한 논문이 눈에 띈다. 요리책에는 저자가 히틀러에게 직접 헌정한 듯 '채식주의자, 히틀러 씨'라는 글귀가 있다. 시안화수소산은 나중에 '치클론 B'라는 이름으로 수용소의 독가스로 상용화된 것이다. 이런 도서관의 주인이 어떤 사람이었는지 완벽하게 재구성해보겠다고 생각하는 것조차 끔찍하다. 이렇게 그곳에 앉아 책을 읽었을 사람의 평판 탓에 우리가 비난하고 저주하는 도서관들이 있다.

우리는 어떤 도서관에서는 희망을 읽고, 어떤 도서관에서는 악몽을 본다. 우리는 도서관을 그림자로부터 끌어낸다고 믿는다. 우리가 즐겁게 살기 위해서 책이 반드시 존재해야 한다고 생각하며, 부정확하고 어리석은 생각에서 비롯되는 위험, 작가가 겪는 경련이나 장애에 대한 걱정, 시간과 공간의 제약 등에 대해서는 조금도 개의치 않고 책을 만들어내는 일에 몰두한다. 우리는 인쇄기가 발명된 이후 발간된 책보다, 어떤 방해도 받지 않는 이야기꾼들이 대대로 꿈꾸며 상상했던 책들로 훨씬 큰 도서관을 꾸밀 수 있다. 상상의 세계에서는 아직 쓰이지 않았을 뿐, 인간이기에 피할 수 없는 실수와 결함에서 벗어난 책이 얼마든지 가능하기 때문이다. 나는 친구들과 함께 내 도서관 앞의 회화나무 두 그루가 드리운 어둠에 앉아, 완벽한 책들로 채워진 서가들을 알렉산드리아 도서관의 목록에 더하지만, 그 책들은 이튿날 아침이면 흔적도 없이 사라져버린다.

도서관에서 책을 읽어본 사람이면 누구나 알겠지만, 책에 쓰인 글을 읽으려면 빛이 필요하다. 어둠과 글과 빛은 선순환을 이룬다. 글은 빛을 있게 하고, 빛이 사라지는 걸 한탄한다. 빛에서 우리는 글을 읽고, 어둠에서 우리는 이야기를 나눈다. 빛에서 우리는 타인의 창조물을 읽고, 어둠에서 우리는 우리만의 이야기를 만들어낸다. 나는 두 그루의 회화나무 아래에 친구들과 함께 앉아, 결코 쓰이지 않을 책을 무수히 만들어냈다. 우리는 종이에 꼭 옮길 이유가 없는 이야기들로 도서관을 채웠다.

14장

정체성

내 도서관은 널찍한 공작령이었다.
윌리엄 셰익스피어, 「폭풍우(The Tempest)」

나는 내 도서관에서 빠진 책들, 달리 말하면 언젠가 꼭 구입하고 싶은 책들의 목록을 언젠가부터 간직하고 있다. 필요하기 때문이라기보다 갖고 싶다는 욕심이 앞서는 책들인데, 갖고는 싶지만 존재하는지조차 확실히 모르는 것들이기도 하다. 이 제2의 목록에는 『유령의 보편적 역사A Universal History of Ghosts』, 『그리스·로마 도서관의 일상A Description of Life in the Libraries of Greece and Rome』, 질 페이턴 월시가 완성한 도로시 세이어스의 탐정소설, 셰익스피어를 연구한 체스터턴의 논문, 『아베로에스의 아리스토텔레스 요약Summary of Averroës on Aristotle』, 소설에 표현된 음식에서 조리법을 찾아낸 문학적 요리책, 캐나다의 시인이자 소설가인 앤 마이클스가 번역한 칼데론 데라바르카의 『인생은 일장춘몽』의 번역본(내 생각이지만, 그녀의 문체는 원문에 버금가게 아름답다), 『가십의 역사History of Gossip』, 캐나다의 출판인 루이즈 데니스가 쓴 『출판과 함께 살아온 삶의 진실한 회고록True and Uncensored Memoirs of a Publishing Life』, 보르헤스를 완벽하게 조사해서 제대로 쓴 전기, 세르반테스가 알제리의 수도 알제에서 노예로 지내는 동안 겪었던 일에 대한 정확한 기록, 조지프 콘래드의 아직 출간되지 않은 소설, 밀레나 예젠스카에 대한 마음을 토로한 프란츠 카프카의 일기 등이 있다.

우리는 읽고 싶은 책을 상상할 수 있다. 아직 출간되지 않았다는 이유로 상상까지 막을 수는 없다. 또 우리는 보유하고 싶은 책으로 가득한 도서관을 상상할 수도 있다. 관심사만이 아니라 이상한 기벽까지 그대로 반영된 도서관을 꿈꾸는 것은 누구도 방해할 수 없기 때문에 우리는 우리의 능력을 훨씬 넘어서는 도서관을 상상할 수 있다. 달리 말하면, 독서가의 다양하면서 복잡한 성향을 완벽하게 보여주는 도서관을 상상할 수 있다. 도서관은 실질적인 면에서나 상징적인 면에서 우리를 집단적으로 정의해주는 책들이 모인 곳이기 때문에, 한 사회의 정체성, 즉 국가적 정체성이 도서관에 반영된다는 말은 결코 불합리하게 들리지 않는다.

국가가 공공 도서관을 지원해야 한다고 처음으로 생각한 사람은 페트라르카인 듯하다.[1] 1326년 아버지가 세상을 떠난 후, 페트라르카는 법률 공부를 포기하고 교회에 입문해 문학가로서의 삶을 살아갔다. 그리고 1341년 로마 캄피돌리오 언덕에서 계관시인으로서 관을 받는 영광을 누렸다. 그 이후 그는 학자로서 유례없는 명성을 누렸고, 이탈리아와 남프랑스를 오가며 글을 쓰고 책을 썼다. 1353년 아비뇽 교황청과 하찮은 일로 다툰 끝에 페트라르카는 밀라노에 잠시 머무른 후, 파도바를 거쳐 결국 베네치아에 정착했다. 베네치아 총독은 그를 따뜻하게 맞아주었고, 1362년에 페트라르카가 자신의 모든 책을 베네치아 공화국에 남기기로 약속하자 그에 대한 보답으로 리바 델리 스키아보니에 집을 마련해주었다.[2] 페트라르카는 "불과 물로부터 안전한 곳이 자신의 책을 위해 할당되어야 하고……그곳에 완벽하게 보존되어야 한다"라는 조건하에 동의했다. 그는 자신의 책이 많지도 않고, 그다지 가치 있는 것도 아니라고 겸손하게 말했지만, "이 눈부시게 아름다운 도시가 공공의 비용으로 다른 책들을 더하고, 개인들도 이 선례를 따라주기를 바란다"는 소망을 피력하며 "이렇게 한다면 고대의 도서관이 부럽지 않은 크고 유명한 도서관을 설립하기가 한결 쉬울 것"이라고 말했다.[3] 그의 바람은 몇 배로 실현되어, 지금 이탈리아에는 국립 도서관이 여덟 곳이나 있다. 특히 피렌체와 로마에 있는 두 국립 도서관은 연대해서 중앙 도서관 역할을 하고 있다.

영국에서 국립 도서관이란 개념은 상대적으로 늦게 발달했다. 헨리 8세의 명령으로 수도원이 해체되면서 그곳에 있던 도서관들이 자연스레 흩어졌다. 1556년 수학자이며 점성가로 상당한 책을 보유하고 있던 존 디가 헨리 8세의 딸 메리 스튜어트에게, '옛 작가들'의 필사본과 책을 보관하기 위한 국립 도서관의 설립을 제안했다. 이 제안은 묵살되었다. 그 후, 엘리자베스 1세의 치하에서도 고고학 협회가 똑같은 제안을 했지만 역시 묵살당했다. 엘리자베스 1세의 후계자, 제임스 1세에게 다시 국립 도서관의 설립 계획이 제안되었다. 제임스 1세는 그 제안을 호의적으로 받아들였지만, 실행에 옮기지 못하고 세상을 하직하고 말았다. 그의 아들 찰스 1세는 국립 도서관 설립에 전혀 관심이 없었다. 그는 왕실 도서관장을 연이어 임명하며 무계획적으로 수집된 왕실 서고를 정리하려 했지만, 도서관장들은 그런 일을 좋아하지 않았던지 눈에 띄는 성과를 거두지 못했다.

윌리엄 3세의 치하에서는 고전학자 리처드 벤틀리가 1694년에 왕실 도서관장으로 임명되었다. 도서관의 참혹한 상태에 충격을 받은 벤틀리는 3년 후에 '의회 제정법으로 왕립 도서관을 설립하기 위한 제안'을 발표했다. 여기에서 벤틀리는 책을 보관하기 위한 특수한 목적을 띤 건물을 성 제임스 공원에 세우고, 의회는 왕립 도서관에 매년 보조금을 지급해야 한다고 제안했다. 의회의 시큰둥한 반응에도 국가 소유의 책을 향한 벤틀리의 열정은 식지 않았다. 1731년 어느 날 밤, 코튼 컬렉션(2장에서 언급한 린디스판 복음서, 최초의 신약성경 필사본 두 권, 14세기 중반의 시나이티쿠스 코덱스, 15세기 초의 알렉산드리누스 코덱스가 포함된 컬렉션)에 화재가 났다. 그때 '잠옷에 가발만 쓰고 알렉산드리누스 코덱스를 품에 안은 채' 큰길로 뛰쳐나온 벤틀리 왕실 도서관장의 모습을 본 사람이 한둘이 아니었다.[4]

벤틀리의 제안이 있은 후, 1739년 의회는 한스 슬론 경에게 평생 수집한 책과 골동품의 기증을 약속받았고, 그가 사망한 1753년에는 수집품들을 보관할 블룸즈버리의 몬터규 저택까지 기증받았다. 몬터규 저택은 처음에 완공되고 몇 해가 지나지 않은 1686년 화재로 전소된 후, 마르세유 출신의 건축가가 소위 프랑스식으로 새로 설계한 집이었다. 방이 많아 슬론의 수집물을 전시하기에 충분했고, 정원도 널찍해서 방문객들이 여유 있게 산책을 즐길 수도 있었다.[5] 그로부터 몇 년 후에는 조지 2세가 왕실에서 보관하던 서적들을, 당시 대영 박물관이라 불리던 도서관에 기증했다. 1759년 1월 15일, 영국 국립 도서관이 대영 박물관 내에 처음 문을 열었다. "국내외 학자들과 학구적인 사람들이 각자의 연구 분야를 깊이 있게 연구하기 위해 설립된 것은 사실이지만, 국가의 재산인 까닭에……여기에서 얻는 이익은 최대한 널리 베풀어져야 한다"는 왕의 요구로 도서관은 일반 대중에게도 개방되었다. 그러나 초기에 사서들의 주된 역할은 도서 목록을 작성하고 새로운 책을 구하는 것이 아니라, 박물관의 전시물을 보려고 세계 각지에 몰려드는

방문객들을 안내하는 것이었다.[6]

영국 국립 도서관의 설립 과정에서 최고
의 주역은 이탈리아에서 태어난 안토니오
파니치였다. 나폴레옹의 지배에 반대한 비
밀 조직 카르보나리당(黨) 당원이었던 파니
치는 혁명가에 대한 체포령을 피해 영국으
로 피신했다. 이탈리아어 교사로 잠시 일했
던 파니치는 1831년 대영 박물관 부관장으
로 임명되었다. 그리고 1년 후에 영국 시민
으로 귀화하며 '앤서니'로 이름을 바꾸었다.

▲ 안토니오 파니치 경의 초상.

페트라르카와 마찬가지로 이탈리아인이
었던 파니치도 모든 시민을 위한 국립 도서관의 지원은 국가의 책임이라고
생각했다. 1836년 7월 14일의 보고서에서 그는 "적어도 책에 있어서는 가
난한 학생도 왕국에서 가장 부자인 사람과 똑같이 학문적 호기심을 채우고
합리적 연구를 계속하며, 권위 있는 서적들을 참조하여 복잡하기 이를 데
없는 의문을 풀어갈 수 있기를 바란다. 따라서 이 부분에서는 정부가 가난
한 학생에게 무제한의 공정한 지원을 제공해야 한다고 강력하게 주장하는
바이다"라고 말했다.[7] 1856년 파니치는 도서관장으로 승진했다. 그는 지적
인 재능과 행징 능력을 발휘해 영국 국립 도서관을 세계 최대의 문회 중심
지로 키워냈다.[8]

파니치는 이런 목표를 달성하기 위해 도서관에 소장된 책들을 체계적으
로 목록화하기 시작했다. 1842년에는 대영제국에서 인쇄되는 모든 책을 한

권씩 의무적으로 국립 도서관에 납본하는 저작권법을 발효시켰고, 의원들을 설득해 정부의 지원금을 대폭 증액하는 데도 큰 역할을 했다. 또 도서관 직원들도 공무원으로 인정받도록 힘써, 당시 지옥 같던 사서들의 근무 환경을 크게 개선시켰다. 파니치의 전기를 쓴 수필가 에드먼드 고스는 훗날 앨저넌 찰스 스윈번, 로버트 루이스 스티븐슨, 헨리 제임스의 절친한 친구가 되었지만, 1860년대 말에 국립 도서관에서 '가장 보잘것없는 인간, 인쇄물부 조수'로 일한 적이 있었다. 파니치가 근무 환경을 개선하기 전까지, 그가 일하던 곳은 "후텁지근한 데다 강철 막대기로 둘러진 무시무시한 동물 우리와도 같아 '굴'이라고 불렸다……합리적으로 생각하고 행동할 줄 아는 사람이라면 누구도 살지 않을 곳에서, 대영 박물관의 필경사들은 어슴푸레한 빛을 빌려 일해야 했다."[9]

고스가 '책들 틈에 거미처럼 앉아 있는 아담한 체구에 까무잡잡한 피부의 이탈리아인'이라 칭한 파니치는 대영 박물관 도서관을 세계에서 가장 원활하게 운영되는 최고의 도서관으로 만들고 싶어 했다.[10] 그러나 무엇보다 국립 도서관의 책들이 영국의 문화적·정치적 정체성을 떠받치는 지주가 되기를 바랐고, 그는 이런 목표를 명확하게 밝혔다.

첫째, 국립 도서관 관장은 영국에서 발간되는 저작물과 대영제국에 관련된 저작물에 무한한 관심을 기울여야 마땅하다. 종교·정치·과학만이 아니라 법과 제도, 상업과 예술 등 모든 분야에 관심을 두어야 한다. 희귀하고 값비싼 저작물이더라도 도서관을 위해 그 저작물을 확보하기 위한 합리적인 노력을 기울여야 한다.

둘째, 오래되고 희귀한 옛 고전의 원본만이 아니라 교정판 및 훌륭한 주석판을 구하려는 노력을 게을리해서는 안 되며, 이를 현대어로 번역하려는 노력도 필요하다.

셋째, 외국 문학과 예술과 과학에 관련해서 도서관은 비평과 참조를 위해 최고의 표준서를 보유해야만 한다. 또한 국민에게는 해외에서 발행되는 문학 평론지, 학회지, 역사나 그 밖의 학문에 대한 대규모 전집, 신문, 법 관련 서적 등 비싸고 무거운 외국 서적을 국립 도서관에서 열람할 권리를 보장해야 한다.[11]

파니치는 영국 국립 도서관을 국가혼의 초상으로 보았다. 외국 문학과 문화재를 수집하기는 했지만 주로 비교하고 참조하거나 수집물을 보완하기 위한 것이었다(파니치는 이런 목적을 위해 독일과 미국에 직원을 파견했다). 파니치는 국립 도서관이라면 영국이라는 국가 자체의 진열장이 되도록 영국적인 삶과 사상의 모든 면을 반영할 수 있어야 한다고 생각했다. 따라서 국립 도서관의 존재 이유에 대해서는 분명한 철학을 가지고 있었지만, 도서관을 활용하는 방법에 대해서는 뚜렷한 방향을 제시하지 못했다. 국립 도서관이라도 독서가들을 수용할 수 있는 역량에는 한계가 있으므로 국립 도서관은 최후의 보루여야만 하는 것일까? 실제로 토머스 칼라일은 어중이떠중이가 학문이나 연구와는 아무런 관계도 없이 국립 도서관을 사용한다고 불만을 터뜨리며, "대영 박물관에 책을 읽으려고 오는 사람들 중에는 정신박약자도 적잖게 있을 것이다. 친구들에게 휩쓸려 시간을 죽이려고 온 그런 사람들이 여럿 있다는 이야기를 내 귀로 직접 듣기도 했다"라고 말했다.[12]

파니치는 '학문적 호기심을 채우려는 가난한 학생'이 언제라도 국립 도서관을 이용할 수 있기를 바랐다. 그런데 현실적인 이유를 들어, 공공 도서관에서 원하는 책을 구하지 못한 학자와 학생에게만 국립 도서관을 이용하도록 해야 하는 것일까? 국립 도서관은 모든 대중에게 일반적인 서비스를 제공해야 하는 것일까, 아니면 희귀성이나 그 밖의 이유로 폭넓게 배포될 수 없는 장서들을 주로 보관하며 최후의 문서 보관소로서 기능해야 하는 것일까? 2004년까지 영국 국립 도서관은 원하는 책을 다른 곳에서 구하지 못했다는 걸 입증할 수 있는 사람들이나, 증명서나 추천서 등으로 신분을 증명할 수 있는 연구원에게만 출입 카드를 발급해주었다. 그 이후 '연구원'이어야 한다는 조건이 삭제되면서 누구나 국립 도서관에 드나들 수 있게 되었다. 그러나 2005년 9월, 한 독서가는 새로운 제도를 비판하는 과정에서, 그 자신은 몰랐겠지만 칼라일의 불평을 그대로 되살려주었다. "국립 도서관은 언제나 잠을 자는 사람, 숙제를 하는 학생, 영화 대본을 쓰는 똑똑한 젊은 이들로 빈자리가 없다. 하지만 그들 대부분은 도서관의 책을 참조하지 않고도 할 수 있는 일을 하는 사람들이다."[13]

국립 도서관의 궁극적인 역할에 대해서는 아직도 논란 중이다. 오늘날에는 전자 기술의 발달로 국립 도서관이 집에서 일하는 독서가들에게도 개방되고, 다른 도서관들과 연계하는 서비스까지 제공되는 수준에 이르렀다. 이에 따라 책 읽는 공간이 국립 도서관의 담을 훌쩍 넘어섰을 뿐 아니라, 국립 도서관의 책들 또한 공공 도서관들의 책들과 뒤섞이며 이를 보완하는 역할을 한다. 예컨대 내가 '인어 신화'라는 복잡한 문제를 다룬, 1858년 조르주 카스트네가 파리에서 출간한 『세이렌Les Sirènes』을 참조하고 싶어 한다고 해보자. 푸아티에 시립 도서관을 뒤져보지만 그 책이 없다는 걸 확인할 수 있을 뿐이다. 사서가 친절하게 가까운 도서관에 그 책이 있는지 검색해보자고 제안한다. 전자 목록 시스템 덕분에 그 책이 프랑스 국립 도서관에 단 한 권만 있다는 걸 알게 된다. 희귀본이기 때문에 그 책은 대출되지 않지만 복사본을 신청할 수는 있다. 푸아티에 도서관이 국립 도서관에 완전히 장정된 복사본을 신청해 장서 목록에 포함하면, 나는 그 복사본을 빌린다. 완벽하지는 않지만 이런 연계 시스템 덕분에 나는 국립 도서관에 있는 희귀본에 접근할 수 있다. 심지어 도서관 간의 상호 협약을 체결한 다른 나라의 도서관에 있는 책에도 접근할 수 있다.

『세이렌』은 오래된 책이어서 저작권법에 저촉받지 않기 때문에 복사되어 가상 도서관에 업로드될 수 있다. 따라서 나는 해당 파일을 직접 다운로드해 인쇄하거나, 서버 운영자에게 수수료를 주고 인쇄를 부탁할 수 있다. 이런 시스템은 수세기 전 중세의 대학교들이 사용한 방법과 겉보기에는 비슷하다. 중세 시대에는 교수가 추천한 텍스트를 학교 밖에 상점을 차린 필경사들이 옮겨 썼고, 복사된 판본을 학생들에게 파는 형식이었다. 이때 대학 당국은 고전 문헌의 정확성을 최대한 보존하기 위해서 교묘한 방법을 고안해냈다. 철저하게 점검된 필사본들이 '서적상'들에게 임대되었다. 서적상은 일정한 사용료를 내고 필사본을 학교 밖으로 반출해 대량으로 옮겨 썼다. 서적상들은 주로 복사본을 팔았지만, 복사본조차 살 수 없는 가난한 학생들에게는 복사본을 빌려주기도 했다. 따라서 가난한 학생은 직접 복사본을 다시 옮겨 쓰는 수고를 해야만 했다. 서적상들은 필경사들에게 원본을 통째로 빌려주지 않고, 분책해서 빌려주었다. 서적상들은 분책한 원본을 돌려받은 후에 다시 다른 필경사에게 빌려주는 형식을 취했다. 따라서 인쇄기가 처음 설치되었을 때 대학 당국들은 인쇄기를 좀 더 빠르고 정확하게 복사본을 제작할 수 있는 유용한 수단쯤으로만 생각했다.[14]

레바논은 적어도 열두 곳의 색다른 지역과 문화를 자랑하는 나라이다.

레바논에서 국립 도서관은 상당히 늦게 문을 열었다. 1921년 레바논의 역사학자이며 애서가인 필립 드 타라지 자작이 평생 모은 출판물을 조국에 기증하면서 국립 도서관이 태동했다. 타라지가 "내 책들을 기반으로 베이루트 대도서관을 세워야 한다"라는 조건을 제시한 덕분이었다. 타라지는 2만 권의 출판물 이외에 상당수의 희귀한 필사본 및 전국지의 발간호들을 기증했다. 3년 후, 레바논 정부는 국립 도서관의 장서를 늘리기 위해 의무적인 납본제도(레바논에서 발간되는 모든 책을 국립 도서관에 제출하는 제도)를 시행했고, 교육부 직원 8명을 도서관에 파견했다. 1970년대 중반부터 1990년대 중반까지 계속되며 온 나라를 황폐화시킨 내란 동안, 국립 도서관은 수없이 폭격과 약탈을 당했다. 내란이 시작되고 4년 후, 1979년 레바논 정부는 국립 도서관을 폐쇄하고, 남아 있던 필사본과 문헌을 국립문서보관소로 옮겼다. 근대에 발간된 인쇄물은 1982년에서 1983년 독립된 건물로 옮겨졌지만, 이 건물도 큰 폭격을 받았다. 게다가 폭격에 해를 입지 않은 책들마저 빗물과 벌레들로 인해 훼손되고 말았다. 마침내 내전이 끝난 후, 레바논 정부는 프랑스 국립 도서관에서 파견한 전문가들의 도움을 받아 잔존하는 문헌들을 새로운 건물에 보관하기 위한 계획을 1994년에 세웠다.

　내전의 화마에서 살아남은 책들을 둘러보면 마음이 울적해진다. 장서들을 소독하고 목록화해서 정리하기 위해서는 외부의 지원이 절실한 실정이다. 장서들은 바다가 코앞에 있는 세관 건물에 겹겹이 쌓여 있어, 습기에 무방비 상태이다. 몇몇 직원과 자원봉사자가 책장을 훌훌 넘겨보고는 책들을 서가에 꽂는다. 어떤 책을 보관하고 어떤 책을 폐기할 건지 결정하려면 전문가의 눈이 필요할 텐데도 그렇다. 다른 건물에서는 고대 문헌을 전공한 사서 한 명이 동양의 필사본들을 꼼꼼하게 살펴보며(일부 필사본은 9세기에

위태롭게 보관된 레바논 국립 도서관의 장서들.

쓰인 것이다) 훼손의 정도를 파악해서 붉은색(최악의 훼손 상태)부터 흰색(약간의 수선이 필요)까지 색깔 라벨을 책마다 붙이고 있다. 그러나 그 엄청난 일을 해내기에는 직원이나 지원이 턱없이 부족하다.

그러나 희망적인 면도 엿보인다. 지금은 텅 비어 있지만 과거에 베이루트레바논 대학교의 법과 대학으로 사용되던 건물이 새로운 국립 도서관으로 결정되었고, 조만간 일반에게 공개될 예정이다. 문화부 장관의 고문으로 임명된 모드 스테판 하셈 교수는 2004년 5월에 발표한 보고서에서, 국립 도서관이 레바논의 분열된 현실을 화해시키고 다양한 문화들을 다시 하나로 이어주는 역할을 할 수 있을 것이라고 말했다.

레바논의 지식인과 애서가는 옛날부터 한결같은 마음으로 국립 도서관 설립 계획을 옹호하고 지지하며 찬성해왔다. 그러나 모두가 우리의 다양한 문화를 무시한 채 각자의 개인적 관점과 바람에서 접근함으로써 그 계획을 사물화(私物化)하는 경향을 띠었다. 하지만 국립 도서관 설립 계획은 고도의 정치에 속하기 때문에 우리 사회 전체의 계획, 즉 국민 모두가 참여하는 공공 정책이 되어야 한다. 이 계획은 단순히 책을 수집하거나, 세계의 유사한 도서관을 본받아 제도를 정비하는 수준에 그쳐서는 안 된다. 국립 도서관 설립 계획은 기록과 문헌에서 입증되듯이 타자(他者)를 인정하고, 더불어 그들의 노동 가치를 인정하던 과거의 기억을 되살리며, 레바논의 화해를 도모하기 위한 정치적 프로젝트이다.[15]

하나의 도서관에 다양한 정체성을 반영할 수 있을까? 내 도서관을 예로 들어 이 질문에 대답해보자. 내 도서관은 아무런 관련도 없는 프랑스의 조그만 마을에 있는데, 내가 이리저리 떠돌며 살아오는 동안 아르헨티나, 영국, 이탈리아와 프랑스, 타히티와 캐나다에서 단편적으로 수집한 책들로 이루어졌다. 따라서 내 도서관은 상당히 다양한 정체성을 보여준다. 어떤 의미에서 나는 내 도서관의 유일한 시민이므로 그 안의 책들과 공통된 유대감을 갖는다고 말할 수 있다. 하지만 많은 친구들 또한 뒤죽박죽인 내 도서관의 정체성이 부분적으로는 그들의 정체성과 일치한다고 말해주었다. 요컨대 도서관은 무척 복잡한 성격을 띠기 때문에, 공공 도서관과 개인 도서관을 막론하고 여느 도서관이나 도서관을 드나드는 사람에게 그가 찾으려는 것 혹은 그와 유사한 것을 제공하고, 독서가로서 우리가 어떤 존재인지를 조금이나마 직관적으로 느끼게 해주며, 자아의 비밀스런 면을 엿보게 해주는 듯하다.

이민자들은 자신들이 선택한 나라에 대해 더 깊이 알고 싶을 때 도서관을 주로 찾는다. 그 나라의 역사와 지리와 문학, 건국 시기와 국가와 지도만이 아니라, 그 나라가 어떻게 조직되고 어떤 생각을 품고 있으며, 세계를 어떻게 나누고 분류하는지도 도서관에 가면 그런대로 파악할 수 있다. 뉴욕 시 퀸스 자치구 공공 도서관은 연간 1,500만 건의 도서와 테이프와 비디오를 처리하는, 미국에서 가장 번잡한 도서관이다. 퀸스 자치구민의 거의 절반이 영어가 아닌 다른 외국어를 모국어로 사용하고, 3분의 1 이상이 외국 땅에서 태어났기 때문에 도서관 이용자는 주로 이민자들이다. 따라서 러시아어, 힌디어, 중국어, 한국어, 구자라트어, 에스파냐어를 구사하는 사서들이 도서관을 처음 찾는 이민자들에게 운전면허증을 취득하는 법부터 인터넷을 서핑하고 영어를 배우는 법까지 설명해준다. 이민자들이 가장 많이 찾는 책은 이민자들의 언어로 번역된 미국 대중소설이다.[16] 퀸스 공공 도서관은 파니치가 한 국가를 위해 머릿속에 그렸던 문화의 보고까지는 아닐지 모른다. 그러나 이 도서관은 미국이란 나라와 이 시대의 다원적이고, 하루가 다르게 변하며, 도전적인 정체성을 반영하는 많은 도서관들 중 하나가 되었다.

15장

집

(남들은 도서관이라 부르는) 우주…….
호르헤 루이스 보르헤스, 『바벨의 도서관(La biblioteca de Babel)』

　여느 나라의 국립 도서관을 넘어서는, 그 어느 곳보다도 큰 도서관이 있다. 빠진 것이 없이 모든 것을 갖추었기 때문이다. 지금까지 쓰인 모든 책, 또 앞으로 쓰일 책처럼 가능성으로만 존재하는 책까지 담고 있어 상상할 수 없을 정도로 크고 이상적인 도서관이다. 이 거대한 도서관에 비하면 그 어떤 도서관도 빛을 잃지만, 이 곳 또한 한 권의 책에 함축될 수 있다. 내가 보유한 『오디세이아』는 '아라비아의 로렌스'로 더 많이 알려진 토머스 에드워드 쇼(혹은 토머스 에드워드 로렌스)가 영어 산문으로 번역한 것이다. 나의 『오디세이아』는 과거로는 알렉산드리아 도서관과 아리스타르코스의 정밀한 주석으로 연결되고, 그 이후로는 조지 스타이너가 제네바에서 교수로 지낼 때 모은 『오디세이아』에 관한 도서관과 몬테비데오에 사는 익명의 독시가가 사라예보 도서관의 재건을 도우려는 마음에 보낸 호메로스의 여러 문고판 도서로 이어진다. 이처럼 독서가들은 각자 다른 판본의 『오디세이아』를 읽으면서, 율리시스의 모험을 행운의 섬을 넘어 무한히 확대한다.

적어도 나에게는 율리시스의 이야기 중에서 귀향 장면이 가장 감동적으로 와 닿는다. 세이렌과 키클롭스, 여자마법사와 그녀의 주문(呪文)도 경이롭고 대단하지만, 기억에 남아 있던 해안을 바라보며 눈물짓는 노인과 기억에 남아 있던 주인의 발치에서 가슴 아파하며 죽어가는 개는 불가사의한 사건들보다 훨씬 더 사실적이고 감동적으로 느껴진다. 이 대서사시의 9할은 놀라운 이야기로 꾸며지지만, 마지막 10분의 1은 어디에서나 흔히 볼 수 있는 장면이다.

이런 귀향이 뜻하는 바는 무엇일까? 우리는 세상을 낯선 땅이나 고향, 둘 중 하나로 인식하지만, 도서관은 상반된 두 관점을 동시에 반영한다는 뜻일 수 있다. 우리가 도서관에서 책들 사이를 막연히 걸어다니다 서가에서 아무 책이나 집어 들고 대충 훑어볼 때, 책에 담긴 내용이 우리 경험과 너무 달라 놀라기도 하지만 반대로 우리 경험과 너무 비슷해 위안을 얻기도 한다. 아가멤논의 탐욕과 『킴』에 등장하는 라마승의 유순함은 내게 너무 낯설게 느껴졌지만, 앨리스의 당혹감과 신드바드의 호기심은 얼마든지 공감할 수 있었다. 이런 점에서 모든 독서가는 잠시 휴식을 취하는 방랑자이거나, 귀향한 여행자이다.

어느새 밤이 깊었다. 비가 세차게 내린다. 잠이 오지 않는다. 도서관에 들어가 서가에서 아무 책이나 꺼내 읽는다. 많은 원혼이 서성대고 찬바람이 흙벽과 여닫이창의 틈새로 휘몰아치던, 아득히 멀리 떨어진 성에서 오랫동안 살았던 한 백작에 대한 책이다. 세상 사람들은 주로 책을 통해 그를 알고 있지만, 그가 역사적인 인물인 것만은 확실하다. 그 백작은 자신이 마땅히 자부심을 가질 만하다고 주장하며, 그 이유를 다음과 같이 밝혔다.

주권을 세우기 위하여 사자처럼 용감하게 투쟁해온 많은 선조들의 피가 우리 혈관 속에 흐르고 있기 때문이오. 그 옛날에 유럽의 부족들이 서로 세력을 겨누며 아웅다웅할 때, 토르 신과 오딘 신에게서 투쟁의 정신을 부여받은 위구르 족이 아이슬란드로부터 내려왔소. 위구르 족은 유럽의 해안뿐만 아니라 아시아, 아프리카의 해안에서까지 그 잔인한 투지를 발휘했소. 그래서 사람들은 인간 늑대들이 왔다고 생각할 정도였소……우리 민족의 그 크나큰 치욕, 속국의 불명예를 씻을 날을 우리는 고대했소. 왈라키아와 마자르의 깃발이, 초승달이 그려진 투르크의 깃발 아래로 내려갈 날을 말이오. 그날이 오기까지 우리는 헝가리를 위해 싸웠소. 트란실바니아의 총독으로 다뉴브 강을 건너 투르크 인의 땅까지 가서 그들을 쳐부쉈던 사람도 우리 부족의 일원이었소. 그가 바로 드라큘라 가문의 사람이오.[1]

드라큘라 백작의 본거지는 트란실바니아에 있었다. 트란실바니아는 그에게 '움빌리쿠스 문디umbilicus mundi(세계의 배꼽)'이며, 상상력에 힘을 북돋워주는 풍경이었다. 그러나 시간이 흐르면서 고향 산천에서 생생한 피를 구하기 힘들어지자 먹을 것을 구하려고 해외까지 나간 걸 보면, 트란실바니아가 그의 육신까지 살찌워주지는 못했던 모양이다. 드라큘라 백작은 "사람들로 붐비는 런던의 거리를 거닐고 싶소. 왁자지껄한 사람들의 세상에 들어가서 그들의 생사고락과 영고성쇠를 함께 맛보고, 오늘날의 그들이 있게 한 모든 것을 함께 누리고 싶소"라고 말했다.[2] 그러나 드라큘라는 이디를 여행하든 고향과 완전히 떨어지지 못했다. 먼지로 수북한 그의 서가에 꽂힌 책들은 그에 관한 이야기를 기록하고 있지만, 다른 모든 도서관은 그에게 아무런 관심도 없다. 고풍스런 도서관이 있던 그의 성은 그에게 유일하게 편안한 집

블라디슬라우스 드라큘라의 초상. 독일 뷔르템베르크 주립 도서관에서 최근에 발견됨.

이었다. 따라서 그는 어디를 가나 고향의 흙을 담은 상자를 가지고 다녀야
했다. 그리스 신화에 나오는 리비아의 거인, 안타이오스처럼 그도 '고향의
흙'을 만져야만 했다. 그렇지 않으면 죽었다.

나는 브램 스토커의 『드라큘라Dracula』를 제자리에 꽂아두고, 그보다 몇
칸 위에 놓인 다른 책을 꺼내든다. 다른 여행자에 대한 이야기이다. 책은 여

행자의 모습이 괴물 같다고 넌지시 암시하지만 그는 결코 괴물 같지 않다. 드라큘라 백작처럼 이 방랑자도 누구도 자신의 주인이 될 수 없다고 다짐하는 외로운 신사이지만, 드라큘라 백작과 달리 그에게는 집도 없고 뿌리도 없으며 조상도 없다. 그는 우리에게 "내게는 한 푼의 돈도 없고, 친구도 없으며, 재산이라 할 것도 없다"라고 말한다.[3] 그는 조국이 없는 망명자처럼 온 세상을 떠돌아다닌다. 뿌리가 없기 때문에 그는 우주의 시민이라 할 수 있다. 그는 체념해서 "내가 고통을 견딜 수 있다면 나는 기꺼이 혼자 고통받겠다"고 말한다.[4] 그는 책을 통해 배우고, 온갖 것이 뒤섞인 흥미로운 도서관을 머릿속에 채워간다. 그의 첫 독서는 남이 읽는 소리를 듣는 것이었다. 그는 농부 가족이 크게 소리내어 글을 읽는 소리에 귀를 기울인다. 믿기 힘들겠지만 우주의 역사에 대한 철학적 명상에 대한 글, 콩스탕탱 프랑수아 볼네의 『폐허 제국의 혁명들Ruins of Empires』이다. 그는 "그 책을 통해 나는 역사에 대해, 이 세상에 지금 존재하는 몇몇 제국들에 대해 대략 알게 되었다. 또 이 땅에 존재하는 많은 나라들의 풍습과 정부와 종교에 대해서도 알게 되었다"라고 덧붙인다. 그는 인간이 당당하고 고결하며 훌륭한 면모를 띠면서도 지독히 사악하고 천박할 수 있는 이유를 궁금해 하지만 이 의문에 답을 구하지 못한다. 그는 자신이 인간과 같은 속성을 띠지 않았을 것이라 생각하면서도 인간을 사랑하고 인간세계의 일원이 되고 싶어 한다.[5] 누군가 잃어버린 가방에서 그는 옷가지와 새로운 읽을거리를 발견한다. 밀턴의 『실락원Paradise Lost』, 플루타르코스의 『영웅전Lives』, 괴테의 『젊은 베르테르의 슬픔Sorrows of Young Werther』이 바로 그것이다. 그는 『젊은 베르테르의 슬픔』에서 '낙담과 우울'을 배우고, 플루타르코스에게서 '드높은 이상'을 배운다. 그러나 『실락원』에서는 일종의 경이로움을 느낀다. 그는 "책을 읽을 때마다 나는 나 자신의 감정과 상황에 대입해보았다. 내 처지가 비슷하다는 생각이 들었다. 하지만 내가 책에서 읽은 사람들, 내가 대화로 엿들은 사람들과는 이상하게도 달랐다. 나는 그들의 처지를 불쌍하게 여겼고, 그들을 조금이나마 이해했다. 그러나 나는 정신적으로 미숙했다. 나는 누구에게도 의존하지 않았으며, 누구와도 어울리지 않았다"라고 말한다.[6] 그는 타락한 아담의 이야기에서 자신의 모습을 약간 발견했지만, 아무리 많은 책을 읽어도 인간의 도서관으로는 자신의 존재를 설명할 수 없을 거라고 생각하며 당혹감에 사로잡힌다. 세상의 일원이 되고픈 열망에도 불구하고, 이 세계시민은 세상에서 버림받고, 모든 면에서 이방인, 즉 사회라는 울타리 밖의 존재라고 냉대받는다. 참담한 기분에 빠져 두려움과 증오에 사로잡힌 그는 자신을 창조한 사람을 죽음으로 몰아간다. 그리고 마침내 프랑켄슈타인 박사의 괴물은 북극의 얼음밭, 캐나다로 알려진 새하얀 동토의 땅에서, 요컨대 세상의 수많은 환상이 버려지는 땅에서 영원히 길을 잃는다.

프랑켄슈타인의 괴물은 철저한 이방인인 동시에 완벽한 세계시민이다. 그는 모든 면에서 다르다. 흉측하게 생겼지만 부분을 따지면 인간과 다르지 않다. 어린아이처럼 세상과 자신의 본질에 대해 처음 배우는 그는 '렉토르 비르고lector virgo(첫 독자)'의 전형이고, 백지 상태에서 기꺼이 배우려는 호기심 많은 존재이며, 세상 경험이 없어 어떤 선입견도 없이 도서관을 찾는 독서가이다. 그 괴물은 맹인 은둔자의 오두막에 들어가서는 "이렇게 무작정 들어와 죄송합니다……나는 약간의 휴식이 필요한 여행자입니다"라고 말한다. 그는 어디에도 속해 있지 않기 때문에 경계도, 국적도 없으며 공간의 제약도 받지 않는 여행자이다. 밀턴의 『실락원』에서 아담이 창조주에게 절규했듯이,[7] 괴물은 어쩔 수 없이 어둠에서 나와 인간 세상에 들어왔지만 그

메리 셸리의 『프랑켄슈타인 혹은 현대판 프로메테우스』의 1831년 판에 실린
슈발리에의 삽화.

것마저도 용서를 빌어야 한다. 이런 이유에서, "이렇게 무작정 들어와 죄송
합니다"라는 구절을 읽을 때마다 나는 가슴이 찡하다.

    프랑켄슈타인의 괴물에게, 소설에서 표현된 세계는 똑같아 보인다. 모든 책이 하나의 도서관에 있는 셈이다. 그는 스위스, 오크니 제도(諸島), 독일, 러시아, 잉글랜드, 황량한 타타르 지역 등 곳곳을 떠돌아다니지만, 어떤 사회에서도 고유한 특징이 보이지 않는다. 어디를 가나 똑같아 보인다. 그에게 세상은 아무런 특색도 없는 곳이다. 그는 이런저런 역사책에서 구체적인 것들을 배우지만 추상적으로도 생각할 줄 안다. "같은 종(種)을 지배하고 학살하는 정치 문제에 관련된 사람들에 대해 읽었다. 선을 향한 뜨거운 열망과 악에 대한 증오심이 내 안에서 불끈 치밀어 오르는 걸 느꼈다. 내가 선과 악이라는 단어를 즐거움과 고통에만 관련된 것으로 사용했더라도 두 단어의 의미를 제대로 이해한 것이라면."**8** 하지만 이런 교훈도 결국에는 아무런 쓸모가 없었을 것이다. 인간의 도서관은 그가 이해할 수 없는 글로만 가득하다는 걸 프랑켄슈타인의 괴물이 결국 깨달았을 테니까.

한 곳의 집과 세상의 집은 모두 부정적인 방향으로 경험될 수 있다. 드라큘라 백작은 자기만의 개인 도서관을 철석같이 믿었고, '보야르boyar(귀족)'라는 것을 자랑스레 생각했으며, 그와는 다른 국적인들을 경멸했다. 반면에 프랑켄슈타인의 괴물에게는 자기만의 도서관이 없었다. 그는 우연히 손에 쥐게 된 모든 책에서 자신의 모습을 찾고자 했지만, 그 '낯선' 책들에서 자신의 모습을 결국 찾아내지 못했다.

그러나 더 넓고 더 깊이 세상을 경험할 가능성은 두 유형 모두에게 있었다. 예컨대 세네카는 스토아학파의 철학을 400년 전에서 되살려내며, 우리와 같은 시대를 사는 사람들의 책만이 우리에게 중요하다는 생각을 깨부쉈다. 세네카에 따르면, 우리는 우리의 것이라 부르고 싶은 책을 어느 도서관에서나 구할 수 있고, 독서가라면 누구라도 자기만의 과거를 만들어갈 수 있다. 세네카는 "우리가 부모를 선택하는 것은 아니다"라는 보편적인 가정마저 사실이 아니라고 주장했다. 달리 말하면, 조상을 선택할 권한이 우리에게 있다는 뜻이다. 언젠가 세네카는 자신의 서가를 가리키며 "저 서가에 고귀한 유산을 물려받은 가문들이 있다. 당신이 속하고 싶은 가문을 마음대로 선택하라. 그렇게 할 때 당신은 이름만이 아니라 재산까지 실제로 물려받을 것이다. 하지만 그 재산을 인색하고 쩨쩨하게 지키려고 해서는 안 된다. 많은 사람과 나눠가질수록 그 재산은 더욱 불어난다……당신을 영원히 살아 있는 존재로 바꿔주지는 못하겠지만 당신의 죽음을 연장할 수 있는 유일한 방법이 그것이다"라 말하고는 "이런 관계를 깨닫는 사람이면 누구나 인간의 한계에서 벗어난다. 모든 세대가 신을 섬기듯이 그를 섬길 것이다. 과거는 이미 지나가지 않았느냐? 그는 과거를 기억 속에 단단히 붙잡아둔다. 지금 이 순간은 어떻게 하느냐고? 그는 현재를 이용한다. 앞으로 다가올 시간이 있다고? 그는 시간을 앞지른다. 이렇게 과거-현재-미래를 하나로 융합함으로써 그의 삶이 연장된다"라고 덧붙였다.[9] 세네카에게 중요한 것은 우월성이 아니었다(플루타르코스는 아테네의 달을 코린트의 달보다 낫다고 생각하는 사람들을 조롱했다[10]). 그가 중요하게 생각한 것은 공유성, 즉 모든 인간이 공통된 신의 말씀을 섬기며 하나의 공통 이성common reason을 공유하는 상태였다. 따라서 그는 자아의 범위를 확대해 가족과 친구만이 아니라 적과 노예까지, 더 나아가서는 야만인과 외국인, 궁극적으로는 인류 전체를 포용했다.

그로부터 수세기 후, 단테가 자아에 대한 이런 정의를 자신에게 적용하여 "물고기에게 물이 있듯이, 나에게는 세계라는 집이 있다"라고 말했다.[11] 단테는 고향 피렌체를 위해 스스로 고통스런 망명을 택할 정도로 피렌체를 사랑했지만, 많은 시인과 산문 작가의 작품들을 읽은 후에 지상에는 피렌체보다 더 아름답고 더 고결한 곳이 많다는 걸 깨달았다. 단테는 세계 도서관에 대한 단호한 믿음을 바탕으로 독립된 국가적 정체성을 주장하지만, 세계를 자신의 유산이나 근원이라 생각하지는 않는다. 세계주의를 표방하는 독서 가에게 고국은 정치적 국경으로 분할된 공간에 있지 않고, 어떤 경계도 없 는 시간에 존재한다. 이런 이유에서, 에라스뮈스는 독서가들에게 '장벽 없 는 도서관'—8절판 크기의 고전 문헌들—을 제공한 베네치아의 위대한 출판 업자 알두스 마누티우스를 극찬했다.[12]

세계주의적인 도서관은 유대인 문화의 중심이기도 하다. 구전 문화에서 태어난 유대인들에게, 하느님이 계시한 말씀이라는 성경이 그들의 지적이고 종교적인 경험에서 중심을 차지한다는 사실은 어찌 보면 모순이다. 여하튼 유대인들에게 성경은 그 자체로 하나의 도서관이다. 그것도 가장 완전하고 신뢰할 수 있는 도서관이며, 시간에 근거를 두며 과거와 현재와 미래에 변함 없이 존재하므로 영원하고 모든 것을 포괄하는 도서관이기도 하다. 성경 말 씀은 시대의 덧없는 재앙과 인간의 변덕보다 훨씬 큰 힘을 지닌다. 따라서 기원후 70년 제2성전이 파괴된 후에도 랍비 학자들은 물리적 실체가 없는 성전 내에서 지켜야 할 구체적인 행동 규칙들에 관해 기억에 아련히 남은 회당에서 성경에서 배운 대로 논의했다.[13] 우리가 지금 살고 있는 시간과 공 간에 존재하는 도서관보다 성경이란 도서관에 더 원대한 진리가 담겨 있다 는 믿음은, 세네카가 강력하게 옹호하던 지적이고 영적인 충성이며 헌신이 다. 중세 시대의 아랍 학자들도 똑같은 주장을 펼쳤다. 그들은 "도서관은 시 간적으로는 과거의 그리스와 아랍 시대를 현재로 끌어올려 본받아야 할 문 화의 표본으로 삼고, 공간적으로는 흩어진 것들을 한데 모으고 멀리 떨어진 것들을 가까이 가져오기 위해 존재한다……도서관은 보이지 않는 것을 보이게 하며, 세계의 소유와 밀접한 관계가 있다"라고 생각했다.[14]

장 자크 루소는 이런 세계주의적인 정서를 두 방향에서 접근했다. 『에밀』에서 그는 '조국'과 '시민'이란 단어가 모든 현대 언어에서 사라져야 한다고 주장했지만, "조국에서는 수치스럽게 생각하며 행하지 않는 의무를 책에서 찾는 세계주의자들을 믿지 마라. 이런 부류의 철학자는 이웃을 사랑하지 않는 걸 변명하기 위해서 타타르 족을 사랑하는 체할 뿐이다"라고 말했다.[15] 17세기 중반 경, 영국 시인 토머스 트러헌은 250년 후에야 한 수집가가 런던의 헌책방에서 우연히 발견해 싼값에 사들여 공개된 원고에서, 오늘날 우리가 루소에 대한 선견지명적 대답으로 생각할 만한 글을 썼다. 이 원고에서 트러헌은 "바다가 그대의 혈관에 흘러들 때까지, 그대가 하늘로 옷을 지어 입고 별로 머리를 장식할 때까지, 그대는 세상을 제대로 즐기지 못할 것이다. 하지만 그대가 세상의 유일한 상속자라고, 아니 그 이상이라고 생각하라. 인간은 모두가 그대처럼 유일한 상속자로서 세상에 존재하기 때문이다"라고 말했다.[16]

세계주의자라는 개념은 아주 먼 옛날부터 존재했다. 라파엘 전파Pre-Raphaelite가 시대착오라는 개념을 도입하면서, 현재에 속한 것과 흘러간 과거에 속하는 것을 구분하는 장벽이 무너졌다. 토머스 브라운 경이나 에라스뮈스에게, 플라톤과 아리스토텔레스는 동료 토론가였다. 플라톤과 아리스토텔레스의 사상들이 몽테뉴와 페트라르카의 머릿속에서 되살아난 이후로는 대화가 세대를 거쳐가며 수직적 시간표가 아니라 수평적 차원에서 계속되었다. 독일 작가 헤르만 브로흐의 『베르길리우스의 죽음The Death of Virgil』에서 아우구스투스 황제가 "우리 선조들에게 현재를 뜻했던 것은 지금도 계속되며,

이는 모든 예술에 감춰져 있다"라고 말한 이유는 이런 맥락에서 이해된다.[17]

토머스 브라운 경은 1642년에 이렇게 말했다. "윤회가 있어 한 사람의 영혼이 다른 사람에게 전해지는 것처럼, 혁명이 있은 후에는 그 혁명적 사상을 처음 낳은 사람들과 비슷한 사람들이 주변에서 발견된다는 이야기가 들린다. 우리 자아를 다시 찾기 위해서 플라톤 시대를 뒤질 필요는 없다. 우리 모두가 현재는 지금의 모습이지만 과거에는 다른 사람이었다. 지금까지 많은 디오게네스가 있었고, 티몬도 그만큼 존재했다. 그 이름에 걸맞는 사람은 극소수였겠지만……인간은 거듭해서 살아간다. 세상은 지금 있듯이 지나간 시대에도 있었다. 그때에는 없었겠지만 그 이후에 플라톤과 유사한 사람, 말하자면 플라톤의 되살아난 자아가 있었다."[18] 브라운은 책읽기와 사고(思考)를 통해 과거가 현재가 된다고 믿었다. 과거는 모두에게 개방된 서가이며, 적절한 사물화(私物化)를 통해 우리의 것이 되는 것의 무한한 원천이다. 여기에 저작권법은 적용되지 않으며 법적인 한계도 없다. '사유지, 출입금지'라는 팻말이 걸린 울타리도 없다. 우리 시대의 철학자 리처드 로티는 브라운의 세계주의적인 역사관에서 "예언자나 하등한 신은 과거에 이미 말해진 것을 다시 말하되, 조금이라도 더 확실하게 말할 수 있기를 바랄 뿐이다"라는 결론을 끌어냈다.[19] 과거는 세계주의자의 모국이고, 보편적인 조국이며, 무한한 도서관이다. 토머스 브라운 경이 생각했듯이, 미래가 견딜 만할 것이라는 희망을 우리는 과거에서 찾을 수 있다.

브라운이 『종교 의학(Religio Medici)』에서 위와 같이 말했을 즈음에, 가브리엘 노데는 『도서관 설립에 관한 지침』에서 도서관이 제공할 수 있는 즐거움에 대해 다음과 같이 말했다.

이 세상에서 지고선(至高善), 즉 완전하고 완성된 행복을 즐길 수 있다면, 지혜로운 사람이 그런 도서관에서 받는 보람 있고 유쾌한 대접과 대화만큼 탐나는 것은 없다는 게 내 생각이다. 또한 책은 학습의 도구이기 때문에 지혜로운 사람이 책을 소유한다고 해서 이상할 것은 전혀 없다. 그는 합법적으로 자신을 세계주의자, 즉 세계의 시민으로 자처할 수 있기 때문에, 그에게는 모든 것을 알고 모든 것을 보며 어떤 것도 가볍게 넘기지 않을 권리가 있다. 요컨대 그는 자아에 대한 절대적인 주인이기 때문에, 원하는 만큼 도서관을 사용하고, 원할 때 도서관에 출입하며, 원하는 만큼 도서관과 대화를 나눌 수 있다. 어떤 방해도 받지 않고 힘도 들이지 않고 쉽게 도서관에서 배워서, '지상에서, 바다에서, 또 하늘나라에 깊이 감추어진 곳에서 현재에 존재하고 과거에 존재했으며 앞으로 존재할 수 있는 모든 것'의 정확한 특징을 알아갈 수 있다.[20]

맺음말

책은 우리 삶에서 최고의 재산이다. 책은 우리의 변하지 않는 영원한 친구이다. 나만의 도서관을 갖지 못했던 것이 못내 아쉽다.

바를람 샬라모프, 「나의 도서관들(My Libraries)」

우리는 항상 더 많은 것을 기억하고 싶어 한다. 또 우리는 어떤 질문에 대답해주는 소리나 문장 및 글로 표현된 생각이 녹음된 말, 책, 혹은 모니터에 어떤 식으로든 존재할 것이라는 희망을 가지고 단어들을 포착하기 위한 그물망을 끊임없이 짠다. 새로운 테크놀로지가 과거의 것보다 우월한 것은 사실이지만, 새것은 과거에 존재하던 기능들을 부분적으로 상실하기 마련이다. 예컨대 친근함은 경멸의 원인이 될 수도 있지만 안도감도 준다. 반면에 친근하지 않은 것은 불신을 불러일으킨다. 우리 할머니는 19세기 말에 러시아의 시골에서 태어났다. 부에노스아이레스로 이주한 후, 동네에 전화가 처음 가설되었을 때 할머니는 상대방의 얼굴을 보지도 않고 이야기를 나누는 전화를 사용하기가 무섭다면서 "전화를 볼 때마다 귀신이 생각나는구나!"라고 말씀하셨다.

종이가 필요 없는 전자책은 전기가 필요 없는 종이책과 사이좋게 공존할 수 있다. 우리의 모든 것을 담았던 도서관이 이제는 어떤 것이나 담는 도서관이 되었다. 알렉산드리아 도서관은 인식 가능한 세계로 경계지어진 원의 중심으로 여겨지는 정도였지만, 웹은 12세기에 새롭게 정의된 하느님처럼 그 중심은 어디에나 있고 경계는 어디에도 없는 원으로 여겨진다.[1]

하지만 웹이 무한의 의미를 새롭게 정의했다고 해서 과거의 도서관들에서 형성된 무한의 의미가 줄어들지는 않았다. 웹은 무한에 일종의 유형적 무형성을 부여했을 뿐이다. 언젠가 정보를 수집하는 새로운 기술이 등장하면 웹 또한 파리와 부에노스아이레스, 베이루트와 살라망카, 런던과 서울에서 국립 도서관으로 운영되던 낡은 건물들처럼 우리에게 친숙하고 낯익은 것으로 여겨지게 될지도 모른다.

우리는 시간을 초월하는 원대한 질서를 직관으로 알거나 오관으로 인식하며, 이를 굳게 믿는다. 나무와 종이로 이루어진 물리적인 도서관이든, 유령처럼 깜빡이는 모니터로 이루어진 도서관이든 모든 도서관이 그러한 믿음의 증거이다. 1945년 5월 러시아군이 프라하에 진입하자, 체코인들은 나치스에 저항하는 폭동을 일으켰다. 블라디미르 나보코프의 누이로 프라하의 한 도서관에서 사서로 일하던 엘레나 시코르스카야는, 독일군 장교들이 도서관에서 빌린 책들을 완전히 반납하지 않은 채 후퇴하려고 한다는 걸 알게 되었다. 그래서 엘레나는 한 동료와 함께 책들을 돌려받기로 결정하고, 러시아군 트럭들이 요란하게 쏘다니는 큰길로 나갔다. 그녀는 몇 달 후에 오빠에게 "우리는 한 독일군 조종사의 집에 찾아갔어요. 그는 책들을 군말 없이 돌려주었어요. 하지만 그때쯤 독일군들의 경비가 심해지면서 아무도 큰길을 다닐 수 없게 되었지요. 사방에 기관총으로 무장한 독일군들이 있었어요"라는 편지를 보냈다.[2] 혼란과 무질서의 와중에도 엘레나 시코르스카야는 도서관의 질서를 지키려는 노력이 가능한 한 계속되어야 한다고 생

324

각했던 듯하다.

인식할 수 있는 세계를 종이에 옮기고, 의미 있는 세계를 단어로 표현하려는 꿈은 매력적이지만, 도서관은 '실제' 세계를 우리에게 결코 보여줄 수 없다. 고통과 행동으로 점철된 일상의 세계가 '실제'이기 때문에, 어마어마하게 크고 무한한 자료를 지닌 도서관이라도 '실제'의 세계를 우리에게 보여줄 수는 없다. 도서관은 그러한 실제 세계의 타협된 모습을 우리에게 보여준다. 프랑스 평론가 장 르도의 표현을 빌리면 "친절하게도 우리에게 실제 세계를 생각할 수 있게 해주는" 타협된 모습인 셈이다.[3] 또한 도서관은 산문적 이야기를 통해 직관할 수 있고, 시적이고 철학적인 사색을 통해 추측할 수 있는 것을 경험해서 알고 기억하게 하는 '가능성'도 보여준다.

요한 성자는 혼란에 빠져, 우리에게 세상에 속한 것이나 세상을 사랑하지 말라면서 "세상에 있는 모든 것, 곧 육체의 쾌락과 눈의 쾌락을 좇는 것이나 재산을 가지고 자랑하는 것은 아버지께로부터 나온 것이 아니고 세상에서 나온 것"이기 때문이라고 설명한다.[4] 이런 명령은 아무리 좋게 생각해도 모순이다. 우리가 물려받은 놀라우면서도 하찮은 유산은 세상, 단지 세상뿐이다. 우리는 세상에 대한 이야기를 주고받으면서 세상을 끊임없이 검증하고 실험한다. 우리의 머리로는 이해할 수 없지만 무질서하다고 느껴질 정도로 경이로운 일관성을 띤 무엇인가의 형상대로 우리와 세상이 만들어졌고, 우리가 그 일부라는 막연한 느낌, 폭발한 우주와 우리에는 말로 표현할 수 없는 의미와 질서가 있을 것이라는 희망, 우리가 읽기도 하지만 거꾸로 우리가 읽히기도 하는 책으로 세상을 다시 비유하는 즐거움, 우리가 현실 세계에 대해 알 수 있는 것은 언어로 표현된 상상이라는 기발한 착상—이 모든 것이 도서관이라는 자화상에서 구체적으로 드러난다. 한층 더 큰 즐거움을 약속하는 책들로 가득한 서가들 사이를 거닐면서 느끼는 도서관을 향한 사랑, 도서관을 구석구석까지 보려는 열망, 그리고 도서관을 완성했다는 자부심은, 우리가 온갖 불행과 후회로 가득한 삶을 살더라도 질투하는 신이 우리에게 바라는 광기 뒤로 감추어진 질서에 대한 더 큰 친밀함, 위안, 어쩌면 구원의 믿음을 잃지 않았다는 증거이다. 그런 증거는 가장 행복하고 가장 감동적인 것이기도 하다.

퍼넬러피 피츠제럴드는 소설 『푸른 꽃The Blue Flower』에서 "이야기가 찾아내기로 시작되면 추적하기로 끝나기 마련이다"라고 말했다.[5] 내 도서관에 대한 이야기는 찾아내기로 시작했다. 내 책들을 찾고, 내 책들을 보관할 장소를 찾고, 바깥의 어둠에서도 환히 빛나는 공간에서 고요함을 찾는 것으로 시작했다. 그러나 내 이야기가 추적하기로 끝나야 한다면 '무엇을 구해야 하는가?'라는 의문이 생긴다. 노스럽 프라이는 그리스도가 탄생할 때 자신이 그 자리에 있었더라도 천사들의 노랫소리를 들었을 거라고 생각하지는 않는다며, "내가 그렇게 생각하는 이유는 지금도 천사들의 노랫소리가 들리지 않기 때문이다. 천사들이 노래를 멈추었을 것이라고 생각할 이유가 없다"라고 말했다.[6] 따라서 나는 어떤 종류의 계시도 구하지 않을 생각이다. 나에게 말해진 것은 내가 듣고 이해하는 것으로 제한되기 마련이기 때문이다. 어떤 비밀스런 과정을 통해 내가 이미 알고 있는 것보다 더 많은 지식을 구하지도 않을 것이다. 합리적으로 생각해서 내가 바랄 수 없는 깨달음을 구하지도 않을 것이다. 또 궁극적으로 내가 알게 되는 것은 이미 내 안에 있는 것이므로 더 이상의 경험도 구하지 않을 생각이다. 그럼 내 도서관에 대한 이야기를 끝내면서 나는 무엇을 구해야 할까?

아마도 위안이 아닐까 싶다. 아마도 위안일 것이다.

우리는 읽고 싶은 책을 상상할 수 있다. 아직 출간되지 않았다는 이유로 상상까지 막을 수는 없다. 또 우리는 보유하고 싶은 책으로 가득한 도서관을 상상할 수도 있다. 관심사만이 아니라 이상한 기벽까지 그대로 반영된 도서관을 꿈꾸는 것은 누구도 방해할 수 없기 때문에 우리는 우리의 능력을 훨씬 넘어서는 도서관을 상상할 수 있다.

감사의 말

책을 읽는 사람들,
무슨 책을 읽고 있는지 우리에게 말해주는 사람들,
책을 한 장씩 요란스레 넘기는 사람들,
붉고 검은 잉크와 그림을 마음대로 조절하는 사람들,
그들이 우리를 인도하고 우리에게 방향을 제시하며
우리에게 길을 보여주는 사람들이다.
아스텍 코텍스, 1524년 이후, 바티칸 비밀문서고.

이 책을 쓰는 동안 나는 많은 사람에게 신세를 졌다. 도서관을 정리하는 방식대로 알파벳 순서로 그들에게 감사의 뜻을 전하고 싶다.

먼저 친구와 동료들에게 고맙다고 말하고 싶다. 에니스 바투르, 안데르스 비에른슨, 앙투안 불라, 로베르토 칼라소, 후안 구스타보 코보 보르다, 비비안 플라망, 디터 하인, 크리스 허슈도퍼, 퍼트리샤 조네, 마리 코레, 리처드 랜던, 릴리아 모리츠 슈바르츠, 위베르 니샹, 펠리시다드 오르킨, 뤼시 파벨과 고트발트 판코브, 도미니크 파퐁, 파브리스 파토, 아르투로 라모네다, 실뱅 상보르, 알베르토 루이 산체스, 모드 스테판 하셈, 장 뤼크 테라딜로에게 감사의 말을 전한다.

런던 도서관과 푸아티에 미디어테크의 직원들, 그리고 로잔 대학교 도서관의 안 카트린 수터마이스터와 실비아 크미마이어에게도 고맙다는 말을 전한다.

내 출판 대리인들-파리의 미셸 라포트르, 바르셀로나의 기예르모 스찰베

손, 취리히의 루트 바이벨, 그리고 캐나다의 브루스 웨스트우드와 니콜 윈스텐리 및 그 직원들에게도 감사한다.

원고를 꼼꼼하게 비판적으로 읽어 무수한 오류와 실수를 찾아낸 제네 고렐, 원고부터 인쇄까지 전 과정을 정성스레 돌봐준 디어더 몰리나, 멋진 북디자인 솜씨를 보여준 C. S. 리처드슨, 힘든 교정을 도맡아 처리한 리바 베리, 책에 들어갈 사진을 찾아준 미셸 맥칼리스, 색인 작업을 맡은 버니 길모어에게도 감사의 뜻을 전한다.

편집자인 로셀리나 아킨토, 한스 위르겐 발메스, 발레리아 시옴피, 카르멘 그리아도, 헤이 코닝스펠트, 루이스 슈바르츠, 마리 카트린 바셰르에게 감사하며, 특히 루이즈 데니에게 고맙다는 말을 전하고 싶다.

끝으로 베를린의 S. 피셔 재단과 뉴욕의 사이먼 구겐하임 재단에 깊은 감사를 드린다. 그들의 재정적 지원이 없었다면 이 책은 발간되지 못한 채 기약도 없이 질질 끌어졌을 것이다.

주

머리말

1. Robert Louis Stevenson, "Pulvis et Umbra," II, in Across the Plains(London: Chatto & Windus, 1892).
2. Northrop Frye, Notebook 3:128, in Northrop Frye Unbuttoned: Wit and Wisdom from the Notebooks and Diaries, selected by Robert D. Denham (Toronto: Anansi, 2004).
3. Francesco Petrarca, "On His Own Ignorance and That of Many Others," in Invectives, David Marsh 편집 (Cambridge, MA, and London: Harvard University Press, 2003).

1장 신화

1. M. le Comte de Mondion, "Mondion, le chateau-la paroisse, 1096-1908," in Bulletins de la Société des Antiquaires de l'Ouest(Poitiers, 1909년 2사분기).
2. R.L. Stevenson (in collaboration with Mrs. Stevenson), "The Dynamiter," in More New Arabian Nights(London: Longmans, Green & Co., 1885).
3. Walter Benjamin, "Unpacking My Library," in Illuminations, Hannah Arendt 편집, Harry Zohn 번역(New York: Harcourt Brace & World, 1968).
4. Lucan, The Civil War(Pharsalia), J.D. Duff 편집, IX:973(Cambridge, MA: Harvard University Press; London: William Heinemann, 1988).
5. Essais de Montaigne, Amaury-Duval 편집(Paris: Chassériau, 1820).
6. 앞의 책.
7. Samuel Taylor Coleridge, Literary Remains, II:206, Henry Nelson Coleridge 편집(New York: Harper, 1853).
8. Virginia Woolf, "Hours in a Library," in The Essays of Virginia Woolf, Volume ii, 1912-1918,

Andrew McNeillie 편집(London: The Hogarth Press, 1987).

9. 창세기 11장 5~7절.

10. Louis Ginzberg, The Legends of the Jews, Vol. I(Baltimore & London: Johns Hopkins University Press, 1998).

11. Strabo, Geography, Book XIII. Luciano Canfora, "Aristote, 'fondateur' de la Bibliothèque d'Alexandrie," in La nouvelle Bibliothèque d'Alexandrie, Fabrice Pataut 편집(Paris: Buchet/Chastel, 2003)에서 인용.

12. Pliny the Elder, Natural History, John Healy 번역 및 서문(London: Penguin, 1991); Book XII, 69~70.

13. Luciano Canfora, La biblioteca scomparsa(Palermo: Sellerio Editore, 1987).

14. Charles A. Goodrum & Helen W. Dalrymple, Guide to the Library of Congress, rev. edition(Washington: Library of Congress, 1988).

15. Christoph Kapeller, "L'architecture de la nouvelle Bibliothèque d'Alexandrie," in Pataut, La nouvelle Bibliothèque d'Alexandrie.

16. Hipólito Escolar Sobrino, La biblioteca de Alejandría(Madrid: Gredos, 2001).

17. Mustafa El-Abbadi, La antigua biblioteca de Alejandría : Vida y destino, José Luis García-Villalba Sotos 번역(Madrid: UNESCO, 1994).

18. Strabo, Geography, Book XVII.

19. Franz Kafka, Die Erzählungen: Originalfassung(Frankfurt am Main: S. Fischer Verlag, 2000).

20. Saint Augustine, The City of God, Henry Bettenson 번역, Book XXI:9 (Har- mondsworth, Middlesex: Penguin, 1984)을 참조할 것.

21. Escolar Sobrino, La biblioteca de Alejandría.

22. Canfora, La biblioteca scomparsa에서 인용.

23. Geo. Haven Putnam, A.M., Books and Their Makers during the Middle Ages, Vol. I(reprint) (New York: Hillary House, 1962).

24. "Le monde est fait pour aboutir à un beau livre," Stéphane Mallarmé, in "Réponses à des enquêtes, Sur l'évolution littéraire," in Proses diverses(Paris: Gallimard, 1869).

25. Joseph Brodsky, "In a Room and a Half," in Less Than One(New York: Farrar, Straus & Giroux, 1986).

26. 이 프로젝트에 대해서는 Reading Pictures(Toronto: Alfred A. Knopf, 2000)에 실린 'Peter Eisenman: The Image As Memory'에서 심도 있게 다루었다.

27. Escolar Sobrino, La biblioteca de Alejandría에서 인용.

28. Roberto Calasso, I quarantanove gradini(Milano: Adelphi, 1991)에서 인용.

29. 이 부분에 대해서는 Canfora의 La biblioteca scomparsa를 참조할 것.

30. "Polvo serán, mas polvo enamorado," Francisco de Quevedo, in "Amor constante meas allá de la muerte," in Antología poética(Jorge Luis Borges 선별 및 서문)(Madrid: Alianza Editorial, 1982).

2장 정리

1. 피프스는 옥스퍼드 맥덜린 칼리지에 정확히 3,000권의 책을 유증했는데, 작은 책부터 크기 순서로 1번부터 3,000번까지 숫자가 매겨져 있었다.
2. Pliny the Younger, Letters I-X, R.A.B. Mynors 편집, II:17:8(Oxford: Oxford University Press, 1963).
3. "Sa chambre de douleur était un arc-en-ciel… réservant à l'oeil et au souvenir des surprises et des bonheurs attendus," Michel Melot, in La sagesse du bibliothécaire(Paris: L'oeil neuf éditions, 2004).
4. Georges Perec, in Penser/Classer(Paris: Hachette, 1985).
5. Benjamin, "Unpacking My Library."
6. John Wells, Rude Words: A Discursive History of the London Library(Macmillan: London, 1991).
7. Terry Belanger, Lunacy and the Arrangement of Books(New Castle, DE: Oak Knoll Books, 1985).
8. G.K. Chesterton, "Lunacy and Letters," in On Lying in Bed and Other Essays, selected by Alberto Manguel(Calgary: Bayeux Arts, 2000).
9. Jean-Pierre Drége, Les bibliothèques en Chine au temps des manuscrits(Paris: École française d'Extrême-Orient, 1991).
10. W.F. Mayers, "Bibliography of the Chinese Imperial Collection of Literature," China Review, Vol. VI, no. 4(London, 1879).
11. Michel Foucault, Les mots et les choses(Paris: Gallimard, 1966). 푸코는 이런 절충적인 목록을 '분류가 있었다는 걸 생각하지 못하도록 하기 위한 분류의 왜곡'이라 분석했다.
12. Wolfgang Bauer, "The Encyclopaedia in China," Cahiers d'histoire mondiale, Vol. IX, no. 3(Paris, 1966).
13. Sergei A. Shuiskii, "Khallikan," in Dictionary of the Middle Ages, Joseph R. Strayer 편집, Vol. 7(New York: Charles Scribner's Sons, 1986).
14. El-Abbadi, La Antigua biblioteca de Alejandría.
15. Dorothy May Norris, A History of Cataloguing and Cataloguing Methods: 1100-1850, with an Introductory Survey of Ancient Times(London: Grafton & Co., 1939).

16. Houari Touati, L'armoire à sagesse: Bibliothèques et collections en Islam (Paris: Aubier, 2003).

17. Diogenes Laertius, Lives of Eminent Philosophers, R.D. Hicks 번역, Vol.1:57 (Cambridge, MA, and London: Harvard University Press, 1972).

18. Youssef Eche, Les bibliothèques arabes publiques et semi-publiques en Mésopotamie, en Syrie et en Egypte au Moyen-âge(Damascus: Institut français de Damas, 1967).

19. Touati, L'armoire à sagesse.

20. Bayard Dodge, The Fihrist of al-Nadim: A Tenth-Century Survey of Muslim Culture(New York: Columbia University Press, 1970).

21. D. Mallet, "La bibliothèque d'Avicenne," in Studia Islamica, Vol. 83, 1996. Touati, L'armoire à sagesse에서 인용.

22. Suetonius, "Julius Caesar," in The Twelve Caesars, Robert Graves 번역, rev. ed.(London: Penguin, 1989).

23. Lionel Casson, Libraries in the Ancient World(New Haven and London: Yale University Press, 2001).

24. T. Birt, Die Buchrolle in der Kunst(Leipzig, 1907).

25. Samuel Pepys, The Diary of Samuel Pepys, M.A.F.R.S., Henry B. Wheatley F.S.A. 편집(1666 년 12월 19일), (London: George Bell & Sons, 1899).

26. Melvil Dewey, "Decimal Classification Beginning," in Library Journal 45 (2/15/20). Wayne A. Wiegand, Irrepressible Reformer: A Biography of Melvil Dewey(Chicago and London:American Library Association, 1996)에서 인용.

27. 듀이 시스템의 1998년 수정판에서는 종교 부문에서 약간의 수정이 있었다. 지금도 200대 가 여전히 종교에 할애되지만, 260은 그리스도교 신학, 264는 교회 예배로 분류된다. 한 편 그리스도교 하느님은 세 개의 표목—211(하느님의 개념), 212(존재와 속성), 231(삼위일 체와 신성)—으로 하위분류된다. Lois Mai Chan, John P. Com- aromi, Mohinder P Satija, Classification décimale de Dewey: guide pratique (Montréal: Editions ASTED, 1995)를 참조 할 것.

28. 듀이의 말은 Wiegand의 Irrepressible Reformer에서 인용.

29. Wiegand, Irrepressible Reformer.

30. Charles Dickens, Our Mutual Friend.

31. 듀이의 말은 Wiegand의 Irrepressible Reformer에서 인용.

32. 작가가 두 번째 성(姓)으로 알려진 경우, 그 성에 우선권을 두는 스페인 방식은 유효하지 않 다.

33. Henry Green, Pack My Bag: A Self-Portrait(London: The Hogarth Press, 1940).

3장 공간

1. Jules Verne, Vingt mille lieues sous les mers(Paris: Hetzel, 1870). 비슷한 맥락에서 이 구절은 Perec의 Penser/Classer에서도 인용되었다. 내게 이런 사실을 알려준 Cyril de Pins에게 감사의 뜻을 전한다.

2. Belanger, Lunacy and the Arrangement of Books.

3. A.N.L. Munby, Some Caricatures of Book-Collectors: An Essay(London: privately printed, 1948); Belanger, Lunacy and the Arrangement of Books에서 인용.

4. Lewis Carroll, Sylvie and Bruno(1889), in The Complete Works of Lewis Carroll (London: The Nonesuch Press, 1922).

5. Emanuele Tesauro, Il annocchiale aristotelico(1670) Savigliano: Editrice artistica Piemontese, 2000.

6. Anthony Grafton, "Une bibliothèque humaniste: Ferrare," in Le pouvoir des bibliothèques: La mémoire des livres en Occident, Marc Baratin and Christian Jacob 편집·기획(Paris: Albin Michel, 1996).

7. Grafton, "Une bibliothèque humaniste: Ferrare"에서 인용.

8. 앞의 책.

9. Robert D. McFadden, "Recluse buried by paper avalanche," in The Interna- tional Herald Tribune(Paris, 31 December, 2003).

10. Nicholson Baker, "The Author vs. the Library," The New Yorker(New York, 1996년 10월 14일)를 참조할 것.

11. Goodrum & Dalrymple, Guide to the Library of Congress.

12. Nicholson Baker, Double Fold: Libraries and the Assault on Paper(New York: Random House, 2001).

13. Baker, Double Fold, 257쪽에서 인용.

14. Robin McKie and Vanessa Thorpe, "Digital Domesday Book," in The Observer (London, 2002년 3월 3일).

15. Katie Hafner, "Memories on Computers May Be Lost to Time," in The International Herald Tribune(Paris, 2004년 11월 28일).

16. Robert F. Worth, "Collecting the world's books online," in The International Herald Tribune(Paris, 2003년 3월 1일~2일).

17. The New York Times(2004년 12월 14일).

18. 창세기 11장 1~9절.

19. Marshall McLuhan, Understanding Media, 1:1(New York: McGraw-Hill, 1964).

20. Oliver Wendell Holmes, The Poet at the Breakfast-Table(London: Dent, 1872).

21. Gabriel Naudé, Advis pour dresser une bibliothèque, seconde édition revue corrigée & augmentée(Paris: Chez Rolet le Duc, 1644).

22. Marie-Catherine Rey, "Figurer l'être des hommes," in Visions du futur: Une histoire des peurs et des espoirs de l'humanité(Paris: Réunion des Musées Nationaux, 2000).

23. P.N. Furbank, Diderot(London: Marton Secker & Warburg, 1992)에서 인용.

24. Jean-François Marmontel, Memoirs, Furbank의 Diderot에서 인용.

25. "Le but de l'Encyclopédie est de rassembler les connaissances éparses sur la surface de la terre; d'en exposer le système général aux hommes qui viendront après nous, afin que les travaux des siècles passés n'aient pas été des travaux inutiles pour les siècles á venir.... Que l'Encyclopédie devienne un sanctuaire où les connaissances des hommes soient á l'abri des temps et des revolutions." Denis Diderot, in "Encyclopédie," in D. Diderot et Jean d'Alembert, L'Ency- clopédie, ou, Dictionnaire raisonné des sciences, des arts et des métiers(Paris, 1751-1772).

26. Guillaume Grivel, L'Isle inconnue, ou Mémoires du chevalier de Gastines. Recueillis et publiés par M. Grivel, des Académies de Dijon, de La Rochelle, de Rouen, de la Société Philosophique de Philadelphie etc.(Paris: Moutard, 1783-1787).

27. Furbank의 Diderot에서 인용.

28. 앞의 책.

29. Rebecca Solnit, Motion Studies: Time, Space and Eadweard Muybridge(London: Bloomsbury, 2003).

30. Seneca, The Stoic Philosophy of Seneca: Essays and Letters, Moses Hadas가 번역하고 서문을 덧붙였다(Garden City, NY: Doubleday Anchor, 1958).

31. Gustave Flaubert, Bouvard et Pécuchet(Paris: Mercure de France, 1923).

32. Jorge Luis Borges, "La biblioteca total," in Sur(Buenos Aires, August 1939), 나중에 "La Biblioteca de Babel," in Ficciones(Buenos Aires: Sur, 1944)로 수정·보완.

33. 같은 저자. El congreso(Buenos Aires: El Archibrazo, 1971).

4장 힘

1. Muhammad b. 'Abd al-Rahman al-'Uthmani, Idah al-ta'rif biba'd fada'il al-'ilm al-sharif, Princeton University Library, Yahuda Ms. No. 4293, Jonathan Berkey, The Transmission of Knowledge in Medieval Cairo: A Social History of Islamic Education(Princeton, NJ: Princeton University Press, 1992)에서 인용.

2. Hipeólito Escolar, Historia de las bibliotecas(Madrid: Fundación Germán Sánchez Ruipérez,

1985)에서 인용.

3. Fritz Milkau, Handbuch der Bibliothekswissenschaft, Georg Leyh 편집(Wies- baden: G. Harrassowitz, 1952).

4. Emile Zola, L'assommoir.

5. Valéry Giscard d'Estaing, Le passage(Paris: Laffont, 1994).

6. Juan Domingo Perón, "Discurso del Presidente de la Nación Argentina General Juan Perón pronunciado en la Academia Argentina de Letras con motivo del Día de la Raza y como homenaje en memoria ded Don Miguel de Cervantes Saavedra en el cuarto centenario de su nacimiento"(Buenos Aires, 1947년 10월 12일).

7. Casson, Libraries in the Ancient World.

8. Andrew Carnegie, The Gospel of Wealth and Other Timely Essays, Edward C. Kirkland 편집 (Cambridge, MA: Harvard University Press, 1962).

9. Long Overdue: A Library Reader, Alan Taylor 편집(London and Edinburgh: The Library Association Publishing and Mainstream Publishing Company, 1993).

10. Thomas Carlyle, 1832년 5월 18일 편지, The Letters of Thomas Carlyle, Charles Eliot Norton 편집(London: Macmillan, 1888).

11. Joseph Frazier Wall, Andrew Carnegie(Oxford and New York: Oxford University Press, 1970).

12. John K. Winkler, Incredible Carnegie(New York: Vanguard Press, 1931)에서 인용.

13. Thomas Morrison, "Rights of Land," 미출간. Peter Krass, Carnegie(Hoboken, NJ: John Wiley & Sons, 2002)에서 인용.

14. Wall, Andrew Carnegie에서 인용.

15. Krass, Carnegie.

16. Andrew Carnegie, 1887년 9월 스코틀랜드 그레인지머스에서 한 연설. Burton J. Hendrick, The Life of Andrew Carnegie(Garden City, NY: Doubleday, Doran, 1932)에서 인용.

17. Krass, Carnegie에서 인용.

18. Winkler, Incredible Carnegie에서 인용.

19. Krass, Carnegie.

20. George S. Bobinski, Carnegie Libraries(Chicago: American Library Association, 1969)에서 인용.

21. Krass, Carnegie.

22. Andrew Carnegie, Round the World(New York: Charles Scribner's Sons, 1884).

23. John Updike, "I Was a Teen-Age Library User," in Odd Jobs(London: André Deutsch, 1992).

24. Eudora Welty, One Writer's Beginnings(Cambridge, MA and London: Harvard University

Press, 1984).

25. H.L. Mencken, Prejudices: Fourth Series(New York: Alfred A. Knopf, 1924).

26. Bobinski, Carnegie Libraries에서 인용.

5장 그림자

1. Archibald MacLeish, "Of the Librarian's Profession," in A Time to Speak (London: Faber, 1941).

2. Georges Roux, Ancient Iraq(London: George Allen & Unwin, 1964).

3. David Diringer, The Book before Printing(New York: Dover, 1982).

4. Casson, Libraries in the Ancient World.

5. Escolar, Historia de las bibliotecas.

6. Jean Bottéro, Mésopotamie. L'écriture, la raison et les dieux(Paris: Gallimard, 1987).

7. Casson, Libraries in the Ancient World.

8. 아리스토파네스는 아티카의 창녀들을 연구한 논문의 저자로도 유명했다.

9. Escolar, Historia de las bibliotecas.

10. Primo Levi, The Periodic Table, Raymond Rosenthal 번역(New York: Schocken, 1984).

11. Brodsky, "To Please a Shadow," in Less Than One.

12. Eduardo Anguita and Martín Caparrós, La voluntad: Una historia de la mili- tancia revolucionaria en la Argentina 1973-1976, Volume II(Buenos Aires: Norma, 1998).

13. Varlam Chalamov, Mes bibliothèques, Sophie Benech 번역(Paris: Editions Int- erférences, 1988).

14. "Tiene hijos que lo vieron quemar sus libros," in Germán García, La fortuna (Buenos Aires: Ediciones de la Flor, 2004).

15. Elisabeth Rosenthal, "Don't Count the Pope among Harry Potter Fans," in The International Herald Tribune(Paris, 2005년 7월 16~17일).

16. William Blake, "The Everlasting Gospel" a.ⅼ.13, in The Complete Poems, Alicia Ostriker 편집(Harmondsworth, Middlesex: Penguin, 1977).

17. Luciano Canfora, La Bibliothèque du Patriarche: Photius censuré dans la France de Mazarin, Luigi-Alberto Sanchi 번역(Paris: Les Belles Lettres, 2003).

18. Leo Lowenthal, "Calibans Erbe," in Schriften IV(Frankfurt am Main: Suhrkamp Verlag, 1984)를 참조할 것.

19. 14세기 튀니지의 역사학자 이븐할둔도 비슷한 사건을 이야기하지만, 배경은 이슬람 제국이 페르시아를 정복할 때였다. 이븐할둔의 기록에 따르면, 사드 벤 와카스(Sa'd ben Waqqas)

장군이 페르시아를 정복하고 입성했을 때 엄청나게 많은 책을 보고, 우마르 이븐알크다탑 (Omar Ibn al-Kdattab)에게 그 전리품을 이슬람 전사들에게 나눠주어야 하지 않겠느냐고 물었다. 그때 우마르는 "저 책들을 물에 던져버리십시오! 저 책들이 진리로 가는 길을 담고 있더라도 알라께서 우리에게 이미 더 좋은 길을 알려주셨습니다. 만약 저 책들에 거짓말만 쓰여 있다면 알라께서 우리에게서 저 책들을 빼앗을 것입니다"라고 대답했다. 이븐할둔의 지적처럼, 이런 논리에 의해 페르시아의 지혜가 잿더미로 변했다.

19. Ibn Khaldun, Al-Muqaddima: Discours sur l'histoire universelle(Paris: Sindbad, 1967-1968).

20. Collected Poems 1930-1970(Sydney: Angus & Robertson, 1972)에 A.D. Hope의 이 시가 실려 있다고 알려준 Irving Wardle에게 감사의 말을 전한다.

21. William H. Prescott, History of the Conquest of Mexico and History of the Conquest of Peru(orig. 1843-1847) (New York: Random House, Modern Library, 1986).

22. Jacques Lafaye, Albores de la imprenta: El libro en España y Portugal y sus posesiones de ultramar(siglos XV-XVI) (Mexico: Fondo de Cultura Económica, 2002). 1마라베디는 14실링의 값어치가 있었다.

23. Richard E. Greenleaf, Zumárraga y la Inquisición mexicana 1536-1543, Victor Villela 번역 (Mexico: Fondo de Cultura Económica, 1998).

24. Miguel León Portilla, El reverso de la conquista(Mexico: Editorial Joaquín Motiz, 1964)를 참조할 것.

25. Diego Durán, Historia de las Indias de Nueva España y Islas de la Tierra Firme, I: Introduction. Tzvetan Todorov, La conquête de l'Amérique(Paris: Editions du Seuil, 1982)에서 인용.

26. Tacitus, Annales, Henri Bornecque(Paris: Garnier Frères, 1965)의 주석판.

27. Eche, Les bibliothèques arabes publiques et semi-publiques en Mésopotamie.

28. 상당수의 코르비누스 장서가 부다 왕궁에 보관되어 있었기 때문에 불길에 던져지지 않았다. 나중에 터키인들이 왕궁에서 도서들을 찾아냈지만, 불태우지는 않았다. Csaba Csapodi & Klára Csapodi-Gárdonyi, Bibliotheca Corviniana(Budapest: Magyar Helikon, 1967)를 참고할 것.

29. Johannes Pedersen, Den Arabiske Bog(Copenhagen: Gyldendal, 1946).

30. Le Monde(Paris, 1995년 9월 4일).

31. Lawrence Donegan, "Anger as CIA homes in on new target: library users," in The Observer(London, 2003년 3월 16일).

32. Richard F. Tomasson, Iceland: The First New Society(Minneapolis: University of Minnesota Press, 1980)

33. Joseph Kahn, "Yahoo helped Chinese to prosecute journalist," in The Inter- national Herald

Tribune(Paris, 2005년 9월 8일).

34. Tom Stoppard, The Invention of Love(London & Boston: Faber & Faber, 1997); 1막.

6장 형상

1. Seneca, The Stoic Philosophy of Seneca.

2. "Un bibliothécaire est toujours un peu architecte. Il bâtit sa collection comme un ensemble à travers lequel le lecteur doit circuler, se reconnaître, vivre." Melot, La sagesse du bibliothécaire.

3. Angelo Paredi, A History of the Ambrosiana. Constance와 Ralph McInerny 번역(Notre Dame, IN: University Press of Notre Dame, 1983).

4. Johannes Duft, The Abbey Library of Saint Gall(St. Gallen: Verlag am Klosterhof, 1990).

5. Simone Balayé, La bibliothèque nationale des origines à 1800(Geneva: Droz, 1988).

6. Léon de Laborde 백작의 반대 의견에 대해서는 Bruno Blasselle과 Jacqueline Melet-Sanson, La bibliothèque nationale, mémoire de l'avenir(Paris: Gallimard, 1991)에서 인용.

7. Blasselle and Melet-Sanson, La bibliothèque nationale.

8. P.R. Harris, The Reading Room(London: The British Library, 1986).

9. 앞의 책.

10. William E. Wallace, Michelangelo at San Lorenzo: The Genius as Entrepreneur (Cambridge & New York: Cambridge University Press, 1994).

11. H.M. Vaughan, The Medici Popes, Leo X and Clement VII(London: Macmillan, 1908).

12. Rime e lettere di Michelangelo, P. Mastrocola 편집(Turin: UTET, 1992).

13. Wallace, Michelangelo at San Lorenzo에서 인용.

14. "Quand'avvien c'alcun legno non difenda/ il proprio umor fuor del terrestre loco,/ non può far c'al gran caldo assai o poco/ non si secchi o non s'arda o non s'accenda.// Così'l cor, tolto da chi mai mel renda,/ vissuto in pianto e nutrito di foco,/ o ch'è fuor del suo proprio albergo e loco,/ qual mal fie che per morte non l'offenda?" in Michelangelo Buonarroti, Rime, E.N. Girardi 편집(Bari: Laterza, 1960).

15. Giorgio Vasari, "Michelangelo Buonarroti," in Lives of the Artists, Vol.I, George Bull 번역 (Harmondsworth, Middlesex: Penguin, 1987).

16. Georges Roux, Ancient Iraq, 3d edition(London: George Allen & Unwin Ltd, 1964).

17. Casson, Libraries in the Ancient World.

18. Kenneth Clark, "The Young Michelangelo," in J.H. Plumb, The Horizon Book of the Renaissance(London: Collins, 1961)를 참조할 것.

19. Luca Pacioli, Divine Proportion(New York: Abaris, 2005).

7장 우연

1. Henry James, "The Figure in the Carpet," in Embarrassments(London: William Heinemann, 1896).
2. Robert Louis Stevenson, "Travel," in A Child's Garden of Verses(London: The Bodley Head, 1896).
3. Théodore Monod, Méharées(Arles: Actes Sud, 1989).
4. A.M. Tolba, Villes de sable: Les cités bibliothèques du désert mauritanien(Paris: Hazan, 1999).
5. Pausanias, Guide to Greece, Peter Levi 번역(Harmondsworth, Middlesex: Penguin, 1971); Vol. II, VI:6.
6. Jacques Giès and Monique Cohen, "Introduction" to Sérinde, Terre de Bouddha (Paris: Réunion des Musées Nationaux, 1995).
7. Susan Whitfield와 Ursula Sims-Williams 편집, The Silk Road: Trade, Travel, War and Faith(London: British Library, 2004).
8. Giès and Cohen, Sérinde, Terre de Bouddha, and in Whitfield and Sims-Williams, The Silk Road에서 인용.
9. Liu Jung-en 편집, introduction to Six Yuan Plays(Harmondsworth, Middlesex: Penguin, 1972).
10. Mark Aurel Stein, Serindia, Vol. I(Oxford: Oxford University Press, 1921).
11. Whitfield and Sims-Williams, The Silk Road에서 인용.

8장 일터

1. Battista Guarino, "A Program of Teaching and Learning," in Humanist Educa- tional Treatises, Craig W. Kallendorf 번역 및 편집(Cambridge, MA, and London: Harvard University Press, 2002).
2. Dora Thornton, The Scholar in His Study: Ownership and Experience in Renaissance Italy(New Haven & London: Yale University Press, 1997).
3. Jacob Burckhardt, The Civilization of the Renaissance in Italy, S.G.C. Middle- more 번역 (London, 1878).
4. Cicero, "Cicero to Atticus, April 59," in Selected Letters, D.R. Shackelton Bailey 번역(London: Penguin, 1986).
5. "Cicero to Atticus, to March 45," 앞의 책.

6. Virginia Woolf, A Room of One's Own(London: The Hogarth Press, 1929).

7. N. Sanz and Ruiz de la Peña, La Casa de Cervantes en Valladolid(Valladolid: Fundaciones Vega-Inclán, 1993).

8. Miguel de Cervantes Saavedra, El ingenioso hidalgo Don Quijote de la Mancha, Celina S. de Cortazar and Isaías Lerner 편집(Buenos Aires: EUDEBA, 1969); I:VI.

9. Jorge Luis Borges, "Poema de los dones," in El hacedor(Buenos Aires: Emecé, 1960).

10. Jorge Luis Borges, "Autobiographical notes," in The New Yorker(New York, 1970년 9월 19일).

11. Borges, "Al iniciar el estudio de la gramática anglosajona," in El hacedor.

12. Seneca, The Stoic Philosophy of Seneca.

13. William Blake, "Milton," Pl.35, 42-45 in The Complete Poems, Alicia Ostriker 편집 (Harmondsworth, Middlesex: Penguin, 1977).

14. Badr al-Din Muhammed Ibn Jama'a, Tadhkirat al-sami, Berkey, The Trans- mission of Knowledge in Medieval Cairo에서 인용.

15. Nasir al-Din Tusi, Risala, 앞의 책.

16. Robert Irwin, Night & Horses & the Desert: An Anthology of Classical Arabic Literature(London: Allen Lane/The Penguin Press, 1999)에서 인용.

17. Niccolò Machiavelli, The Literary Works of Machiavelli, John Hale 편집(Oxford: Oxford University Press, 1961).

9장 정신

1. Philippe Ariès, Essais sur l'histoire de la mort ven occident: du moyen âge à nos jours(Paris: Seuil, 1975).

2. 요한계시록 20장 12절.

3. Berkey, The Transmission of Knowledge in Medieval Cairo를 참조할 것.

4. Toni Cassirer, Mein Leben mit Ernst Cassirer, Hildesheim, 1981. Salvatore Settis, "Warburg continuatus," in Le pouvoir des bibliothèques: La mémoire des livres en Occident, Marc Baratin and Christian Jacob 편집(Paris: Albin Michel, 1996)에서 인용.

5. Ernst Cassirer, "Der Begriff der symbolischen Form im Aufbau der Geiste- swissenschaften," in Vorträge der Bibliothek Warburg, I, 1921-1922(Leipzig & Berlin, 1923).

6. "Ein kleiner Herr mit schwarzen Schnurrbart der manchmal Dialektgeschichten erzählt," Ernst Gombrich, Aby Warburg: An Intellectual Biography(London: The Warburg Institute, University of London, 1970)에서 인용. 나는 곰브리치가 영어로 번역한 책을 인용했다.

7. "dadurch offenbar das Mittel gefunden, mich von einer erschütternden Gegenwart, die mich

wehrlos machte, abzuziehen....Die Schmerzempfindung reagierte sich ab in der Fantasie des Romantisch-Grausamen. Ich machte da die Schutzimpfung gegen das aktiv Grausame durch...," in Aby Warburg, Notes for Lecture on Serpent Ritual, 1923, pp. 16~18, quoted in Gombrich, Aby Warburg.

8. Ron Chernow, The Warburgs(New York: Random House, 1993).

9. Johann Wolfgang von Goethe, Dichtung und Wahrheit, II:8 in Goethes Werke, Band IX, Autobiographische Schriften I, Liselotte Blumenthal 편집(Munich: Verlag C.H. Beck, 1994).

10. Ernst Cassirer, "Der Begriff der symbolischen Form im Aufbau der Geistes- wissenschaften."

11. Gombrich를 참조할 것.

12. "Das Gedächtnis als organisierte Materie," in Ewald Hering, Über das Gedä- chtnis als eine allgemeine Funktion der organisierten Materie(Lecture, Akademie der Wissenschaften in Vienna, 1870년 5월 30일), 3rd ed.(Leipzig, 1921).

13. Salvatore Settis는 "Warburg continuatus," in Quaderni storici, 58/a XX, no. I (1985 4월)에서 정반대로 말한다.

14. Fritz Saxl, "The History of Warburg's Library(1886-1944)," Gombrich, Aby Warburg의 부록.

15. "Aalsuppenstil," Gombrich, Aby Warburg에서 인용.

16. Richard Semon, Die Mneme als erhaltendes Princip im Wechsel des organi- schen Geschehens, 2nd ed.(Leipzig: W. Engelman, 1908).

17. "Gespenstergeschichte für ganz Erwachsene." Aby Warburg, Grundbegriffe, I, p.3, Gombrich, Aby Warburg에서 인용.

18. "das Nachleben der Antike," Gombrich, Aby Warburg에서 인용.

19. "Wie ein Seismograph hatten seine empfindlichen Nerven die unterirdischen Erschütterungen schon dann verzeichnet, als andere sie noch völlig über- hörten." Carl Georg Heise, in Persönliche Erinnerungen an Aby Warburg (Hamburg: Gesellschaft der Bücherfreunde, 1959).

20. "Du lebst und tust mir nichts."

21. "Die Wiederbelebung der dämonischen Antike vollzieht sich dabei, wie wir sahen, durch eine Art polarer Funktion des einfühlenden Bildgedächtnisses. Wir sind im Zeitalter des Faust, wo sich der moderne Wissenschafiler-zwi- schen magischer Praktik und kosmologischer Mathematik—den Denkraum des Besonnenheit zwichen sich und dem Objekt zu erringen versuchte." Aby Warburg, Gesamelte Schrifte, II:534. Gombrich, Aby Warburg에서 인용.

22. 이 사실을 알려준 W.F. Blisset 교수에게 감사의 뜻을 전한다.

23. "warum das Schicksal den schöpferischen Menschen in die Region der ewigen Unruhe verweist, ihm überlassend ob er seine Bildung im Inferno, Purgatorio oder Paradiso findet." Aby Warburg, in Schlussübung, Notebook 1927-1928, pp. 68~69, Gombrich, Aby Warburg

에서 인용.

24. Aby Warburg, Le rituel du serpent: récit d'un voyage en pays pueblo, Joseph Leo Koerner 서문, Fritz Saxl과 Benedetta Cestelli Guidi 본문. Sibylle Muller, Philip Guiton and Diane H. Bodart 번역(Paris: Macula, 2003).

25. "Die Bilder und Worte sollen für die Nachkommenden eine Hilfe sein bei dem Versuch der selbstbesinnung zur Abwehr der Tragik der Gespanntheit zwischen triebhafter Magie und auseinandersetzender Logik. Die Konfession eines (unheilbaren) Schizoiden, den Seelenärtzen ins Archiv gegeben." Aby Warburg, Note 7, Gombrich, Aby Warburg에서 인용.

26. "Annahme des Kunstwerkes als etwas in Richtung auf den Zuschauer feindlich Bewegtes." Aby Warburg, in Fragmente(1890년 8월 27일).

10장 섬

1. William V. Harris, Ancient Literacy(Cambridge, MA, and London: Harvard University Press, 1989)를 참조할 것.

2. W. Jaeger, Aristotle, R. Robinson 번역(Oxford: Clarendon Press, 1948).

3. Plato, "Phaedrus," R. Hackforth 번역, in The Collected Dialogues(Princeton, NJ: Princeton University Press, 1961).

4. "그들[너희의 천사]은 너희의 의지를 읽으며 너희의 의지를 그들의 것으로 삼는다. 그들은 너희의 의지를 소중히 생각한다. 그들은 쉬지 않고 너희의 의지를 읽으며, 그들이 읽은 것은 결코 없어지지 않는다. 그들은 너희의 변하지 않는 목적을 읽고, 너희의 목적을 그들의 것으로 삼아 그들 자신을 위해서 이를 간직하기 때문이다." Saint Augustine, Confessions, R.S. Pine-Coffin 번역과 서문(Harmondsworth, Middlesex: Penguin, 1961); Book XIII:15.

5. Johann Wolfgang von Goethe, Maximen und Reflexionen, no. 838 in Goethes Werke, Hans Joachim Schrimpf 편집(Munich: Verlag C.H. Beck, 1981); Vol. XII.

6. 전도서 12장 12절.

7. Adolfo Bioy Casares, "Libros y amistad," in La otra aventura(Buenos Aires: Galerna, 1968).

8. Walter Benjamin, The Arcades Project, Howard Eiland and Kevin McLaughlin 번역(London: Harvard University Press, 1999).

9. Nicholas de Cusa, "De docta ignorantia," in Selected Spiritual Writings, H. Lawrence Bond 번역과 서문(New York: Paulist Press, 2005).

10. Julie Flaherty, "New Testament on a Chip," in The New York Times(New York, 2003년 6월 23일).

11. BBC 저녁 뉴스, 2003년 5월 26일.

12. The Venerable Bede, The Ecclesiastical History of the English Nation, Book II, chapter XIII, in Opera Historica, Vol. I, J.E. King 편집(Cambridge, MA, and London: Harvard University Press and William Heinemann Ltd, 1971).

13. Bill Gates, The Road Ahead(New York: Penguin, 1996).

14. Walter Benjamin, Schriften, Hannah Arendt 편집과 서문(Frankfurt am Main: Suhrkamp Verlag, 1955).

15. The International Herald Tribune(Paris, 1999년 1월 18일).

16. Will Eisner, France Info Radio와의 인터뷰, 2004년 12월 19일 방송.

17. Paul Duguid, "PG Tips," in The Times Literary Supplement(London, 2004년 6월 11일).

18. Garrick Mallery, Picture Writing of the American Indians(Washington, 1893).

19. "Mucho más que libros," Semana(Bogotá, 2001년 6월 4일).

20. 개인 인터뷰, Bogotá, 2001년 5월 25일.

11장 생존

1. Philip Friedman, Roads to Extinction: Essays on the Holocaust, Ada June Frie- dman 편집(New York and Philadelphia: The Jewish Publication Society of America, 1980).

2. Tuvia Borzykowski, Ben kirot noflim, Mosheh Basok 번역(Tel Aviv: Ha-Kibbuts ha-Meuhad, 1964).

3. William L. Shirer, The Rise and Fall of the Third Reich: A History of Nazi Ger- many(New York: Simon and Schuster, 1960).

4. Friedman, "The Fate of the Jewish Book," in Roads to Extinction에서 인용.

5. Donald E. Collins and Herbert P. Rothfeder, "The Einsatzstab Reichsleiter Rosenberg and the Looting of Jewish and Masonic Libraries During World War II," in Journal of Library History 18, 1983.

6. 독일의 저명한 출판인 Samuel Fischer의 망명한 사위가 설립한 출판사.

7. Friedman, "The Fate of the Jewish Book," in Roads to Extinction에서 인용.

8. Nili Keren, "The Family Camp" in Anatomy of the Auschwitz Death Camp, Yisrael Gutman and Michael Birnbaum 편집(Bloomington, IN: Indiana University Press, 1994), David Shavit, Hunger for the Printed Word: Books and Libraries in the Jewish Ghettos of Nazi Occupied Europe(Jefferson, NC, and London: McFarland & Co., 1997)에서 인용.

9. Shavit, Hunger for the Printed Word.

10. "Mensh, oyf tsu shraybn geshikhte darf men hobn a kop un nisht keyn tukhes," Yitzhak Zuckerman, "Antek," in A Surplus of Memory: Chronicle of the Warsaw Ghetto Uprising,

Barbara Harshav 번역 및 편집(Berkeley and Los Angeles: Univ- ersity of California Press, 1993)에서 인용.

11. Hunger for the Printed Word에서 인용.

12. Deborah Dwork, Children with a Star: Jewish Youth in Nazi Europe(New Haven, CT: Yale University Press, 1991).

13. Moshe Kligsberg, "Die yidishe yugent-bavegnung in Polyn tsvishn beyde vel-milkhumes (a sotsyologishe shtudie)," in Studies in Polish Jewry 1919-1939, Joshua A. Fishman 편집(New York: YIVO Institute for Jewish Research, 1974).

14. Graham Greene, The Heart of the Matter(London: Heinemann, 1948).

15. Johann Paul Kremer의 일기(1942년 9월 2일), Kazimierz Smolen 편집, in KL Auschwitz seen by the SS, second edition(Pswiecim, 1978). Martin Gilbert, The Holocaust(London: William Collins, 1986)에서 인용.

16. Martin Buber, Die Erzählungen der Chassidim(Frankfurt am Main: Manesse Verlag, 1949).

17. Victor Hugo, Inferi: La légende des siècles(Paris, 1883).

18. Romain Gary, La danse de Genghis Cohn(Paris: Gallimard, 1967).

19. Nunca Más: A Report by Argentina's National Commission on Disappeared People(London and Boston: Faber & Faber in association with Index on Censorship, 1986).

20. Amin Maalouf, Les croisades vues par les Arabes(Paris: Editions Jean-Claude Lattès, 1983).

21. Carole Hillenbrand, The Crusades: Islamic Perspectives(New York: Routledge, 2000).

22. Dante, Inferno, XXXIV, 129~132.

23. Gilbert, The Holocaust에서 인용.

12장 망각

1. Virgil, Eclogues, Georgics, Aeneid I-VI, H. Rushton Fairclough 편집과 번역(Cam- bridge, MA, and London: Harvard University Press, 1974).

2. Robert Musil, Der Mann ohne Eigenschaften(Berlin: Ernst Rowohlt, 1930).

3. Flann O'Brien, "Buchhandlung," in The Best of Myles(London: Picador, 1974).

4. Edward Gibbon, The History of the Decline and Fall of the Roman Empire, David Womersley 편집과 서문 및 부록(London: Allen Lane/The Penguin Press, 1994); Vol. I, chapter 7.

5. Harald Weinrich, Lethe. Kunst and Kritik des Vergessens(Munich: C.H. Beck'sche Verlagsbuchhandlung, 1997).

6. "Shah Muhammad, libraire," in Le Monde(Paris, 2001년 11월 28일). 이 기사가 발표되고 1

년 후, 노르웨이 언론인 °Asne Seierstad는 아프가니스탄 서적상의 삶을 그린 The Bookseller of Kabul이라는 책을 출간했다. 주인공의 이름은 Sultan Khan이었지만, 사건과 인용구절이 많은 부분에서 이 기사와 일치한다.

7. Andrew Murray, foreword to Presbyterians and the Negro: A History (Philadelphia: Presbyterian Historical Society, 1966).

8. Booker T. Washington, Up from Slavery (1901).

9. Janet Duitsman Cornelius, "When I Can Read My Title Clear": Literacy, Slavery, and Religion in the Antebellum South (Columbia, SC: University of South Carolina Press, 1991).

10. Eliza Atkins Gleason, The Southern Negro and the Public Library (Chicago: University of Chicago Press, 1941).

11. James Baldwin, Go Tell It on the Mountain (New York: Alfred A. Knopf, 1953).

12. Nina Berberova, La disparition de la bibliothèque de Turgeniev (Arles: Actes Sud, 1999).

13. Dr. Irene Kupferschmitt와의 인터뷰, 몬트리올, 2004년 5월 3일, 미발표.

14. Robert Fisk, "Library books, letters and priceless documents are set ablaze," in The Independent (London, 2003년 4월 15일).

15. Irwin, Night & Horses & the Desert.

16. Jabbar Yassin Hussin, Le lecteur de Bagdad (Aude: Atelier du Gué, 2000).

17. Johannes Pedersen, Den Arabiske Bog (Copenhagen: Gyldendal, 1946).

18. Milbry Polk and Angela M.H. Schuster (ed.), The Looting of the Iraq Museum, Baghdad: The Lost Legacy of Ancient Mesopotamia (New York: Harry N. Abrams, 2005).

19. Luciano Canfora, II copista come autore (Palermo: Sellerio editore, 2002).

20. Jean Bottéro, Mésopotamie.

13장 상상

1. Henry Fielding, Amelia, 1:10 (1752), Vol. VI and VII of The Complete Works of Henry Fielding, Esq.(London: William Heinemann, 1903).

2. Ginzberg, The Legends of the Jews; vol. I, p. 5.

3. "태양 자체는 어두운 그림자에 불과하다. 빛은 하느님의 그림자에 불과하다." Sir Thomas Browne, The Garden of Cyrus, II.

4. Dylan Thomas, "Do Not Go Gentle into That Good Night," in Collected Poems 1934-1952 (London: Dent, 1952).

5. Shakespeare, Othello, V:2.

6. Van Wyck Brooks, The Flowering of New England: 1815-1865 (New York: E.P. Dutton &

Co., 1936).

7. Christmas Humphreys, Buddhism(Harmondsworth, Middlesex: Penguin, 1951).

8. 보르헤스와의 대화.

9. Borges, "Autobiographical Notes," in The New Yorker.

10. 같은 저자, "Poema de los dones," in El hacedor.

11. 같은 저자, "Examen de la obra de Herbert Quain," "El acercamiento a Almo- stásim," "Tlön, Uqbar, Orbis Tertius," in El jardín de senderos que se bifurcan (Buenos Aires: Sur, 1941); "El milagro secreto," in Ficciones; "El libro de arena," in El libro de arena(Buenos Aires: Emecé, 1975).

12. François Rabelais, Gargantua and Pantagruel, Sir Thomas Urquhart and Pierre Le Motteux 번역(1693-1694), Terence Cave 서문(New York & Toronto: Alfred A. Knopf, 1994).

13. Henri Lefebvre, Rabelais(Paris: Editeurs français réunis, 1955).

14. Antonine Maillet, Rabelais et les traditions populaires en Acadie(Laval: Les Presses Université de Laval, 1971).

15. Lucien Febvre, Le problème de l'incroyance au seizième siècle: La religion de Rabelais(Paris: Albin Michel, 1942).

16. Jean Plattard, La vie et l'oeuvre de Rabelais(Paris: Boivin, 1930).

17. Mijail Bajtin, La cultura popular en la edad media y en el Renacimiento: El contexto de françois rabelais, Julio Forcat and César Conroy 번역(Madrid: Alianza Editorial, 1987).

18. Edwin H. Carpenter, Jr., Some Libraries We Have Not Visited: A Paper Read at the Rounce & Coffin Club, August 26, 1947(Pasadena, CA: Ampersand Press, 1947).

19. Sir Thomas Browne, "Tract XIII," in Certain Miscellany Tracts(London, 1684).

20. Carpenter, Some Libraries We Have Not Visited.

21. "Qu'est-ce que tu fais, Paul?" "Je travaille. Je travaille de mon métier. Je suis attaché au catalogue de la Nationale, je relève des titres." "Oh.... Tu peux faire cela de mémoire?" "De mémoire? Où serait le mérite? Je fais mieux. J'ai constaté que la Nationale est pauvre en ouvrages latins et italiens du XVe siècle.... En attendant que la chance et l'érudition les comblent, j'inscris les titres d'oeuvres extrèmement intéressantes, qui auraient dû être écrits...qu'au moins les titres sauvent le prestige du catalogue...." "Mais...puisque les livres n'existent pas?" "Ah!" dit-il, avec un geste frivole, "je ne peux pas tout faire!" Colette, in Mes apprentissages(Paris: Ferenczi et fils, 1936).

22. Rudyard Kipling, "The Finest Story in the World," in Many Inventions(London: Macmillan & Co., 1893).

23. Necronomicon은 러브크래프트의 1922년 단편 'The Hound'에서 처음 언급되고, 판본의 상황은 'The Festival'에서 자세히 설명된다. 두 단편은 H.P. Lovecraft and Others, Tales of the

Cthulhu Mythos(Sauk City: Arkham House, 1969)에 실려 있다.

24. H.P. Lovecraft, A History of the Necronomicon(Oakman, AL: Rebel Press, 1938).

25. H.P. Lovecraft and August Derleth, "The Shadow Out of Space," in The Shu- ttered Room(London: Victor Gollancz, 1968).

26. Verne, Vingt mille lieues sous les mers.

27. Shakespeare, As You Like It, II:1

28. Carlo Collodi, Le avventure di Pinocchio, Ornella Castellani Pollidori 편집(Pescia: Fondazione nazionale Carlo Collodi, 1983).

29. 오울루 주립 사료 보관소 부오코 요키(Vuokko Joki) 소장에게 들은 이야기이다.

30. Timothy W. Ryback, "Hitler's Forgotten Library: The Man, His Books and His Search for God," in The Atlantic Monthly(2003년 5월).

14장 정체성

1. K.W. Humphreys가 그의 유명한 파니치 강의에서 이렇게 주장했다. K.W. Hum- phreys, A National Library in Theory and in Practice(London: The British Library, 1987)를 참조할 것.

2. U. Dotti, Vita di Petrarca(Rome and Bari: Laterza, 1987).

3. Humphreys in A National Library in Theory and in Practice에서 인용.

4. 앞의 책.

5. Harris, The Reading Room.

6. Humphreys in A National Library in Theory and in Practice에서 인용.

7. Report from the Select Committee on the British Museum together with the Minutes of Evidence, appendix and index(London: House of Commons, 1836년 7월 14일), Humphreys in A National Library in Theory and in Practice에서 인용됨.

8. Edward Miller, Prince of Librarians: The Life and Times of Antonio Panizzi (London: The British Library Publications, 1988).

9. Edmund Gosse, "A First Sight of Tennyson," in Portraits and Sketches(London: William Heinemann, 1912).

10. Ann Thwaite in Edmund Gosse: A Literary Landscape(London: Martin Secker and Warburg, 1984)에서 인용.

11. Humphreys in A National Library in Theory and in Practice에서 인용.

12. Harris in The Reading Room에서 인용.

13. Judith Flanders, "The British Library's Action Plan," in The Times Literary Supplement(London, 2005년 9월 2일).

14. Lucien Febvre and Henri-Jean Martin, L'apparition du livre(Paris: Albin Michel, 1958).

15. Maud Stéphan-Hachem, La Bibliothèque Nationale du Liban, entre les aléas de l'histoire et l'acharnement de quelques uns(Paris:Bulletin des bibliothèques de France, ENSSIB, January 2005).

16. Blaine Harden, "For Immigrants, U.S. Still Starts at a Library," in The Interna- tional Herald Tribune(Paris, 1998년 4월 29일).

15장 집

1. Bram Stoker, Dracula, Leonard Wolf 서문과 주석(New York: Clarkson Potter, 1975), 3장.

2. 앞의 책, 2장.

3. Mary Shelley, Frankenstein, Leonard Wolf 서문과 주석(New York: Clarkson Potter, 1977); Vol. II, 4장.

4. 앞의 책, volume III, 7장.

5. 앞의 책, volume II, 4장.

6. 앞의 책, 6장.

7. 『실락원』 제3권, "창조주여, 제가 간청하더이까, 진흙으로 빚어 나를 인간으로 만들어달라고? 제가 애원하더이까, 어둠에서 저를 끌어내달라고?" 이 구절은 『프랑켄슈타인』에서 제명(題名) 으로 사용되었다. 이 소설에 주석을 덧붙인 Leonard Wolf는 괴물의 감동적인 완벽한 말에 대 해 " '이렇게 무작정 들어와 죄송합니다'는 인간을 위한 제명(혹은 묘비명)으로도 안성맞춤이 다"라고 설명했다.

8. Shelley, Frankenstein, volume II, 7장.

9. Seneca, "On the Shortness of Life," in The Stoic Philosophy of Seneca.

10. Plutarch, Moralia, Vol. IV, Frank Cole Babbitt 편집과 번역(Cambridge, MA, and London: Harvard University Press and William Heinemann Ltd, 1972).

11. Dante, De vulgari eloquentia, Vittorio Coletti 서문·번역·주석(Milan: Garzanti, 1991).

12. Erasmus von Rotterdam, "Adagen" (Festina lente), in Ausgewählte Schriften, W. Welzig 편집 (Darmstadt: Wissenschaftliche Buchgesellschaft, 1967-1969); II:I:I.

13. Steven Wilson, Related Strangers: Jewish-Christian Relations, 70 to 170 CE (Philadelphia: Fortress Press, 1995).

14. "Alors que dans la modalité du temps, elle présentifiait l'Antiquité grecque et arabe comme modèles culturels exemplaires, dans celle de l'espace, elle s'acharnait à réunir ce qui était dispersé et à rapprocher ce qui était éloigné." "Rendre visible l'invisible... ce souci de possession du monde." Touati, L'armoire à sagesse.

15. "Défiez-vous de ces cosmopolites qui vont chercher loin dans leurs livres des devoirs qu'ils dédaignent de remplir autour d'eux. Tel philosophe aime les Tartares, pour être dispensé d'aimer ses voisins." Jean-Jacques Rousseau, Émile ou de l'éducation, Book I.

16. Thomas Traherne, Centuries of Meditations(London, 1908); I:29.

17. Hermann Broch, Der Tod des Vergil(1945).

18. Sir Thomas Browne, Religio Medici, Geoffrey Keynes 편집과 서문(London: Thomas Nelson & Sons, 1940); 1:6.

19. Richard Rorty, "The Inspirational Value of Great Works of Literature," in Raritan, volume 16, no. 1(New Brunswick, NJ: 1996).

20. Naudé, Advis pour dresser une bibliothèque.

맺음말

1. El libro de los veinticuatro filósofos, Paolo Lucentini 편집, Cristina Serna and Jaume Pòrtulas 번역(Madrid: Siruela, 2000).

2. 이 편지의 존재를 내게 알려준 Edgardo Cozarinsky에게 감사의 뜻을 전한다. Vla- dimir Nabokov/Elena Sikorskaja, Nostalgia, 1945년 10월 9일의 편지(Milano: Rosellina Archinto, 1989).

3. "도서관의 존재는 세계가 아직 생각할 수 있는 것으로 여겨지는 증거이다." Jean Roudaut, Les dents de Bérénice: Essai sur la représentation et l'évocation des bibliothèques(Paris: Deyrolle Éditeur, 1996).

4. The First Epistle General of John, 2:16.

5. Penelope Fitzgerald, The Blue Flower(London: HarperCollins, 1995).

6. Northrop Frye, Notebooks.

도판출처

96쪽	The Thomas Fisher Rare Book Library / University of Toronto
101쪽	älde der Rotunde, Innenansicht
103쪽	ⓒ The Trustees of the British Museum
109쪽	Harp Week
111쪽	G. Blaikie
117쪽	Times-Union (Warsaw, IN)
118쪽	저자 소장
120쪽	저자 소장
128쪽	http://www.latinamericanstudies.org/juan-zumarraga.htm
140쪽	Toronto Public Library (TRL)
142쪽	위 ⓒ The British Library ; 아래 Søren Lauridsen 2006
144~145쪽	ⓒ Foster and Partners
145쪽	ⓒ Dominique Perrault / SDRAC (2006)
146쪽	위 Lambert Rosenbusch, Wolfenbüttel, Former Rotunda of the Library, Figure of Proportion after Serlio, Primo Libro de Geometria p 13v, Nicolini Vinetia (1551) Industrial Design 04, Thomas Helms Verlag Schwerin 2000, p7 ; 아래 저자 소장
150~151쪽	저자 소장
152쪽	Diane Asseo Griliches ⓒ Library: The Drama Within (University of New Mexico Press, 1996)
154쪽	저자 소장
155쪽	저자 소장
156쪽	저자 소장
158쪽	저자 소장
166~167쪽	Biblioteca Medicea Laurenziana, n.226/2006, Vesibolo (Scala di Michelangelo) / Microfoto
168쪽	저자 소장
174쪽	David Sauveur / Agence VU
176쪽	www.worldtravelgate.net
180쪽	ⓒ The British Library, Or 8210/P.2
189쪽	Library of Congress, The Carpenter Kipling Collction, (LC-USZ62-59457)
198쪽	Thomas Hallon Hallbert
203쪽	Warburg Institute
214쪽	Mnemosyne Atlas, panel 32: 'Moreska', Warburg Institute
218쪽	저자 소장
234쪽	ⓒ Oscar Monsalve, 2005

240쪽   저자 소장
245쪽   Russian State Archives of Film and Video Documents
253쪽   Jacob Edelstein, neg.5144 ⓒ The Jewish Museum in Prague
254쪽   저자 소장
263쪽   Ole Berthelsen, TV 2 Nettavisen, Norway
264쪽   Cheynes Studio, Hampton, Virginia, 1903
265쪽   Special Collections, University of Maryland Libraries
267쪽   Joel Preston Smith, www.joelprestonsmith.com
269쪽   http://employees.oneonta.edu/farberas/arth/Images/ARTH200/ politics/
         hammurabi.jpg
274쪽   ⓒ Eduardo Comesana
277쪽   C Lebrecht Music&Arts
279쪽   저자 소장
282쪽   Gwen Raverat, Sir Thomas Browne, 1910, ⓒ DACS / SODART 2006
284쪽   Library of Congress, Prints&Photographs Division, (LC-USZ62-117829)
285쪽   저자 소장
288쪽   저자 소장
291쪽   Third Reich collection, Rare Books and Special Collections Division, Library of
         Congress
299쪽   Picture History, Elliot&Fry, 1870
305쪽   저자 소장
312쪽   저자 소장
315쪽   저자 소장

도서관에 대한 낭만적인 이야기

지난겨울, 내가 졸업한 고등학교에서 도서관을 다시 개장했다는 소식을 들었다. 고등학교 시절 번질나게 드나들던 도서관이 사라진 줄도 몰랐지만, 당시의 규모에 미치지는 못할지라도 도서관이란 공간이 다시 마련되었다는 소식만은 반가웠다. 내가 모교 도서관을 위해 무엇을 할 수 있을까? 과거의 경험을 생각해보니 그 답은 자명했다. 수년 전까지 살던 시골에 있는 청소년 문화회관의 도서관과 우리 아이들이 다니던 초·중등 학교의 도서관에는 신간 서적이 거의 없었다. 그곳 문화회관의 도서관은 설립된 이후로 한 권의 신간도 더해지지 않았다. 초·중등 학교 도서관의 도서 목록은 큰아이가 다닐 때와 작은아이가 다닐 때, 거의 변화가 없었다. 시골 학교였기 때문에 그랬을지도 모르지만……. 따라서 내가 모교 도서관을 위해 해줄 수 있는 작은 역할은 신간 서적을 꾸준히 보내주는 것이란 결론이 자연스레 내려졌다.

빈 책꽂이가 책으로 채워지고, 벽에 새 책꽂이가 들어선다. 그 책꽂이가 다시 책으로 채워지고 새 책꽂이가 다시 벽에 들어선다. 이렇게 책꽂이로 사방의 벽이 채워질 때, 책이 곧 집의 경계가 된다. 책으로 둘러싸인 집, 다시 말해 책으로 경계를 이룬 건물이 도서관이다.

예부터 도서관은 세상의 모든 지식을 모아놓는 곳이고 싶어 했다. 지식의 끝이 어딘지 모르는 까닭에 도서관은 아무리 넓어도 부족한 듯하다. 이탈리아의 시인 프란체스코 페트라르카가 "내 서고는 무지한 사람의 재산이지만 무지한 것들을 모아놓은 곳은 아니다"라고 이야기한 것처럼 책은 우리 재산이며, 우리는 무지할지도 모르지만 책은 결코 무지한 것이 아니다. 책이 먼 옛날부터 예언의 도구였다면 우리에게 길을 안내하는 인도자가 될 수도 있지 않을까? 그렇기 때문에 망구엘은 "기억을 보존하고 전달하는 능력, 남의 경험을 통해 배우는 능력, 또 세상과 자신에 대해 아는 바를 공유하는 능력은 책이 우리에게 부여하는 힘이다"라고 말하지 않았을까?

밝은 곳에 있다가 어두운 공간에 들어가면 순간적으로 아무것도 보이지 않는다. 그러나 시간이 지나면 주변에 있는 것들의 윤곽이 보이면서 조금씩 어떤 물체인지 분간할 수 있다. 이때의 기분이 빛의 속도로 변하는 세상에 맹인처럼 시달리다 집에 돌아와 책이 있는 방, 곧 나만의 도서관에 앉을 때의 기분과 비슷하지 않을까 싶다.

이 책은 도서관이 우리 문명사에 미친 역할에 대한 낭만적인 이야기이다. 저자는 도서관에서 연상되는 것들을 주제로 도서관에 대한 역사와 일화를 풀어간다. 그 속에는 공공 도서관에 대한 이야기만이 아니라, 저자처럼 개인 도서관을 꾸몄던 사람들의 이야기 또한 흥미진진하게 전개된다. 또한 물리적인 도서관의 역사에 그치지 않고, 소설 속에 등장하는 도서관에 대한 이야기까지 더해져 있다. 글 읽기를 좋아하고 도서관을 사랑하는 사람이라면 도서관의 역사와 더불어 도서관에 담긴 철학까지 이 책을 통해 배울 수 있으리라 생각한다.

2011년 충주에서

강주헌

찾아보기